Der duftende Kräutergarten

Sarah Garland

Der duftende Kräutergarten

Würzkräuter – Duftkräuter
Heilkräuter

Titel der Originalausgabe: The Herb Garden
Aus dem Englischen übertragen von Winfried zur Hausen
Redaktion: Dr. Ernö Zeltner

Lizenzausgabe mit Genehmigung der Mosaik Verlag GmbH, München
für die Bertelsmann Club GmbH, Gütersloh
die EBG Verlags GmbH, Kornwestheim
die Buchgemeinschaft Donauland Kremayr & Scheriau, Wien
und die Buch- und Schallplattenfreunde GmbH, Zug/Schweiz
Diese Lizenz gilt auch für die Deutsche Buch-Gemeinschaft
C. A. Koch's Verlag Nachf., Berlin – Darmstadt – Wien

Satz: Fotosatz Stummer, München
Einbandgestaltung: Birgit Reckmann
Druck und Bindung: Mohndruck Graphische Betriebe GmbH, Gütersloh
Printed in Germany · Buch-Nr. 008102

Inhalt

Einführung

Das Bild des Kräutergartens hat sich in den letzten 10 Jahren grundlegend gewandelt. Man denkt dabei sicher nicht länger an Beete mit allerlei Grünzeug, in denen Minze und Petersilie wuchern und gelegentlich gepflückt werden, um ein Kartoffelgericht zu würzen. Auch hat der Kräutergarten jeglichen altmodischen Beigeschmack verloren.

Die Freude am Essen muß einer der Gründe sein. Das Kochen, vor allem das gesunde Kochen, ist wieder interessant geworden. Blätter, Samen und Wurzeln frischer Kräuter werden als originelle Würze für verschiedene Gerichte verwendet. Längst ist bekannt, daß eine ausgewogene Kost Grundlage eines gesunden Lebens ist. Und mit der neuen Begeisterung für naturnahen Anbau von Gemüse ist auch die unendliche Vielfalt der Würz- und Salatkräuter wiederentdeckt worden. Außerdem stellt man eine wachsende Abneigung gegen künstliche Schönheitsmittel und Medikamente aus der Retorte fest. Aus Kräutern können zwar nur einfache Heilmittel für den Hausgebrauch gewonnen werden, aber sie lassen sich zur Behandlung von kleineren Übeln wie Kopfschmerzen, Schlaflosigkeit, leicht erhöhte Temperatur, kleinere Wunden und Verbrennungen einsetzen, für die gewöhnlich allerlei Pulver und Pillen von Ärzten verschrieben werden.

Es ist auch die eigentliche und besondere Schönheit der Kräuterpflanzen, die, neben den verschiedenen Anwendungsmöglichkeiten in der Vergangenheit und ihrem möglichen Wert für die Zukunft, eine bedeutsame Rolle spielt (die wissenschaftlichen Untersuchungen pflanzlicher Wirkstoffe stecken noch in den Anfängen).

Kräutergärten werden heute in einem Umfang angelegt, wie man es in Jahrhunderten nicht erlebt hat.

Ich selbst interessiere mich für die Kräuterkunde als Amateurbotanikerin, Köchin, Mutter, Gärtnerin und Heimatforscherin. Meine bevorzugten Botanisierungsgebiete sind Ödländereien, verwilderte Ecken, vernachlässigte Wegraine und verlassene Steinbrüche. Da finde ich viele der alten Heilkräuter als Wildpflanzen: Herzgespann, Schwarznessel, Bilsenkraut, Tollkirsche und Gänsefuß, die sich von den anderen Pflanzen durch ihren besonderen Habitus unterscheiden. Ich wollte aus Kräuterbüchern mehr darüber erfahren und entdeckte Parkinsons „Paradisus", das Gedicht „Hortulus" von Walafried Strabo aus dem 9. Jahrhundert, Kräuterangaben aus angelsächsischer Zeit und Bruchstücke von Kräuterbüchern eines angelsächsischen Mönches auf gelbem Pergament im Britischen Museum. Mich interessierte schon immer sehr das Alltagsleben einfacher Menschen, ihre Beschäftigung, ihr Glaube, ihre Lebensgewohnheiten, ihre Nahrung und ihre Gärten. Die Kräuterbücher sprechen in klarer und direkter Sprache von der Geschichte des Lebens, von Pflanzen und wie sie seit Tausenden von Jahren gewachsen und angewandt worden sind. Von Pflanzen, die ich selbst ziehen könnte, ihrem Geschmack und Geruch, die man essen und anwenden kann, um Unpäßlichkeiten und den Husten der Kinder zu behandeln. Die Bücher zeigten mir, wie geistige und irdische Dinge in der Vergangenheit miteinander verbunden waren, und wie Männer und Frauen darum gerungen haben, dies zu erkennen und den Sinn einer Welt zu begreifen, in der Krankheit, Leiden und früher Tod an der Tagesordnung waren. Pflanzen, mit ihrer Fähigkeit zu heilen oder zu töten, waren nicht nur als Nahrung, Heilmittel, Kleidung, Streu und Ölspender zu verwerten, sondern sie dienten auch dem Schutz vor unfaßbaren Dingen, der Macht des Bösen, Gewitter und dem Bösen Blick, der Tod, Krankheit und Wahnsinn verursachen kann. Die Verfasser von Kräuterbüchern waren meist Priester, gewissermaßen aber auch Geisteswissenschaftler. Sie beobachteten das Verhalten von Tieren und Vögeln zu bestimmten Pflanzen und stützten sich auch auf ihre eigenen Erfahrungen. Sie schrieben von alten Pflanzenbüchern – besonders von Plinius Dioskorides – ab und suchten nach Zeichen und Wirkungsweisen der Pflanzen, um sie für ihre Zwecke zu verwenden. Die Autoren vermuteten, daß sich die Wirkstoffe der Pflanzen je nach Jahreszeit, Boden, Tageszeit, in der man sie erntete, ja sogar nach dem Stand der Planeten, den Geburtstagen von Heiligen und der Zu- und Abnahme des Mondes änderten.

Als ich solche Bücher und Schriften las, wollte ich diese Pflanzen auch in unserem Garten ziehen. Ich ergänzte die vorhandenen Würzkräuter mit allerlei wilden und eingebürgerten Pflanzen wie Eisenkraut, Baldrian, Hundszunge und Natterkopf. Ich entdeckte, daß viele Blumen unseres Gartens früher als Heilmittel benutzt wurden: Lilien,

Dichtbewachsenes Beet mit vielen kriechenden und aufrecht wachsenden Thymiansorten, Majoran und einem wilden Salbei als Polsterpflanze. Fingerhut, Schlüsselblumen, Frühlingsprimeln und die großblumige Bergminze *(Calamintha grandiflora)* haben sich dazwischen ausgesät.

Rosen, Pfingstrosen, Eisenhut, Goldlack, Akelei, Maiglöckchen. Es sind ausgezeichnete Mittel zur Linderung von Beschwerden, zur Desinfektion, zum Würzen, zum Heilen, zum Beruhigen und sogar zur Regulierung des Herzschlages.

Auf einer Reise nach Griechenland wurde mir klar, daß überlieferte Heilkräuterkunde dort noch Teil des täglichen Lebens ist. Ich sah Leute auf dem Heimweg von der Arbeit ihre Autos an Wegrändern parken und mit Plastiktüten in die Felder und Hügel wandern, um Ampfer und Melde für die Abendsuppe, Odermennig, Schafgarbe und Kamille gegen Unpäßlichkeiten und Enzianwurzel als verdauungsförderndes Mittel zu sammeln. Auf dem Rückweg durch Italien entdeckte ich Marktstände mit Salatkräutern, die in Thomas Tussers Kräuterliste von 1577 vorkamen: Borretsch, Sauerampfer, Hundsrauke und Portulak, Dill und Feldsalat. In Frankreich gibt es in den Apotheken noch so ziemlich alle Arten von Heilkräutern.

Als ich dieses Kräuterbuch schrieb, vernachlässigte ich den eigenen Garten, und als ich es fertig hatte, war er eine Wildnis. Rainfarn, Minzen, Seifenkraut und ein hübscher wuchernder Beinwell erstickten wertvollere Pflanzen.

Von Gartengestaltung war nichts mehr zu erkennen, nur einige Beete, die mit den Pflanzen vollgestopft waren, die ich am meisten liebte, und Neulinge, die einfach dorthin gesetzt worden waren, wo Platz war. Nun begann ich zu teilen und zu sortieren, den Garten ordentlich zu planen, mit niedrigen Hecken und Einfassungen zu versehen, Wege zu bauen und ein Hochbeet für schwachwachsende Arten anzulegen.

Ich besuchte andere Kräutergärten und entdeckte, daß die Zusammenstellung der Kräuter so verschieden war wie die Charaktere der Gartenbesitzer. Ich sah kleine Hinterhof- und Dachgärten, herrlich duftende Landhausgärten, öffentliche und private Heilkräutergärten und den Heilkräutergarten in Cumbria vom National Trust, Gärten von Köchen und Kräuterkundigen, reaktivierte historische Gärten und die herrlichen Flechtmustergärten in Hatfield und Cranbourne. Aufgrund meiner Erfahrungen und vergleichenden Studien mit alten und modernen Anbaumethoden und Gestaltungsformen begann ich, dieses Buch zu schreiben.

Ich wollte gern einen umfassenden Kräuterkatalog anfügen und wurde dadurch vor die schwierige Frage gestellt: Was ist ein Kraut? Nach der Definition des Lexikons handelt es sich um eine Pflanze, die zum Essen, als Heilkraut, als Duft- oder Würzpflanze verwendet wird, aber das schließt zum Beispiel Getreide ein und solche Pflanzen aus, die in der Vergangenheit verwendet wurden. Ich habe daher alle Arten und Varietäten benannt, die man in einem Kräutergarten zu finden hofft, und eine lange persönliche Auswahl von weniger bekannten Kräutern hinzugefügt, auch einige Kletterpflanzen, Bäume und Sträucher mit Heilpflanzencharakter.

Meine Familie half mir und ermutigte mich bei meinen Untersuchungen. Ich ging in den Heilkräutergarten von Chelsea und bekam freien Zugang zu den Sammlungen; dann wandte ich mich an die Staudengesellschaft, um ihre Berichte und Dias zu sondieren, nutzte auch die großartige Büchersammlung der Londoner Bibliothek. Dutzende von Gärtnern haben mir geduldig ihre Zeit und ihre Ratschläge zur Verfügung gestellt. Bei der Zusammenstellung der Kräuterliste wurde mir von Michael Bull geholfen, und ich erhielt glücklicherweise die Fotos von Pat Hunt, die eine Berufsfotografin und erfahrene Gärtnerin ist.

Herzlicher Dank gebührt auch den Eigentümern der vier Gärten, die auf den nächsten Seiten in Bildern und als Pläne vorgestellt werden.

KRÄUTERGARTEN IM HAUSGARTEN

Hier handelt es sich um einen beliebten, nützlichen und viel benutzten Garten. Die überreiche Bepflanzung wandelt sich laufend in den verschiedenen Jahreszeiten und entwickelt sich auch immer weiter.

Von den nützlichen Kräutern partizipiert die ganze Familie. Die Kinder wissen, welche genießbar sind und welche man meiden muß (richtig giftige Kräuter gibt es nicht). Die Kinder spielen auf Klinker- und Rasenwegen und haben von ihrem Baumhaus aus den besten Blick auf den gestalteten Garten.

Vor der Planung des Kräutergartens gab es nur kleine Kräuterbeete, einen Tuff Würzkräuter an der Küchentür und zwei Wagenräder vor dem Haupteingang, zwischen deren Speichen Kräuter wuchsen. Als das Interesse an den Kräutern einmal geweckt war, legte die Besitzerin einen anspruchsvolleren Garten in einem mit Rasen bewachsenen Teil des Grundstücks an. Ein großes, rautenförmiges Beet und vier angrenzende Beete wurden aus dem Rasen ausgestochen, die Wege als Rasen belassen. Dann wurden diese Beete, um sie besser pflegen zu können, mit Klinkerwegen aus flach in Sand verlegten Steinen weiter unterteilt. Der schwere, bindige Boden mußte mühsam mit Mengen von Kompost, Sand und Torf bearbeitet werden, um ihn durchlässiger zu machen. Sie bedauert nur, daß sie kein schwereres Gerät einsetzte, um den schweren Lehm vor der Anlage der Beete auszuheben, und daß sie die Klinker nicht in Mörtel verlegte. Sie werden ständig von den Ausläufern des Gamanders durchwachsen.

Bald waren die fünf Beete mit Pflanzen zugewachsen. Randbeete wurden um den gesamten Komplex angelegt, um die großen Kräuter dort als Abschluß und Windschutz zu nutzen (Alant, Königskerze, Baldrian, Fingerhut, Eisenhut und Färberwaid).

Neuerdings wurden vier weitere Beete für Salate und Heilkräuter aus dem 16. Jahrhundert angelegt und für Muster aus Kleinmosaik. Eine Taxushecke dient als dunkler Hintergrund und als Windschutz für die Kräuter. Sie wächst sehr langsam, aber die Eigentümerin hat beim Gärtnern Geduld gelernt.

Ihre Freude am Garten wird jedes Jahr größer. In diesem Jahr pflanzt sie Kräuter, die abends und bei Mondschein besonders zur Geltung kommen.

OBEN Üppige Stauden von Minze, Königskerze und purpurfarbenem Salbei. Den Hintergrund bilden Muskatsalbei, Weißer Lavendel und Baldrian.

RECHTS Prächtig blühende Kräuter an einem Gartensitzplatz. Schafgarbe (rechts) und gelbes *Helenium*.

UNTEN LINKS Die nach Süden ausgerichtete Bank (1) wird von einem Rankgerüst beschattet. Es ist mit Geißblatt, Rosen, Jasmin und purpurblättrigem Wein bewachsen. Bodendeckende Kamille grünt auf dem nach Westen ausgerichteten Sitzplatz, der die Abendsonne einfängt (2). Den Garteneingang (3) erreicht man über einen Teppich aus duftender Kamille. Er wird von zwei Lavendelbüschen flankiert. Gegenüber dem Eingang liegen zwei Flechtmusterbeete mit Mustern aus Rosmarin, Zwergbuchsbaum, Muskatsalbei und Thymian (4). Die höher werdenden Kräuter auf den Eckbeeten (5) sind mit Schlüsselblumen und Veilchen unterpflanzt. Hecken aus gelbblühendem Rainfarn, Currypflanzen und Lavendel bilden das Grundgerüst. Das Mittelbeet enthält Salbei (6), Majoran, Kamille und Kriechenden Thymian (7), Natterkopf (8) und Rosmarin (9), die mit Nelken unterpflanzt sind. Heilpflanzen des 16. Jahrhunderts (10) sind vertreten durch Hauswurz, Römische Kamille, Lungenkraut, Stechapfel und Beinwell, Würzkräuter (11) durch Kerbel, Borretsch, Anis, Zitronenmelisse, Senfrauke, Kümmel und Beinwell.

EIN HEILKRÄUTERGARTEN

Wenigstens 300 Spezies und Varietäten von Heilkräutern wachsen in diesem schmalen Garten hinter einem eng zugeschnittenen Haus in einem kargen, städtischen Bereich. Wenn auch einige der Pflanzen sehr hoch und ausladend werden (Geißraute, Steinklee, Beinwell und Königskerze), so macht der Garten doch einen ordentlichen und beruhigenden Eindruck. Er ist schön und nützlich zugleich.

Von der Gartentür bis zu dem großen Komposthaufen am anderen Ende des Gartens sind Heilkräuter wie in botanischen Gärten nach Familien geordnet gepflanzt, angefangen von den Vertretern der Malvenfamilie auf den erhöhten Beeten am gepflasterten Sitzplatz bis zu den Rosen und Rauhblattgewächsen. Die größten Kräuterfamilien beanspruchen den meisten Platz: Lippenblütler, Korbblütler und Doldenblütler. Viele andere stehen entlang der Zäune und schmalen Rasenflächen. Die einzige Kräuterfamilie mit Pflanzen von starker Heilwirkung, die nicht vertreten ist, sind die Nachtschattengewächse, weil sie Gifte enthalten, die für Kinder gefährlich werden können. (Die Blüten der weißen Zaunrübe werden abgepflückt, bevor sich die giftigen Beeren entwickeln.)

Als die Familie vor einigen Jahren hierher zog, beseitigte man zuerst den Wildwuchs des nach Süden orientierten Gartens: Ampfer, Brombeeren, Holunder. Dann reicherte man den sauren Stadtboden mit Kompost an. Sämtliche

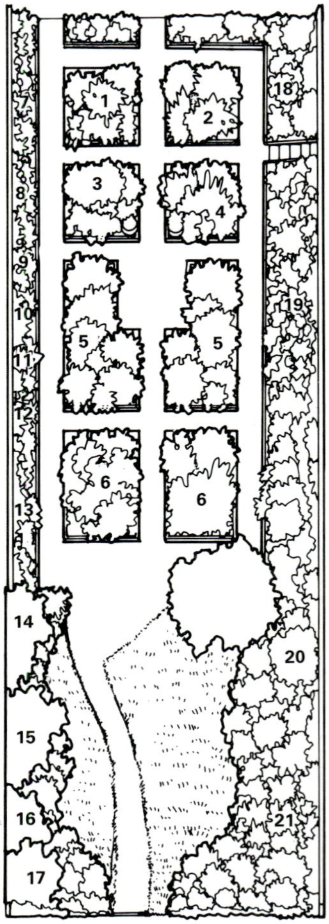

RECHTS *Hier wurden Heilkräuter auf den Beeten nach Familien zusammengestellt. In der Liste unten sind die botanischen Namen der Familien und je ein Vertreter aufgeführt.*

1 *Rosaceae,* Rose
2 *Borraginaceae,* Borretsch
3 *Leguminosae,* Erbse
4 *Scrophulariaceae,* Fingerhut
5 *Labiatae,* Thymian
6 *Compositae,* Margerite
7 *Caprifoliaceae,* Waldgeißblatt
8 *Crassulaceae,* Hauslauch, Dachwurz, Fette Henne
9 *Polemoniaceae,* Jakobsleiter
10 *Verbenaceae,* Zitronenverbene
11 *Caryophyllaceace,* Nelke
12 *Papaveraceae,* Mohn
13 *Apocynaceae,* Immergrün
14 *Liliaceae,* Lilie
15 *Mentha ssp.,* Minzen
16 *Ranunculaceae,* Hahnenfuß
17 *Malvaceae,* Malve
18 *Rubiaceae,* Färberröte
19 *Polygonaceae,* Sauerampfer
20 *Verschiedene Arten wie Seidelbast und Kalmus*
21 *Umbelliferae,* Petersilie

LINKS Blick aus dem kleinen Hof in den Garten auf ein Beet mit Korbblütlern. Alant und Wasserdost stehen rechts, Rainfarn und Sonnenblume links. Die erhöhten Beete sind von Holzplanken eingefaßt.

RECHTS Blick vom Garten zum Haus auf eine Gruppe der Geißraute, die rechts über den Weg hängt. Links erkennt man die Blütenstände des Roten Leins und dahinter auf dem Beet der Thymianfamilie Schildkraut und Herzgespann.

Materialien zur Gestaltung des Gartens stammen von Müllkippen und Abbrüchen: die Klinker der Wege, Kantensteine der Einfassungen der erhöhten Beete, alte Türen und Holzpaletten zur Einzäunung und zum Bau von Kompostbehältern (hier werden Gemüseabfälle der Wochenmärkte gesammelt und in schwarzen, krümeligen Humus umgewandelt). Die Aussaat, Stecklingsvermehrung und Anzucht von Kräutern der einzelnen Familien hat dem Eigentümer zu vielen Spezialkenntnissen verholfen.

Man muß kein Experte sein, um an diesem Garten Spaß zu haben, vor allem wenn man etwas über die Beziehungen zwischen den Pflanzen lernen möchte. Auf dem Beet der Rauhblattfamilien-Kräuter sind zum Beispiel die Blätter aller Kräuter rauh oder haarig und enthalten meist einen Saft mit Heilwirkung. Ihre rosa, purpurnen oder blauen Blüten sitzen voller Bienen. Starker Duft entströmt dem Laub der meisten Lippenblütler, die außerdem meist eine starke desinfizierende Wirkung besitzen. Anhand dieses Bepflanzungsschemas kann man die Verwandtschaften und die unendliche Vielfalt der Kräuter am besten darstellen.

GARTEN EINES KRÄUTERSAMMLERS

Dieser Kräutergarten wurde vor vielen Jahren in der Ecke eines größeren Gartens angelegt und auf zwei Seiten von hohen Wänden geschützt, die mit Rosen überladen sind. Die Luft ist da erfüllt von schwerem Duft. Alte, flachgestreckte Rosmarinbüsche, die starken Winterschutz benötigen, breiten sich über den Kies am Eingang. Dichte Waldmeister- und Myrthentuffs wachsen am Fuß der Mauern, Wandelröschen und Zitronenbüsche gedeihen in Kübeln. Bei Regen verbreiten die strauchigen Currypflanzen *(Helichrysum)* einen würzigen Duft. Viele der Kräuter werden als Duft- und Würzpflanzen angebaut. Der Garten gehört einem ambitionierten Sammler, der gern weite Wege in Kauf nimmt, um ungewöhnliche Düfte und aromatische Pflanzen zu finden. Es gibt hier als Besonderheit gelbblättrigen Baldrian, Bärwurz aus Schottland, feinblättrigen Salbei aus Spanien und Bilsenkraut mit blassen, gestielten Blüten. Ein Gewürzbaum aus Carolina mit duftender Rinde wächst nebenan. Sogar der Efeu, der zwischen dem Geißblatt hochrankt, hat duftendes Laub.

Buchsbaumhecken säumen die lockere Bepflanzung der

UNTEN Ein Duftkräutergarten mit 8 dreieckigen, mit Buchsbaum eingefaßten Beeten. Niedrig bleibende Pflanzen stehen in der Mitte, höhere zu den Rändern nach außen.

Pflanzenbeispiele:

NIEDRIGE PFLANZEN
Allium schoenoprasum, Schnittlauch
Calamintha nepetoides, Bergminze
Fragaria vesca, Walderdbeere
Galium odoratum, Waldmeister
Origanum vulgare 'Aureum', Goldmajoran
Viola odorata, Duftveilchen

MITTELHOHE PFLANZEN
Achillea millefolium, Schafgarbe
Apium graveolens, Klette
Helichrysum angustifolium, Currykraut, Strohblume
Hyoscyamus niger, Bilsenkraut
Iris florentina, Florentinische Schwertlilie
Polygonum bistorta 'Superbum', Wiesenknöterich
Teucrium chamaedrys, Gamander
Tanacetum parthenium, Sommermargerite

HÖHERE PFLANZEN
Allium cepa, Zwiebel
Arthemisia abrotanum, Beifuß
Ballota nigra, Schwarzer Andorn
Filipendula ulmaria, Mädesüß
Inula helenium, Alant
Rosmarinus officinalis, Rosmarin
Ruta graveolens, Raute
Salvia officinalis, Würzsalbei
Smyrnium olusatrum, Gelbdolde
Valeriana officinalis, Baldrian

RECHTS Im Spätfrühling erscheinen im Garten die rosafarbenen Blüten vom Knöterich (rechts). Baldrian und Eisenhut fangen an zu blühen (links) hinter dem buntblättrigen Zitronenbalsam.

Das Bilsenkraut mit den blassen, gestielten Blüten und *Allium moly* stehen hier zusammen. Da die Keimung des Bilsenkrautes sehr unterschiedlich verläuft, sollte man es alljährlich zeitig unter Glas aussäen und nach den Eisheiligen auspflanzen.

acht dreieckigen Beete. Auf jedem wächst in der Mitte eine rosafarbene Damascenerrose. Schmale Klinkerwege, die auf eine Sonnenuhr zuführen, unterteilen die Beete.

Gartengestaltung und Pflanzenauswahl stammen von bekannten Fachleuten. Die frühere Eigentümerin erhielt die Pflanzen – einschließlich der roten Sissinghurst-Rose, die in den Ruinen von Sissinghurst Castle gefunden wurde – von einer Pflanzenliebhaberin. Der gegenwärtige Besitzer wuchs als Kind in der Nachbarschaft Eleanour Rohdes, Autorin vieler Kräuterbücher, auf. Seine Pflanzen spiegeln ihren Einfluß wider.

Während der letzten zehn Jahre hat er viele Pflanzen in dem Garten ergänzt, alles aber der ursprünglichen Gestaltung angepaßt. Hohe Kräuter wie Alant, Liebstöckl und Fenchel wurden an den Rand des Gartens gesetzt, um ihn stärker abzuschließen und eine strenge Form zu behalten. Zur Mitte hin wachsen die niedrigeren Kräuter wie Gamander, Winterheckzwiebel, Wiesenknöterich. Kübel mit Zitronensträuchern werden bis zum Rand in den Boden eingelassen. Schwachwachsende, sonnenhungrige Mittelmeerkräuter wurden in jüngster Zeit auf eine offenere Fläche gebracht, weil sie zwischen den Buchsbaumhecken nicht blühten. Nun wachsen sie mit anderen Würzkräutern einschließlich der Lieblingspflanze des Besitzers, dem Koriander, um einen Tuff weißblühender florentinischer Schwertlilien. Im nahegelegenen Gewächshaus gedeihen empfindlichere Kräuter: weißblühender Rosmarin, buntblättriger Andorn, eine Sammlung duftender Pelargonien und süßes Basilikum in Kübeln.

KRÄUTERGARTEN AUS DEM 16. JAHRHUNDERT

Im 16. Jahrhundert nannte John Parkinson sein großes Kräuterbuch einen »sprechenden Garten«. Der Garten im Tudor-House-Museum ist als »blühendes Buch« zu verstehen. Er umfaßt alle Pflanzen und Garteneinrichtungen der englischen Renaissance. Zwischen dem alten Museumsbau und den Ruinen der Stadtmauer wurde ein kleiner Garten mit lebhaften Farben und Düften aus Kräutern gestaltet, die in traditionellen Formen und Mustern angeordnet sind.

Am Eingang zum Garten steht ein Springbrunnen aus Stein. Er wird von einem Rasen aus kriechender Kamille, Poleyminze und Thymian umgeben, der von Ysop- und Rosmarinhecken eingefaßt ist. Borde und Kantensteine umschließen die Staudenbeete mit Päonien, Iris und Lilien. Ein Laubengang verläuft an der hinteren Wand entlang. Ein Sitzplatz mit Rankgerüst ist auf den Mittelpunkt des Gartens ausgerichtet. Die Pflanzung in Form eines Spitzenmusters wird kurz gehalten. Sie zeigt die mannigfachen Farb- und Strukturvariationen unterschiedlicher, als Hecken angelegter Kräuterpflanzungen. Ein Kantenstein umschließt eine Hecke aus silberfarbenen Santolinen mit einem Quadrat aus einer Zwergbuchsbaumhecke, das im Winkel dazu angelegt wurde. Um und durch die Buchsbaumhecke verlaufen geschwungene Hecken aus Bohnenkraut und Gamander. Tuffs aus Beetpflanzen wachsen in den Zwischenräumen und in der Mitte ein Rosmarinbusch. Bekieste Wege erschließen den Garten dem Besucher.

Die Gestalterin des Gartens, Sylvia Landsberg, mußte mit vielen Problemen fertigwerden, als sie den Garten anlegte. Es war nicht schwer herauszufinden, wie man einen Garten des 16. Jahrhunderts plant, denn es existieren eine Reihe

RECHTS Die hier gezeigten Pflanzen und Muster stammen von Entwürfen und Pflanzenlisten des 16. Jahrhunderts. Die niedrigen Schwellen, mit denen die Beete eingefaßt sind, und die gestreiften Pfosten mit Wappentieren sind einem mittelalterlichen Gemälde nachempfunden (Hampton Court).

OBEN Pflanzplan eines Flechtmustergartens (16. Jahrhundert).

Flechtmuster
1 *Santolina chamaecyparissus,* Heiligenblume, Santoline
2 *Buxus sempervirens,* Buchsbaum
3 *Teucrium chamaedrys,* Gamander
4 *Satureja montana,* Winterbohnenkraut
5 *Rosmarinus officinalis,* Rosmarin

Beete
6 *Rosmarinus officinalis,* Rosmarin
7 *Lavandula officinalis,* Lavendel
8 *Vinca minor,* Immergrün
Armeria maritima, Strandnelke
Artemisia abrotanum, Beifuß
Artemisia absinthium, Wermut
Hyssopus officinalis, Ysop
Origanum ssp., Majoran
Salvia officinalis, Salbei
Thymus vulgaris, Thymian
Tanacetum vulgare, Sommermargerite, Balsamkraut

WINTERBEETPFLANZEN
Bellis perennis, Gefülltes Gänseblümchen
Cheiranthus cheiri, Goldlack
Primula veris, Primel

SOMMERBEETPFLANZEN
Borago officinalis, Borretsch
Calendula officinalis, Ringelblume
Centaurea, Kornblume
Matthiola incana, Levkoje
Viola tricolor, Stiefmütterchen

RECHTS Horste von Lungenkraut und Immergrün. Borretsch, Raute und Rainfarn wachsen dazwischen.

von Pflanzenlisten. Allerdings fehlen Hinweise über die Pflanzenzusammenstellung. Sie nahm die spärlichen Pflanzungen aus frühen Illustrationen als Hinweis für den Künstler, nicht aber als tatsächliche Pflanzanleitung und pflanzte ihre Kräuter ziemlich dicht.

Das Problem des Gartenzugangs durch die blinkenden Korridore des Museums mußte gelöst werden. Tonnen von Schutt, zerbrochenen Platten und verschiedenen Taxuspflanzen mußten hinausgeschafft, viel Kompost und Mutterboden hereingebracht werden. Es war oft schwierig, Samen und Pflanzen der ursprünglichen wilden und kultivierten Pflanzenspezies zu bekommen. Als einige 100 Stecklinge vom Gamander besorgt waren, mußte man sie dreiteilen, um die erforderliche Pflanzenanzahl zu erhalten.

Bei der Pflege des Gartens mußten Gestalter und Gärtner eigene Erfahrungen sammeln. Sie stellten fest, daß die Einfassungshecken im Frühling starken Rückschnitt benötigten und daß das nachwachsende Grün alle drei Wochen während der Wachstumsperiode nachzuschneiden war. Im Spätsommer gibt ein letzter Schnitt den Hecken genügend Zeit, neues Grün als Winterschutz zu entwickeln. Jedes Jahr werden Stecklinge als Reserve für Nachpflanzungen gemacht. Die schwere Arbeit hat sich gelohnt. Unzählige Erfahrungen und Ideen können von Liebhabern historischer Gärten aufgegriffen und nachvollzogen werden.

Der Kräutergarten in der Geschichte

Die Idee, einen Garten mit Nutzpflanzen von einem Garten mit Zierpflanzen zu trennen, ist nicht neu. Bis vor ungefähr 300 Jahren wurden sämtliche Pflanzen als Nahrungs- oder Heilmittel gezogen oder zum Schutz gegen böse Mächte kultiviert. Man glaubte sogar, daß die Schönheit der Pflanzen dazu da sei, das allgemeine Wohlbefinden zu fördern, den Geist zu stärken und Nahrung der Seele zu sein. Diesem Zweck dienten Kräutergärten im weitesten Sinne über Tausende von Jahren. In diesem Kapitel verfolgen wir ihre Entwicklung von den frühen Klostergärten bis heute.

In vergangenen Zeiten wurden Pflanzen im Rahmen des religiösen Brauchtums, als Opfer, zur Reinigung, zum Schmuck und als Weihrauch verwendet, und sie behielten diese Rolle bis in die Zeit der christlichen Kirchen. Als Mönche und Nonnen ihre Gärten anlegten, symbolisierten die von ihnen gepflegten Pflanzen die Tugenden. Unkräuter wurden als Sinnbilder menschlicher Laster vernichtet. Die keimende Saat spiegelte das Mysterium der Auferstehung wider.

Erst in der Zeit der Renaissance vollzog sich ein wesentlicher Wandel in bezug auf Pflanzen und Gärten. Kräuter verloren ihre Bedeutung. Gärten in erprobten Gartenformen wurden mit neuen Pflanzen bestückt, die aus fremden Ländern stammten. Kräuter wurden Objekte wissenschaftlicher Untersuchungen. Altes Brauchtum und Rituale mit Kräutern galten als verdächtig, weil sie mehr auf Empfindungen und dem Instinkt als auf verstandesmäßigem Erfassen basierten. Die Kenntnis von pflanzlichen Wirkstoffen konnte sogar gefährlich sein. Sie wurde oft mit schwarzer Magie in Verbindung gebracht.

Im 18. Jahrhundert wurden Kräuter im allgemeinen gesondert neben Schmuckpflanzen im Ziergarten kultiviert. Sie wurden dem Küchengarten zugeordnet oder auf größeren Anbauflächen gezogen, die um die großen Städte herum angelegt wurden, oder man zog sie im Bauerngarten heran, der in Obst-, Gemüse- und Kräutergarten unterteilt war. Gelegentlich fühlten sich Damen der Gesellschaft dazu bewogen, Kräuter zu ziehen. In einem Auszug aus einem Damen-Journal von 1842 heißt es: »Es gibt soviel Hübsches und Niedliches an unserem Thymian, Salbei, an der Minze und am Majoran, daß man sie nicht an blauem Musselin, sondern an weißen Schürzen tragen sollte ...«

Gegen Ende des letzten Jahrhunderts belebte sich das Interesse an altmodischen Bauerngartenpflanzen, und viele duftende Kräuter gelangten wieder in die Ziergärten. Man legte auch besondere Gärten für Kräuter an. Hierbei handelt es sich um eine schrittweise Gegenströmung, die von der Begeisterung für Formen, Farben und Pflanzenneuheiten wegführt zu alten Pflanzen, die in früheren Zeiten in einer Selbstversorgergesellschaft gezogen wurden und deren Schönheit und Düfte als besondere Zugabe zu ihren alten Wirkungen und Kräften galten.

Die Miniatur aus dem 15. Jahrhundert zeigt einen Heilkräutergarten. Der Medicus sucht ein Heilkraut für seinen Patienten. Gärtner pflegen die Beete. Im Vordergrund riecht eine Dame an einem Kraut. So stellt man sich den typischen Stadtgarten aus dem Mittelalter vor.

Klostergärten

Ältesten Berichten zufolge sind Gärten immer religiösen Gemeinschaften zugeordnet gewesen. Tempel hatten ihre heiligen Haine, Einsiedeleien ihr Stückchen Land, Klöster ihre komplexen Gartenanlagen, wo Nutzpflanzen zur Ernährung, zum Heilen und für kirchliche Anlässe herangezogen wurden. Die Klostergärten wurden durch Kriege und allerlei andere äußere Einwirkungen weitgehend zerstört. Es sind jedoch Bücher, Pflanzenlisten und Anbaumethoden überliefert worden. Man kann vermuten, daß die Gärten einfacher Landarbeiter ähnlich gestaltet waren, wenn sie auch mehr dem Anbau von Grundnahrungsmitteln dienten.

Nach dem Niedergang des römischen Weltreiches blieben klassische Villen und Gärten einschließlich Atrium und Peristyl unter dem Einfluß der byzantinischen Kirche erhalten. Die ersten europäischen Klöster folgten einem ähnlichen Schema, bei dem Atrium und Peristyl zum umschlossenen Klostergarten wurden. Die innere Struktur des Klostergartens ging auf antiken Einfluß zurück. Die einfachen Beispiele, die auf persischen Teppichen mit Gartenmotiven und auf bemalten Wänden mit Motiven aus dem alten Ägypten zu sehen sind, dienten hierfür als Vorlage. Es handelte sich um rechtwinklig umschlossene Flächen, die durch Wege oder Gräben in Kreuzform geteilt wurden und in deren Mitte sich ein Wasserbehälter oder ein Springbrunnen befand.

Aus dem alten Persien kam auch der Name des von den Wänden der Kirche und Mauern umschlossenen Gartens: das Paradies. Es war das Heiligtum und diente der Meditation und dem Gebet. Hier zog der Küster Blumen, um Altar und Heiligenfiguren zu schmücken.

Dieses Detail eines größeren Gemäldes stellt ein abgeschlossenes, kleines Klostergärtchen mit Kräutern und Gemüsen dar. Eine dichte, stachelige Rosenhecke umgibt den Garten. Ein Staketenzaun beschirmt und schützt die sorgfältig gehegten Pflanzen zusätzlich.

Es war im allgemeinen Aufgabe der Klöster, Kranke zu behandeln. Der Krankenhausgarten mit Heilkräutern wird in bebilderten Handschriften als ein ordentlich angelegter Bereich mit schmalen Beeten dargestellt. Drei Quellen aus dem frühen 9. Jahrhundert vermitteln eine gute Vorstellung von den Pflanzen, die damals kultiviert wurden. Die Heilkräuterliste Karls des Großen nennt in einem Teil seines langen »Kapitulare de Villis« Mohn, Klette, Salbei, Stockrosen und Dachwurz. Das Benediktinerkloster in Sankt Gallen beschreibt unter seinen Heilpflanzen im 17. Jahrhundert unter anderem Kräuter wie Iris, Rosmarin, Bockshornklee, Lilien, Raute, Salbei und Bohnenkraut. Der deutsche Mönch Walafrid Strabo beschreibt in »Hortulus«, einem lateinischen Gedicht, außerdem Wermut, weißen Beinwell, Odermennig, Ziest und Beifuß.

Der Küchengarten in Sankt Gallen ist größer als der Krankenhausgarten und er besteht aus einer Anzahl schmaler, reihenförmig angelegter Beete. Hier wurden die allgemeinen Pflanzen und Topfblumen herangezogen. Es sind dies nach Berichten aus Klöstern und Herrenhäusern während der nächsten 700 Jahre unter anderen Zwiebeln, Lauch und Knoblauch, verschiedene Varietäten von Bohnen und Erbsen, Rote Bete und Pastinaken und große Beete mit Kräutern, die besonders für die Verdauung von schwerem Essen geeignet sind: Bohnenkraut, Fenchel, Petersilie, Kümmel und Minze.

Große Klöster besaßen einen Garten, der dem Kellermeister und Bierbrauer zur Verfügung stand. Hier konnte er die bitteren Kräuter oder Gärkräuter anbauen: Gagelstrauch, Balsam, Gundelrebe, Liebstöckel, Rosmarin und Schafgarbe, und einen Garten zur Erfrischung aus duftenden, desinfizierenden Kräutern wie Raute, die in den Speisesaal gestreut wurden. Es gab oft auch noch einen Gartenteil zur Anzucht von Wasserdost und Flachs zur Herstellung von Seilen und Tuchen.

Den Benediktinern folgten andere Orden. Die Zisterzienser legten mehr Wert auf die ärztliche Kunst und auf Gartenbau, die Karthäuser lebten in abgeschlossenen Zellen, die sich zu kleinen, privaten Paradiesen öffneten.

Die allgemein verwendete lateinische Sprache der Mönchsorden, ihr hoher Bildungsstand und ihr Interesse an Gartenbau und Medizin führten zu regem Austausch der Kenntnisse von Pflanzen, über ihre Geschichte und Herkunft. Ihre Abbildungen wurden von den Mönchen für ihre Sammlungen kopiert. Bisweilen wurden Illustrationen und Berichte kritiklos von Manuskript zu Manuskript weitergegeben, wobei die Ähnlichkeit mit den Pflanzen selbst verloren ging, und es entwickelten sich Legenden von Bäumen, die Gänse ausbrüteten, und der Alraune, deren Schreie töten konnten, wenn sie abgemäht wurde.

EIN MEHRZWECK-KLOSTERGARTEN

Die kleinen, intensiv genutzten Kräuterbeete, die auf den Plänen früherer Klostergärten dargestellt sind, waren praktisch und sehr ertragreich. Dieses System wurde bis heute für die Anzucht von Kräutern und Salaten auf begrenzten Flächen beibehalten.

Auf Beeten, die nicht breiter als 90 cm waren, konnte man die Pflanzen von allen Seiten erreichen. Besonders günstig war, daß man die Beete durch Planken oder Bruchsteinmauerwerk leicht erhöhte. Die Erhöhung trug zu einer guten Drainage bei und ermöglichte jährliche Dünger- und Kompostgaben. Selbst ein leicht erhöhtes Beet macht Aussaat und Jäten einfacher und bringt die Pflanzen dem Auge und der riechenden Nase näher.

Für dicht stehende Einjährige und Salatkräuter muß der Boden erfahrungsgemäß besonders gedüngt werden. Es ist zweckmäßig, die Wege so breit anzulegen, daß man mit Schubkarren den Kompost darauf transportieren kann.

OBEN Blühender Fenchel und Rainfarn (im Vordergrund). Fenchel ist schon sehr lange in Kultur. Die Ernährung der Mönche bestand weitgehend aus Bohnengerichten und Fisch. Fenchelsamen sind ein wirksames verdauungsförderndes Mittel.

LINKS UND RECHTS Zwei Ansichten eines rekonstruierten Klostergartens (Metropolitan Museum of Art, New York). Man erkennt die einfache Gestaltung der Beete, die um ein kleines Kapitell mit einem Springbrunnen gruppiert sind. Die berühmten Gobelins mit dem Einhorn aus dem 15. Jahrhundert befinden sich im Museum. Die meisten Pflanzen, die darauf dargestellt sind, werden im Garten kultiviert.
Die vier Beete in der Mitte des Gartens sind mit Ziegeln eingefaßt. Sie wurden mit Kräutern bepflanzt, die als Sträuße und Girlanden zur Kirchendekoration verwendet wurden. Die Beete ringsum beherbergen Würz- und Heilkräuter, Streu und Pflanzen zur Textilfärbung.

Kräutergarten eines Klosters
Die Kräuter in diesem einfachen, praktischen Entwurf wurden vor 500 Jahren in einem umschlossenen Garten oder Küchengarten eines Klosters kultiviert. Die höheren Pflanzen befinden sich an den Außenseiten der Beete. Dort gewähren sie für andere Pflanzen den erforderlichen Windschutz und verstärken den Eindruck einer geschlossenen Anlage. Die Pflanzung könnte auch in einem kleinen Gartenhof oder in einem Teil eines größeren Gartens liegen. Die Lage ist unwichtig, sie muß nur sonnig sein. Die Beete kann man vergrößern oder verkleinern, um die zur Verfügung stehende Fläche auszunützen. Sie sollten jedoch nicht viel breiter sein. Die Hauptwege sind breit genug, daß man mit einer Schubkarre hindurchfahren kann.

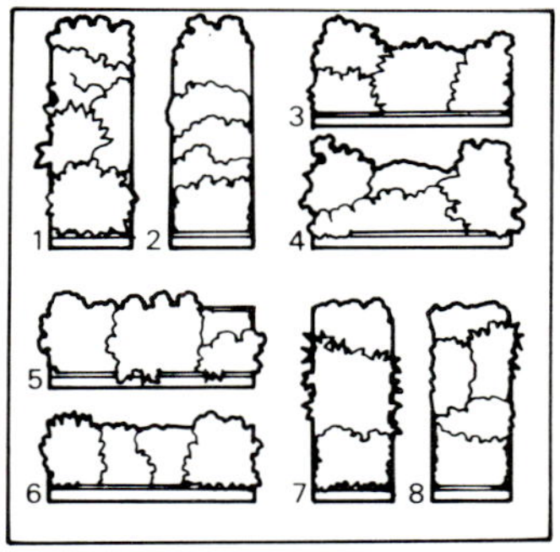

Pflanzenliste

1 von oben nach unten
Artemisia vulgaris, Beifuß
Papaver somniferum, Schlafmohn
Mentha pulegium, Poleyminze
Althaea officinalis, Malve

2 *Levisticum officinale,* Liebstöckel
Satureja montana, Winterbohnenkraut
Coriandrum sativum, Koriander
Origanum sp., Dost, Majoran

3 von links nach rechts
Anethum graveolens, Dill
Mentha sp., Minze
Salvia sp., Salbei
Apium graveolens, Sellerie

4 *Cuminum cyminum,* Kreuzkümmel, Römischer Kümmel
Thymus sp., Thymian
Petroselinum sp., Petersilie
Foeniculum vulgare, Fenchel

5 *Trigonella foenum-graecum,* Bockshornklee
Stachys officinalis, Ziest
Agrimonia eupatoria, Odermennig
Portulaca oleracea, Portulak
Achillea millefolium, Schafgarbe

6 *Rosmarinus officinalis,* Rosmarin
Sempervivum tectorum, Dachwurz, Fette Henne
Marrubium vulgare, Andorn
Artemisia absinthium, Wermut

7 von oben nach unten
Anthemis nobilis, Kamille
Allium sativum, Knoblauch
Allium porrum, Porreé
Rosa sp., Rose

8 *Hissopus officinalis,* Ysop
Lavandula stoechas, Lavendel
Iris sp., Schwertlilie
Ruta graveolens, Raute
Lilium candidum, Madonnenlilie

Mittelalterliche Gärten

Während des 12. Jahrhunderts, als sich in Europa eine Adelsschicht herausbildete, entstanden kleine Lustgärten, und es wurden bepflanzte Gartenwege zwischen den Befestigungsmauern der Burgen angelegt. Gärtner gehörten bereits zum Burgpersonal. Allmählich wurden die Burgen in weniger befestigte Schlösser umgewandelt. Neue Glasfenster wurden eingesetzt, Kanalisation eingeführt, Wein und Obstbäume gepflanzt.

Paläste und Jagdschlösser der Adeligen waren während des 13. Jahrhunderts kaum befestigt. Die ausgedehnten Gärten wurden in kleine Bereiche aufgeteilt, doch ohne Spezifizierung. Da die Schloßbesitzer einen aufwendigen Lebensstil entfalteten, müssen die Privatgärten besonders prächtig gewesen sein. Sie konnten durch Treppen direkt aus den Zimmern erreicht werden oder von Plattenwegen, die zu den Privatgemächern führten. Küchengärten, Obstgärten und Parkanlagen befanden sich meist außerhalb der Schloßmauern.

Die Einfriedungen, die diese Gärten umschlossen, waren hoch und bestenfalls aus Stein, aus Latten, Dauben, Holzpalisaden oder Zäunen, die für gewöhnlich gekalkt waren. Der Eingang führte durch ein starkes Tor, das gut verschlossen und mit Eisen verriegelt werden konnte.

Im Gegensatz zur Gestaltung der Klostergärten begeisterte man sich mehr für schattenspendende Bäume und Sitzplätze, die man als Ruhe- oder Spielplätze bezeichnete. Manchmal führte ein Bankbeet rund um den Garten. Die Sitzmauern, hinter denen man Erde aufschüttete, bestanden aus Ziegeln oder Naturstein. Die Beete wurden mit Blütenpflanzen oder Rasen begrünt.

Auf mittelalterlichen Malereien wird die Jungfrau Maria in vielen Variationen auf solchen Bankbeeten sitzend dargestellt. Manchmal stehen die Bankbeete auch frei und sind mit einem Rosenrankgerüst versehen.

Man errichtete auch Lauben in Einschnitten der Bankbeete dadurch, daß man ein Rankgerüst darüberbaute, das mit Kletterpflanzen begrünt wurde. Häufig umgaben den Garten Laubengänge. Wände und Dach bestanden oft aus geschwungenem, offenem Lattenspalier, das mit Wein, Rosen oder beschnittenen Hängebäumen eingegrünt war.

Hohe Schwertlilien und Lilien wuchsen auf den erhöhten Beeten. Nelken, Akelei, Lavendel und Rosmarin in Töpfen wurden im Garten aufgestellt oder in sehr schmale Beete gepflanzt, die mit niedrigen Einfassungen oder kleinen Zäunen umgeben waren.

Die Jungfrau sitzt mit dem Kind zwischen Blumen in einem Garten, der von einem Bogengang mit Kletterrosen umschlossen ist. Engel schweben herbei. In einer Ecke plätschert ein Springbrunnen. Im Vordergrund windet die heilige Katharina eine Rosengirlande.

In diesen umschlossenen privaten Gärten fühlte man sich geschützt und abgeschirmt. Sie waren vielleicht mit einem Weg umgeben. Der Rasen war mit Staketen oder Jägerzäunen oder mit Planken eingefaßt, wie sie für die niedrigen Beete verwendet wurden.

Sogar größere öffentliche Gärten waren aufgeteilt und meist mit verschließbaren Gartentoren versehen. Sie sind mit Plattenwegen und mit winkligen, symmetrischen Beeten abgebildet. Die vornehmeren Gärten erhielten eine Gloriette, ein offenes Sommerhaus mit Sesseln und einem Tisch. Kleine Bäume und Sträucher im Garten wurden oft zu ornamentalen Formen geschnitten. Beim Formieren nahm man Draht oder Holz zu Hilfe, oder man schnitt sie in Reihen wie Estraden. Die Bepflanzung der Beete nahm sich dagegen eher spärlich aus.

Bilder und Dichtungen über diese Gärten basieren häufig auf Allegorien über die Jungfrau Maria. Die einfache Vorstellung der geschlossenen Kreise als Abwehr gegen das Böse führte zum hortus conclusus, dem umschlossenen Garten, der im Lied von Salomo vorkommt: »Ein umschlossener Garten ist meine Schwester, meine Gespielin, ein verschlossener Frühling, ein versiegelter Born... Hier sitzt die Jungfrau in ihrer Reinheit.«

Andere Gartenmalereien aus dem 12. und 13. Jahrhundert stellen die höfische Liebe der Troubadoure dar, die in den Liebesgedichten der provencalischen Poeten besungen wird. Dem mystischen Garten der Jungfrau verwandt, verband der Minnesänger sein irdisches Paradies mit seiner tugendsamen Frau, mit einer reinen, geduldigen und selbstlosen Liebe. Erst der sich allmählich ausbreitende Realismus des 15. Jahrhunderts vernachlässigte den romantischen Symbolismus des geheiligten und weltlichen Gartens in Malerei und Dichtung.

Mit der wachsenden Macht des Adels wurden Gartenberichte häufiger. Im 15. Jahrhundert schrieb Meister Jörn Gardener seine praktischen Ratschläge »Die Kunst des Gärtners«, einen Führer über das Veredeln, den Weinbau und die Kultur von Kräutern. Seine klaren, offensichtlich eigenen Erfahrungen bei Aussaat und Ernte stehen im Gegensatz zu volkskundlichen Berichten zeitgenössischer Pflanzenbücher.

Die von Jörn Gardener beschriebenen Pflanzen wurden viele hundert Jahre in Europa als Würz-, Heil- und Duftkräuter verwendet: Fenchel, Petersilie, Thymian und Borretsch, Melde und Zwiebeln, Lilien, Geißblatt und Lavendel, Nelkenwurz, Wegerich und der giftige Eisenhut. Seine Liste hält die letzten Jahre des Mittelalters fest.

EIN UMSCHLOSSENER MITTELALTERLICHER GARTEN

Der umschlossene anheimelnde Garten liegt an einer Stadtmauer oder vor anderen Gebäuden in der belebten, befestigten mittelalterlichen Stadt. Er ist ein typisches Beispiel für einen modernen Kräutergarten.

Ein erhöhtes Beet vor einer Einfassung oder als Trennung einer größeren Fläche gibt zusätzlich Platz und Höhe für bestimmte Pflanzen und dient zur Verschönerung. Man kann verschiedene kriechende Thymianarten darauf pflanzen, die bald einen dichten, vielfarbigen Teppich bilden (siehe S. 99), oder man gruppiert Strauchkamille mit höher werdenden Kräutern, Lilien und Akelei. Man kann die Beete auch mit kurzgeschnittenem Rasen oder Wiesengras begrünen. Einzelne Steine oder Pflasterflächen in bestimmten Abständen werden zum Blickfang.

Der Springbrunnen auf Abbildungen von mittelalterlichen Gärten bringt Bewegung, Licht und Spiegelungen in einen schattigen Garten. Man kann einfache Umwälzpumpen für Sprudel verschiedener Ausführungen erhalten. Ein großer Terrakotta-Kübel mit stillem, klarem Wasser, der auf Pflastersteinen aufgestellt ist, kann auch zum hübschen Blickfang in einem solchen Garten werden.

Ich schätze besonders die Sitzplätze und Bäume in mittel-

alterlichen Gärten und die Kletterpflanzen, die sich darum winden und das Beste aus einem so kleinen Platz machen. Kletterrosen sind stachelig. Man pflanzt sie am besten an die Seiten von Sitzplätzen und schneidet sie gut über Kopfhöhe ab. An die rückwärtigen Spaliere pflanzt man Geißblatt oder Jasmin.

Wird der Garten regelmäßig von Kindern benutzt, soll man keine kleinen Blumen nach Art mittelalterlicher Gärten in den Rasen pflanzen, außer Gänseblümchen und dem schönsten Wegerich, *Plantago media*. Für Kinder ist ein gepflasterter Bereich in der Mitte eines kleinen städtischen Gartens mit Blumenkübeln an den Rändern eine bessere Lösung. Wo keine Kinder sind, kann man eine Blumenwiese anlegen. Man kann den Rasen als Fertigrasen mit ausgewählten, schwachwachsenden, blühenden Kräutern verlegen. Blumen können auch in Tuffs oder in regelmäßigen Abständen eingestreut werden. Man setzt am besten starke Pflanzen in das ausgesäte oder gepflanzte Gras. So können sie leicht einwurzeln, bevor sich das Gras ausbreitet. Bei Tuffs von Blütenpflanzen wie Gänseblümchen, Stiefmütterchen, Primeln, wilden Erdbeeren oder Wegerich sät man Grassamen so, daß ein etwa 7 cm breiter Bodenstreifen darum freibleibt. Will man aus Pflanzen ein regelmäßiges Muster gestalten (wie es zeitgenössische Malereien zeigen), legt man quadratische Rasenstücke aus und schneidet von jeder Ecke ein kleines, dreieckiges Stück ab. So erhält man Bodenquadrate für die Blumen. Das Gras schneidet man am besten mit der Rasenschere auf ca. 6 cm Höhe. Das ist bei einem kleinen Beet nicht viel Arbeit.

Es gibt auch Rasenmischungen mit Wildblumen. Damit läßt sich der Rasen als kleine Wiese gestalten. Man wartet mit dem Mähen bis zum Spätsommer, wenn das Blühen vorbei ist und schneidet die Wiese dann auf 6 cm herunter.

Gegenüber ganz Links: Waldgeißblatt ist als Kletterpflanze ideal für Lauben.

Gegenüber Links: Die duftenden Blätter der Essigrose galten im Mittelalter als wichtiges Heilmittel. Sie wurden wegen ihrer antiseptischen, zusammenziehenden und kräftigenden Wirkung verwendet. Man legte die Blätter in Honig oder Sirup ein. Rosen besitzen auch einen symbolischen Wert. Zunächst waren sie der römischen Liebesgöttin Venus geweiht. Im Mittelalter wurden sie zum Symbol der Reinheit der Jungfrau Maria. Immergrün, das zwischen den Rosen wächst, wurde in Girlanden eingeflochten.

Rechts Geißblatt an einem Rankgerüst hinter dem Sitzplatz, der von weißen und roten Kletterrosen umrankt ist.

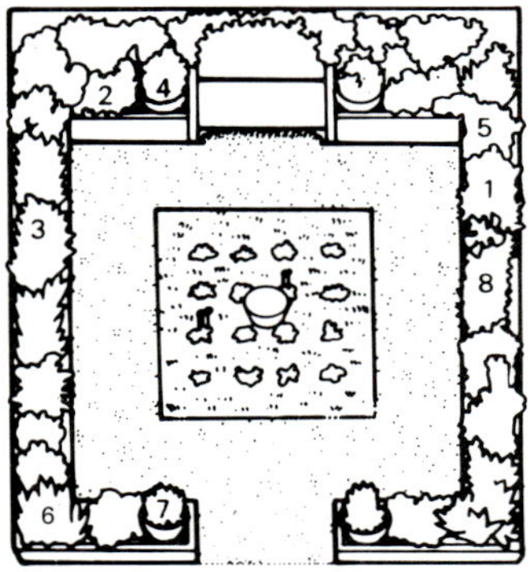

Pflanzenliste

1 *Adonis annua*, Einjährige Adonis, Teufelsauge
2 *Aquilegia vulgaris*, Akelei
3 *Convallaria majalis*, Maiglöckchen
4 *Dianthus caryophyllus*, Nelke
5 *Fragaria vesca*, Walderdbeere
6 *Iris speciosus*, Irisart
7 *Lavandula stoechas*, Lavendel
8 *Lilium candidum*, Madonnenlilie

Der Rasen in der Mitte enthält folgende Pflanzen:
Bellis perennis, Gänseblümchen
Plantago media, Mittlerer Wegerich
Primula veris, Frühlingsprimel
Viola ssp., Veilchen

Plan eines mittelalterlichen Kräutergartens
Der kleine Garten kann von einer Mauer oder einem Zaun umschlossen sein oder frei in einen größeren Garten gebaut werden. Die erhabenen Beete fungieren dann als Begrenzung. Die Pflanzen können ganz oder teilweise weggelassen und durch Rasen (als Sitzplatz) ersetzt werden. Die Hochbeete oder Bankbeete sollten höher als der Sitz mit dem Rankgerüst liegen. Es ist gemütlicher, wenn man seitlich von Pflanzen oder geschnittenem Rasen eingerahmt wird. Der Weg ist mit Kies belegt. Kübel mit empfindlicheren Duftpflanzen flankieren den Eingang und das Rankgerüst. Der kleine Rasen in der Mitte könnte auch mit einer Wildkräutermischung bepflanzt werden.

Renaissancegärten

Der italienische Einfluß auf die Gartengestaltung machte sich gegen Ende des 15. Jahrhunderts in ganz Europa bemerkbar. In Frankreich begeisterte sich Karl VIII. für italienische Gärten, nachdem er in Italien eingedrungen war. Die klaren Linien, die Symmetrie, die Verwendung von Wasser, verschnittenen Gehölzen und Statuen in französischen und italienischen Gärten wurden von einem englischen Reisenden als »reine Städte in Grün« bezeichnet, mit »Gartenwegen als Straßen und Hecken als Mauern, die in Kolonnaden, Arkaden und Torbögen geschnitten sind, alles gut ausstaffiert mit Marmorstatuen, die wie Soldaten bei einem Vorbeimarsch ausgerichtet sind«.

In Frankreich entwickelten sich diese Formen wahrscheinlich zu den gewaltigen, formalen Schaugärten in der bekannten Weise. Buchsbaum wurde als niedrige, sorgfältig geschnittene Einfassung für Zierbeete verwendet, die mit Blumen oder Kräutern bestückt waren oder Muster aus leuchtendfarbigem Ziegelsplitt, Spat, Marmorsplitt, Kohle, Muschelbruch oder Sand aufwiesen. Die Muster dieser »parterres à compartiments de broderie« waren häufig modischen Seidenstoffen aus Indien nachempfunden.

In den Niederlanden machte sich der italienische Einfluß durch Flecht- oder Knüpfmusterbeete bemerkbar, aber hier lag der Schwerpunkt auf der Blumenbepflanzung, wie man es bei einem Land mit so hoher Gartentradition nicht anders erwartet. Die Holländer begeisterten sich auch für den Formschnitt, den Wilhelm III. während des 17. Jahrhunderts nach England brachte. 14 Jahrhunderte früher beschrieb Plinius Teile des Gartens seiner toskanischen Villa: sie waren mit Buchsbäumen ausgestattet, die in Hunderte von Formen geschnitten waren, manche als kleine Pyramiden oder Buchstaben, um den Namen oder die Initialen des Besitzers wiederzugeben.

In England beeinflußte Kardinal Wolsey Heinrich VII. und Heinrich VIII. mit seiner Vorliebe für italienischen Stil. Der von ihm gegründete und von Heinrich VIII. weitergeführte Garten ist als Mischung aus mittelalterlichem Stil und vollendetem Renaissancegarten erhalten.

Dieser bunte holländische Garten aus dem frühen 17. Jahrhundert ist hauptsächlich mit Blumenzwiebeln bepflanzt. Er zeigt das Muster eines Renaissance-Gartens. Die Beete bestehen nicht mehr aus einfachen Quadraten und Rechtecken, sondern aus geschwungenen Formen mit niedrigen, geschnittenen Hekken. Der große, gewölbte Bogengang wird von Statuen gestützt.

LINKS Dieses sorgfältig geschnittene Flechtmuster ist in Kies eingebettet. Es gehört zu den ersten, in den letzten Jahren rekonstruierten Flechtmustergärten. Es ist aus Buchsbaum und Gamander angelegt und stammt aus einem französischen Gartenbuch aus dem Jahre 1583 und einem englischen Entwurf aus dem Jahre 1664.

RECHTS Den besten Blick auf diesen Flechtmustergarten hat man aus einem höher gelegenen Fenster. So kommen die niedrigen, geschnittenen Hecken, Kugeln und anderen Formen und die Mittelspirale aus Buchsbaum am besten zur Geltung. Die kleinen Beete sind mit Frühlingsblühern und Bauerngartenpflanzen bestückt wie Rosen, Margeriten, Nelken, Glockenblumen, Lavendel und Salbei.

Da gibt es erhöhte Beete vor den hohen Mauern und Laubengängen, Alleen und typische Hochbeete des mittelalterlichen Gartens, aber auch eine Anzahl von Statuen von Königen und Königinnen, Drachen und anderen heraldischen Tieren und Hunderte Meter von Holzeinfassungen in Grün, Weiß und Zinnoberrot, bronzene Sonnenuhren und groteske Figuren auf hohen Sockeln. Man errichtete einen Hügel in spiralförmigen Windungen hinauf zu einem Sommerhaus, von dem aus man alles überblicken konnte.

DER ENGLISCHE FLECHT- ODER KNÜPFMUSTERGARTEN

Die englische Form des französischen Parterres oder »Ricami«, wie es in Italien heißt, war der sogenannte »Knot-Garden« (Flechtmuster-Garten). Er war auf den Hausgarten zugeschnitten und hat mit der steifen Form der Gärten auf dem Festland nur noch wenig gemein. Bereits im 15. Jahrhundert gab es solche Anlagen als dekorative und duftende Hecken aus Rosmarin, die zum Trocknen und Beduften der Wäsche gepflanzt wurden. Das Schnittgut der Hecken verwendete man als Streu und zum Destillieren. Während des 16. und frühen 17. Jahrhunderts wurden die Flechtmuster in jedem englischen Gartenbuch abgebildet.

Jedes Muster bestand aus einem Quadrat oder Rechteck, das man vor einem Fenster oder einer Terrasse oder an anderer gut sichtbarer Stelle anlegte. Es handelte sich um kurzgeschnittene Hecken von duftenden, immergrünen Kräutern wie Gamander, Lavendel, Heiligenblume, Buchsbaum, Ysop, Seifenkraut, Majoran und Thymian. Die Muster erinnern häufig an Holztäfelungen in den Häusern und an Fliesenbeläge jener Zeit, oder sie stellten stilisierte Initialen der Besitzer des Hauses, Wappenembleme oder ein Familienmotto dar. Bisweilen wurden die Muster mit kleinen, gestutzten Bäumen oder Wacholderbüschen, Taxus oder Buchsbaum betont. Es gab dichte Muster und weite Muster mit mehr Platz für Kräuter und Blumen oder zum Auslegen von Steinen, Sand oder bunten Erden zwischen den duftenden Hecken.

Geschnittene oder duftende Hecken verwendete man auch zur Anlage von Irrgärten, als ein Symbol der mühsa-

men Wanderung des Menschen durch das Leben, dem man auf Knien folgte, oder zu unterhaltsamen oder vergnüglichen Versteckspielen.

GESTALTUNG EINES FLECHTMUSTERGARTENS

Die zusammenhängenden Linien und das immergrüne Muster eines Flechtmustergartens lassen sich leicht aus Kräutern herstellen. Sie betonen diese feinen Pflanzen und lassen sich leicht pflegen. Leuchtende Farben können gegen grünen oder silberfarbenen Heckenhintergrund gesetzt werden. Ob ein Muster einfach oder als Arabeske angelegt wird, hängt von der Art der verwendeten Kräuter und den Formen des Schnittes ab. Sie können etwa 60 cm hoch werden und sind säuberlich an der Oberfläche und den Seiten glattzuschneiden. Man kann ihnen eine gerade oder geschwungene Form geben oder das Muster als bandförmige Hecke aus Zwergkräutern herstellen (siehe S. 102–106).

Ein moderner Knüpfmustergarten kann aus traditionellen Mustern früherer Gartenbücher, einfachen Motiven aus dem Alltag, z.B. Tapeten- und Porzellanmuster, Stoffmuster, beliebte Broschen- oder Ringmuster, oder abstrakten Mustern bestehen. Es hängt auch von den umgebenden Bauten oder der ländlichen Lage ab.

Ein dichtes Muster mit breiten, ineinander verwobenen Hecken hat wenig Platz für Füllkräuter. Da reicht vielleicht ein aufrecht wachsender Busch, in der Mitte eine botanische Rose oder eine Wermutstaude. Ein Muster mit niedrigen, kleinen Hecken kann dagegen leuchtendblühende Einjährige und Stauden aufnehmen oder einen Kübel mit Tagetes, Färberkamille oder roten Monarden.

Zwischen den Hecken eines offenen, weitmaschigen Musters ist mehr Platz zur Pflanzung verschiedener Kräuterarten. Früher wurden die Zwischenräume allerdings nur mit einer Kräuterart bepflanzt. In diesem Fall ist die Belaubung wichtiger als die Blüten, denn die Pflanzen müssen während des ganzen Jahres gut aussehen. Roter Salbei, krausblättriger Rainfarn, dessen ausläufertreibende Wurzeln in Zaum gehalten werden müssen, breitblättriger Ampfer oder leuchtender Salbei mit seinen großen, runzligen, duftenden Blättern sind für die Gestaltung eines Flechtmustergartens geeignet.

Im Stil des 17. Jahrhunderts neu angelegtes Parterre aus Buchsbaumhecken, die rautenförmig um einzelne Wacholder gepflanzt wurden. Eine dekorative Einfassung aus Rindenschnitzeln dient als Weg um die Beete, die mit leuchtend farbigem Kies bedeckt sind.

Ein Parterre mit strengem Muster, das bereits im Jahre 1660 veröffentlicht wurde. Es wurde von den französischen Gärten in Versailles beeinflußt. Die Hekken bestehen aus geschnittenem Buchsbaum, die Beete sind mit buntem Kies bestreut. Den Buchsbaum hielt man für die billigste und dankbarste Pflanze für solche Anlagen.

Die Pflanzung in einem Flechtmustergarten

Schweren Boden kann man mit Kompost, gewaschenem Sand oder Lava auflockern. Dann harkt und planiert man ihn wie für eine Raseneinsaat und stampft ihn wiederholt fest.

Das Muster wird sorgfältig auf einem quadratischen Papier aufgezeichnet und dann in der Örtlichkeit mit Hilfe von Pfählen und Schnüren übertragen. Man pflanzt das eigentliche Muster mit ausdauernden Heckenkräutern, zuerst die Eckpflanzen, um gleichmäßige Abstände zwi-

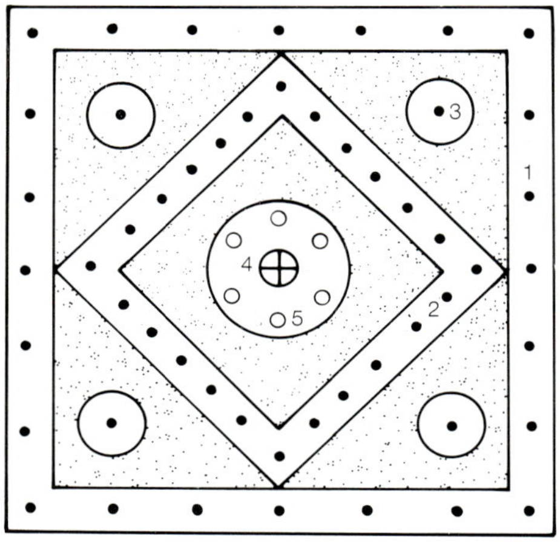

LINKS AUSSEN Ein einfaches Flechtmuster mit Pflanzplan, links, in dem 2 Pflanzenarten verwendet wurden. Man pflockt auf dem vorbereiteten Boden ein 2x2 m großes Beet aus und unterteilt es in kleinere Quadrate. In die Mitte setzt man einen Sperrholzring. Zuerst pflanzt man die Eckpflanzen. So kann man den Abstand zwischen den Pflanzen am besten aufteilen. Ysop und Salbei werden oben und an den Seiten flach geschnitten.

UNTEN LINKS Eine geschwungene Hecke wurde für dieses Flechtmuster gewählt.

RECHTS 4 Musterbeispiele aus einem Gartenbuch des 17. Jahrhunderts.

Einfaches Parterrebeet: Pflanzenliste

1 *Hyssopus officinalis,* Ysop, oder *Satureja montana,* Winterbohnenkraut
2 *Origanum vulgare* 'Aureum', Goldmajoran
3 *Santolina chamaecyparissus,* Heiligenblume, Santoline
4 *Laurus nobilis,* Lorbeer (Winterschutz!)
5 *Bellis perennis,* Gänseblümchen

Zusammengesetzte Muster: Pflanzenliste

1 *Hyssopus officinalis,* Ysop
2 *Satureja montana,* Winterbohnenkraut
3 *Origanum vulgare* 'Aureum', Goldmajoran
4 *Juniperus communis,* Heidewacholder
5 *Viola* sp., Veilchen

schen den übrigen Pflanzen zu erhalten. Dann schneidet man Spitzen und Seiten jeder Pflanze etwas nach, um sie zu formen.

Stecklinge für den Flechtmustergarten macht man am besten im Spätfrühling (siehe S. 102). Man setzt sie in eine Reihe und hält sie leicht geschnitten, bis sie im folgenden Frühling am endgültigen Standort ausgepflanzt werden. Bei der Verwendung von Containerpflanzen sollte man die Pflanzen zur gleichen Zeit und vom gleichen Ort beschaffen, damit sie den gleichen Entwicklungsstand und die gleiche Form haben.

Im Spätfrühling werden die Hecken jährlich kräftig zurückgeschnitten, um das Wachstum anzuregen. Während des Sommers wird nach Bedarf geschnitten. Der letzte Schnitt sollte im Spätsommer erfolgen, damit die Pflanzen sich vor dem Winter noch ausreichend begrünen können.

Heckenkräuter für den Flechtmustergarten

Zwergbuchsbaum ist eine typische Heckenpflanze für Flechtmustergärten. Er wächst sehr langsam und besitzt einen seltsamen stumpfen Duft, der nicht nach jedermanns

Flechtmuster auf einem Londoner Friedhof, zum Andenken an den Botaniker Tradescant und seinen Sohn, die hier ruhen. Diese Gärtner, Forscher und Pflanzensammler haben im 17. Jahrhundert einige unserer bedeutendsten Gartenpflanzen eingeführt. Die Hecken bestehen aus Buchsbaum und der silberblättrigen *Santolina incana*. Jedes Beet ist mit einem Rosenstrauch bepflanzt (*Rosa gallica* ‘Versicolor’), eine gestreifte Form der Essigrose. Dazwischen wachsen Ysop, Lilien, Salbei, Nelken, Seidelbast, Veilchen, Iris und Thymian. Im Vordergrund stehen Ringelblumen, in der Mitte prangt ein üppiger Beifuß.

Vor einem alten Palast (Hatfield, England) befindet sich dieser Flechtmustergarten. Auf dem Foto ist er 3 Jahre alt. Es ist ein Ansporn, wenn man sieht, wie schnell die Kräuter gedeihen und die Beete zwischen den Hecken zuwachsen. Kräuter und Blumen dieser Anlage wurden im 16. und 17. Jahrhundert in England kultiviert. Sie enthalten viele Arten von Nelken, Lupinen, Rosen, Sterndolde, Fingerhut, Gelbem Salbei und Schwertlilien.

Nase ist, aber er ist widerstandsfähig und ausdauernd und er kann fast bis zum Boden heruntergeschnitten werden. Es gibt auch gelb- und weißbunte Varietäten.

Andere übliche Heckenkräuter, die Winterschutz benötigen, sind der dunkelgrüne, aromatisch duftende Gamander, die Heiligenblume und der Zwerglavendel. Winterbohnenkraut, Ysop, Beifuß und Gartenthymian verlieren in kalten Wintern das Laub, im folgenden Frühling begrünen sie sich aber rasch wieder. Rosmarin bildet wunderschöne duftende Hecken, er benötigt ebenfalls Winterschutz. Die silberlaubige Currypflanze ist winterhart. Sie ergibt ausgezeichnete Hecken, aber sie kam erst nach Nordeuropa, als die Mode der Knüpfmusterbeete längst vorüber war.

Man kann ein Muster mit nur einer Pflanzenart ausführen, aber Pflanzen mit verschiedenen Farben und Strukturen sind interessanter: silberblättrige Santoline und die grünlaubige Spielart können zum Beispiel in durchbrochenen Mustern oder geometrischen Formen gepflanzt werden. Man kann auch kontrastierendes Laub von schmalblättrigem Ysop und dunkellaubigem Gamander gegeneinanderstellen.

Für niedrige Hecken eignen sich Buchsbaum, Gamander, Zwergysop oder die Heiligenblume *(Santolina incana)*, die man alle bis zum Boden zurückschneiden kann. Wenn möglich, sollte man die Beete von einem erhöhten Standpunkt aus sehen können, damit ihre Muster voll zur Geltung kommen.

EIN ZWERGKNÜPFMUSTERGARTEN

Solche Gärten können wie das Stück einer feinen, sorgfältig kolorierten Stickerei ausgeführt werden. Sie sehen am besten auf dunklem Untergrund aus.

Die Kräuter für diese winzigen Muster lassen sich leicht von Stecklingen ziehen, z.B. von rotem und grünem Salbei, von Beifuß in Schattierungen von Grün und Silber, dunkellaubigem Gamander, Rosmarin, silbrigen Currypflanzen, Lavendel, Zwergbuchsbaum, Heiligenblumen und der Raute 'Jackmanns Blue'. Kleine Ableger, die sich von der kleinbleibenden römischen Kamille entwickeln, oder Tuffs von Schnittlauch verwendet man als Flächenfüller. Die Wahl hängt von den Pflanzen ab, aus denen man die Hecken pflanzt.

Für ein Minibeet von ungefähr 1 m^2 benötigt man etwa einen Eimer voll gesiebten Sand, den man mit Komposterde und dem Boden mischt. Man markiert das Muster mit Bindfaden oder streut es mit weißem Sand aus. Dann schneidet man weiche oder halbharte Stecklinge der Kräuter (siehe S. 112–113) und drückt sie an Ort und Stelle gemäß der Markierung fest in den Boden. Bis sich die Wurzeln in den nächsten Wochen entwickeln, müssen die Stecklinge feucht gehalten (beregnet, nicht gegossen) und vor der Sonne geschützt werden (Plane, Reiser).

Ideale Jahreszeit für Stecklinge ist der späte Frühling, aber mit guter Pflege kann man auch im Frühsommer und im Frühherbst ein gutes Ergebnis erzielen. Sobald die Pflanzen bewurzelt sind, schneidet man sie kurz, damit sie dicht werden. Solche Gärten besitzen keine lange Lebensdauer, doch sie sind sehr hübsch, benötigen wenig Platz und können sogar in einem großen hölzernen Kübel angelegt werden, wenn man keinen Garten besitzt.

In krassem Gegensatz dazu steht dieser winzige Flechtmustergarten, der nur 1,5 m^2 mißt und aus Stecklingen von Zwergsträuchern gepflanzt wurde. Sie sind an Ort und Stelle gesteckt worden, wo sie jetzt wachsen. Eine Einfassung aus Rosmarin umgibt das Muster, das aus Muskatsalbei, Currykraut, Gamander und Raute besteht. Ein Miniaturgarten dieser Art braucht wenig Platz. Er könnte sogar in einem großen Holzkübel angelegt werden.

Von den Heilkräutergärten bis zu den heutigen Kräutergärten

Bei den Pflanzungen in den europäischen Gärten des 16. Jahrhunderts vollzog sich ein dramatischer Wandel. Es gab nur eine begrenzte Auswahl. Sie war einfach und bekannt. Jede Pflanze hatte ihre Bedeutung und ihren Sinn. Nun kamen durch Seefahrer und Naturforscher fast täglich neue Pflanzen hinzu. Holinshead, der Historiker aus dem 16. Jahrhundert, schreibt: »Es ist ein Wunder, wenn man sieht, wie viele seltsame Kräuter, Pflanzen und Früchte täglich von Indien, Amerika, Taprobane, den Kanarischen Inseln und allen Teilen der Welt eingeführt werden. Ich habe in manchem Garten drei- bis vierhundert von ihnen – wenn nicht mehr – gesehen. Von der Hälfte dieser Pflanzen war bis vor 40 Jahren nicht einmal der Name bekannt.«

Unter den Menschen, die mit Medizin zu tun hatten, breitete sich starker Optimismus aus. Sie hofften – und viele glauben das heute noch –, daß ein gnädiger Gott die Menschen nicht erschaffen hat, um sie ohne Gegenmittel den Krankheiten und Übeln auszuliefern. Diese Gegenmittel waren Pflanzen. Die europäische Flora reichte dazu nicht aus, aber die Flora der Welt mußte untersucht und studiert werden, und man war überzeugt, daß es gegen sämtliche Krankheiten ein Kräutlein gibt.

Die ersten botanischen Gärten mit umfassenden Sammlungen wurden in Padua 1545, in Leyden 1587 und in Oxford 1621 gegründet. Ärzte mußten hier die heilsamen Wirkungen der Kräuter studieren. Der Jardin du Roi wurde 1626 in Paris für die Ärzte des Königs angelegt.

In den Privatgärten blühten bald neue, fremde Pflanzen, die gern gesammelt wurden. Obgleich viele Schriftsteller zum Ausdruck brachten, daß ein Garten ohne Heilkräuter Selbstzweck sei, wuchs nun die Begeisterung für Ziergärten, die noch dadurch gesteigert wurde, daß die üblichen Gartenkräuter durch züchterische Kultur ihre ursprünglichen Formen änderten. Damit hielt die moderne Pflanzenzucht ihren Einzug in die Gärten. Gärtner in Nordfrankreich und in den Niederlanden waren immer besonders geschickte Züchter. Viele verloren ihre Heimat durch religiöse Verfolgung während der Mitte des 16. Jahrhunderts und übersiedelten nach Südeuropa und England. Sie konnten durch Auslese und Kreuzung die Größe der Pflanzen verdoppeln und Farben und Aussehen beeinflussen und verändern.

Die Gartenbücher der ersten Botaniker

Eine große Anzahl von Gartenbüchern wurde während des 17. Jahrhunderts veröffentlicht. Im allgemeinen waren die Autoren Ärzte mit großem Interesse an der Botanik. Hieronymus Bocks »Neues Kräuter Buch« erlebte viele Auflagen. Er versuchte bereits die Pflanzen zu klassifizieren. In Italien war es Pierandrea Mattioli, auch Matthiolus genannt, dessen Kommentare zu »De Materia Medica« von Dioskorides, das 1400 Jahre früher geschrieben worden war, berühmt wurden. Portugiesische und spanische Ärzte schrieben über die Heilkräuter aus Mittelamerika und Ostindien, und Nikolaus Monardes aus Sevilla schrieb sein Kräuterbuch über Heilpflanzen in Amerika, das im Jahre 1577 als erfreuliche Neuigkeit aus der neuentdeckten Welt erschien.

In London katalogisierte 1596 John Gerard 1030 Pflanzen in seinem Londoner Garten. 1597 veröffentlichte er sein Kräuterbuch. Man betrachtete diese Sammlung mit einiger Skepsis. Sicherlich ist vieles aus dem Inhalt von dem belgischen Botaniker Dodoenz ausgemerzt worden, doch sein lebhafter Stil und die lebendigen Beschreibungen gaben etwa 400 Jahre lang viele Anregungen.

Im Jahre 1629 und 1640 erschienen zwei der bedeutendsten englischen Kräuterbücher: John Parkinsons »Paradisi i Sole Paradisus Terrestris« und sein »Theatrum Botanicum«, das Theater der Pflanzen, eine respektable Beschreibung von über 3000 Kräutern und Pflanzen. Sie gehören zu jenen Büchern, die die Pflanzen sowohl von der botanischen als auch von der medizinischen, gärtnerischen und geschichtlichen Seite her beleuchten. Die Pflanzen werden hier bereits in Klassen und Stämme eingeteilt. Die Bücher enthalten außerdem Hinweise auf die ungeheuerlichen Entwicklungen in der Gartenkunst. Es werden zum Beispiel bereits 50 Arten von Nelken benannt.

Das Kräuterbuch von Nicholas Culpeper, einem englischen Arzt, ist das Gegenteil. Er veröffentlichte 1652 teilweise als Protest gegen stolze, unduldsame, herrschsüchtige Ärzte und zum Lob von »Dr. Vernunft« und »Dr. Erfahrung« dieses Buch. »Ich wünsche mir von Herzen«, schrieb er, »daß Blasphemie, Ignoranz und Tyrannei unter den Ärzten aufhört, dann wären sie glücklich und ich würde

Nel primo lib. di Dioscoride. 79

con una non eccessiua caldezza, sono concottiue, come habbiamo dimostrato. Et al secondo delle compositioni de medicamenti secondo i luoghi, disse egli che il croco feriua co'l suo odor il capo, & perturbaua l'intelletto, cosi come il peucedano, & i frutti del lentisco. Chiamano i Greci il Croco Κρόκος: i Latini Crocus: gli Arabi Zabafaran, ouero Zafaran: i Tedeschi Saffran: gli Spagnoli Azafran: i Francesi Saffran. Nomi.

Dell'Helenio. Cap. XXVII.

LO Helenio fa le foglie simili al uerbasco, che produce le foglie piu strette, ma piu aspre & lunghissime. In alcuni luoghi non fa fusto. La sua radice biancheggia, & qualche uolta rosseggia, è odorata, grossa, & alquanto acuta: dalla quale si spiccano le propagini, & piantansi nel modo, che s'usa di fare con i gigli, & con l'aro. Nasce ne i monti, in luoghi ombrosi, & secchi. Cauasi la radice la state, & tagliata in pezzetti si secca. La decottione sua beuuta, prouoca l'ori-

E L E N I O.

Ein Holzschnitt vom Alant, der auch die großen, aromatischen Wurzeln zeigt. Ein Blatt von den ersten illustrierten Kommentaren zum Werk von Dioskorides, das 1554 von Matthioli überarbeitet und herausgegeben wurde.

mich freuen.« Seine Hinweise waren zum Teil mit wilden astrologischen Beobachtungen durchsetzt. Sie sind in einem so geistvollen Stil geschrieben, daß dieses Pflanzenbuch immer wieder nachgedruckt wurde.

Kräuter aus der neuen Welt

Samen und Wurzeln von Heil- und Würzkräutern und Gemüsen spielten, wie die Kräuterbücher von Parkinson und Gerard bezeugen, eine bedeutende Rolle bei den Schiffsladungen, die aus den Kolonien über den Atlantik kamen. Sie brachten nordamerikanische Pflanzen mit, die dann in europäischen botanischen Gärten gepflanzt und beobachtet wurden.

Die Siedler lernten die Eigenschaften dieser Pflanzen von den amerikanischen Indianern. 1672 veröffentlichte John Josselyn seine »New Englands Varietys Discovered«. Es behandelte die physikalischen und chirurgischen Heilmittel, mit denen die Eingeborenen ihre Unpäßlichkeiten, Wunden und Krankheiten zu behandeln pflegten.

Viele dieser Kräuter waren den Siedlern in ähnlicher Form aus ihrer Heimat bekannt. So besitzen z.B. die europäischen Arten der Goldrute eine lange Tradition als Wundmittel und als Färberpflanze. Die nordamerikanischen Spezies mit ihren büscheligen gelben Blüten, die nun in unseren Gärten heimisch sind, wurden von den Indianern in gleicher Weise verwendet. Der europäische Germer wurde von Dioskorides im 1. Jahrhundert als Abtreibungsmittel beschrieben. Vom nordamerikanischen grünen Germer berichtet Josselyn: »Die Indianer heilten ihre Wunden damit. Feingehackte und in Essig gekochte Wurzeln helfen gegen Herpes miliaris.« Wasserdost war bekannt als Abführ- und Brechreiz erregendes Mittel. In Nordamerika zeigte ein indianischer Medizinmann den Siedlern, wie man Typhus unter Verwendung der Wurzeln der nahverwandten *Eupatorium purpureum* bekämpfte. Sie wurde nach ihm Joe-Pye-Kraut benannt.

Der erste botanische Garten in Nordamerika wurde 1728 bei Philadelphia von John Bartram, einem Quäker, Amateurarzt und Botaniker, gegründet. Er schickte regelmäßig Sammlungen heimischer Pflanzen nach London (viele erhielt der Botaniker Carl Linnaeus in Schweden zur Klassifizierung). 1695 wurde Bartram zum königlichen Botaniker für Amerika ernannt und beauftragt, mit seinem künstlerisch begabten Sohn zu reisen und Pflanzen zu sammeln.

Im frühen 19. Jahrhundert begann sich in Amerika eine Heilkräuterindustrie zu entwickeln, die durch die Mode der Anwendung fertiger Arzneien und einer allgemeinen Unzufriedenheit mit den Ärzten begünstigt wurde. Es überrascht kaum, denn der Beruf des Arztes erschöpfte sich in jener Zeit in der Verschreibung giftiger Substanzen wie Quecksilber, Arsenik und Antimon. Religiöse Gruppen und besonders die Kirchen der Vereinigten Gesellschaft der Gläubigen, der Shaker, verließen sich auf Diät, den Glauben und Heilkräuter. Bald gab es einen lebhaften Handel mit ihren Heilmitteln. Ihr erster Heilkräutergarten entstand 1820 in New York. Der Katalog enthielt 300 einfache und 300 gemischte Heilmittel, und ihr Heilmittelgeschäft blühte länger als hundert Jahre.

Kräutergärten von heute

Im frühen 17. Jahrhundert wurde eine große Zahl volkstümlicher Gartenbücher herausgegeben. Lawsons »The Countryhouse Wifes Garden« z.B. vermittelt einen lebhaften Eindruck vom englischen Garten des herrschenden Standes um 1600. Die Kräuter waren nach ihrer Höhe, ihrer Kultur und ihrem Verwendungszweck aufgelistet. Der Autor propagierte zweierlei Gärten, einen Ziergarten für ausdauernde hübsche Kräuter und Blumen in quadratischen Beeten und Flechtmustern und einen Küchengarten für das tägliche Gemüse und die Kräuter. Dieser wurde durch den täglichen Kräuter- und Gemüsebedarf ständig verändert.

Der englische Flechtmustergarten entstand vor der französischen Gartenmode. In einem Gartenbuch von 1659 heißt es: »Heutzutage bestehen die Einfassungen nicht aus Schutzhecken von Liguster, Rosmarin oder anderen Kräutern, die Blick und Aussicht versperren und Schädlinge anlocken, sondern alles ist meist in bequemer Nähe des Hauses und von den Räumen aus offen einzusehen. Flechtmuster und Ränder sind nur mit niedrigen Kantensteinen, Platten oder Planken eingefaßt...« Parterres, wie sie die Franzosen nennen, sind oft aus feinem Taxus, aber so niedrig, wie man sie zur Bepflanzung von Schalen benötigt. Innerhalb der Muster gab es nur wenig Blumen. Schwach-

LINKS Ein Garten aus dem 18. Jahrhundert, der den Einfluß des französischen Gartenarchitekten André Le Nôtre zeigt, ein kleines, sorgfältig ausgearbeitetes Parterre, das in den Rasen eingelassen wird. Roter Bodenbelag (vermutlich Ziegelsplitt) umgibt die Pflanzen. Die schmalen Beete, die symmetrische Anordnung der Kübel, die Rasenrechtecke und die stark geschnittenen Hecken sind typisch für diese Zeit.

RECHTS Teil des Gartenparterres am Château de Villandry, Frankreich, das aus 9 Quadraten besteht. Jedes hat ein besonderes geometrisches Muster aus Buchsbaumhecken. Der Garten wurde nach Plänen aus dem 16. Jahrhundert neu angelegt (das Schloß stammt aus dem Jahre 1533).

wüchsige Pflanzen machten die eigentliche Schönheit der Einfassungen aus.

Eventuell verbliebene Kräuter wurden nach und nach in eingefriedete Gemüsegärten hinter dem Haus verbannt und machten Platz für Exoten, die in Warmhäusern vorkultiviert wurden.

In Nordamerika machten die Kolonisten solche Moden nicht mit, sondern zogen alles, was für den Eigenbedarf erforderlich war, in einem Garten. Gegen Ende des 18. Jahrhunderts beklagte ein Gärtnerkalender, »daß Amerika keine raschen Fortschritte im Gartenbau, in der Schmuckbepflanzung und in bezug auf hübsche Gestaltungsformen gemacht hat...«

Im 19. Jahrhundert stiegen die Löhne durch die Industrialisierung. Um die Großstädte herum breiteten sich die Vorstädte aus. Die Gärten der neuen Mittelklasse waren vergleichsweise klein. Zu klein, um ganze Landschaften in der Art der Privilegierten dem Zeitgeist entsprechend wiederzugeben. Die Stadtbevölkerung wurde mit den handelsüblichen Würzkräutern und Gemüsen von den riesigen Anbauflächen versorgt, die sich vor den Städten ausdehnten. Ihre Gärten wurden mit vielen Pflanzen ausgestattet, die aus Gärtnereien stammten. In den Großstädten entstanden botanische Gärten. Gartenmagazine wurden volkstümlich. In England erschien 1838 der »Vorstadtgärtner und Villenbegleiter«, der den Gartenstil der Zeit als geometrisch und natürlich bezeichnete. Loudon billigte den geometrischen Stil nicht. Er war in gewissem Sinne die Wiederentdeckung des Parterres mit symmetrisch oder bandartig zugeschnittenen Beeten, aber statt mit den zarten Farben

Erntereife Kräuter in einem Anzuchtbetrieb. Geißraute im Hintergrund und Kamille im Vordergrund werden getrocknet und an die Apotheken verschickt. Der Samen der Petersilie, die gerade geblüht hat, wird gesammelt und in Tütchen abgefüllt.

altmodischer Kräuter wurden die Beete nun mit nicht ausdauernden Pflanzen in den leuchtendsten Farben bestückt, mit Pelargonien, Lobelien und Eisenkraut.

Das »Gärtnern in der Vergangenheit« führte Ende des Jahrhunderts zur Rückbesinnung auf Kräuter des mit kunstvollen Ornamenten und mit altmodischen Bauerngartenpflanzen und anderen, neuerlich eingeführten Pflanzen und Spezies geschmückten Gartens.

Einer der eifrigsten Verfechter harmonischer naturnaher Gestaltungsformen war der Ire William Robinson. Seine Liebe für wilde Blumen und den Landhausgarten, seine Pläne mit geschwungenen Rasenflächen und von Kletterpflanzen bedeckten Mauern, großartigen Beeten mit Stauden und Rosen und seine Pflanzenbesessenheit beeinflußten Gertrude Jeckyll, eine richtungsweisende englische Gärtnerin und Gartenschriftstellerin. Sie hatte viel Sinn für Farben und Formen, große Pflanzenkenntnis und ein sicheres Gefühl für hochwertige Facharbeit und schuf viele außergewöhnliche Gärten. Ihre besondere Liebe galt den zarten grauen und malvenfarbenen Tönen des Lavendels, der Santoline, der Katzenminze, des Rosmarins und den silberblättrigen »Eselsohren« *(Stachys lanata)*. Sie pflanzte dazwischen leuchtende Malven, Mohn, Rosen, Kaukasus-Vergißmeinnicht, Nachtkerzen, Monarden und Königskerzen. Ihre engagierten praktischen Bücher sind noch immer weit verbreitet (für 1988 sind Neuausgaben angekündigt) und bekamen eine große Bedeutung bei der Rückführung der Stauden in die Ziergärten.

Wirtschaftlich lohnender Kräuteranbau

Produktive Kräuteranzucht wurde während des 1. Weltkriegs wieder wichtig. Während in Frankreich und in Italien die strenge Tradition der Selbstversorgung mit Heilkräutern und anderen Kräutern fortgesetzt wurde, hatte das industrialisierte England diese Kenntnisse beinahe verloren. Als dort die Vorräte an Heilkräutern von außerhalb nicht mehr ergänzt werden konnten, mußte sich eine neue Generation damit beschäftigen, wie man Mengen dieser Pflanzen für Apotheken anbaute und zubereitete. Das 1931 erschienene Buch »Eine moderne Kräuterkunde« (1931) trug zur Belebung der Kräuterindustrie in Englisch sprechenden Ländern bei und machte die Heilkräuterkunde für den Hausgebrauch wieder interessant. Es handelt sich um wissenschaftliche und überlieferte Informationen über die Kultur und Anwendung von über 1000 europäischen und nordamerikanischen Kräutern. Die Veröffentlichung hatte außerdem zur Folge, daß sich Kosmetikfirmen in den USA und Europa auf den Kräuteranbau zur Herstellung ihrer Produkte verlegten. Kräutergärtnereien und Gartencenter versorgen heute private Gärten mit Pflanzen und Samen von Heilkräutern. Medizinische Heilkräutergärten, in denen die Pflanzen nach Familien geordnet oder nach ihrer Heilwirkung zusammengestellt wurden, sind der Öffentlichkeit zugänglich.

Auch in Deutschland erschien eine Anzahl von Kräuterbüchern, zum Beispiel die berühmte Faksimile-Ausgabe »Hortus Eystettensis« aus dem Jahre 1713. Bedeutende Wissenschaftler und Sachkenner haben über Heilkräuter zahlreiche Werke verfaßt. Zu ihnen gehören die Bücher von G. Leybold: »Gesundheit durch altbewährte Kräuterrezepte und Hausmittel aus der Naturapotheke«, »Heilkräuter« von David Hoffmann, »Das ganzheitliche Kräuterbuch«, Dr. Seitzens »Kräutergarten«. Neueren Datums sind die umstrittenen Kräuterbücher der Maria Treben: »Gesundheit aus der Apotheke Gottes«, »Heilkräuter aus der Apotheke Gottes« sowie Pahlow: »Das große Buch der Heilpflanzen« und »Schwester Bernardines große Naturapotheke«.

Planung von Kräutergärten

Der erste Teil des Buches brachte historische Entwürfe von Kräutergärten. Er zeigte verschiedene Stilepochen und die Verwendung der Kräuter als Dekoration. Kräutergärten waren ihrem Verwendungszweck entsprechend auch als Würz-, Heil-, Duftkräutergärten oder für Färbezwecke und als Bienenweide angelegt. Ich hoffe, daß die Entscheidung zur Gestaltung des eigenen Gartens durch diese Anregungen leichter wird und daß die Vorschläge im Buch die Vorstellungskraft beflügeln.

Die meisten heutigen Gärten sind klein, besonders in den Städten und Vorstädten. Oft werden auch ländliche Gärten auf kleine, winklige Eckchen verdrängt, kleinflächig angelegt und sind von Hecken, Zäunen oder niedrigen Mauern umgeben. Kräuter wachsen gut in umschlossenen Bereichen, wo sie vor kalten Winden geschützt sind und wo ihr feiner aromatischer Duft voll zur Entfaltung kommen kann. Besonders diese kleineren Gärten hatte ich im Sinn, als ich dieses Kapitel schrieb.

Der Garten kann geradlinig oder in freien Formen geplant werden. Hier sollte man jedoch der Eingebung folgen, nicht methodischen Vorbildern. Er kann mit wenigen Pflanzen und mit wenig Pflege geplant werden oder so viele Pflanzen enthalten, wie man in die Beete packen kann.

Geometrische Gärten werden häufig mit Beeten und Rabatten geplant, so als ob sie eine Erweiterung des Hauses wären. Die Pflasterung spielt bei strengen Formen eine wichtige Rolle, zum Beispiel in einem Patiogarten, auf einer Terrasse oder beim Grillplatz. Steine oder Klinker sind eine gute Unterlage für Kübel mit Duftkräutern. Kleine, rechteckige Beete können zwischen Plattenwegen oder Pflasterflächen angelegt und mit immergrünen Gehölzen wie Buchsbaum, Lavendel oder Waldmeister bepflanzt werden oder sogar eine ausgeprägte Solitärstaude wie die Raute oder Angelika hervorheben.

Strauchige Duftkräuter in einem geometrischen Garten muß man durch regelmäßigen Schnitt kurz halten. Einige können sogar als Figuren geschnitten werden. Man soll Pflanzenmuster dicht pflanzen. Hierzu eignet sich der aufrecht wachsende Rosmarin (Winterschutz!), Lavendel und die etwas lockerer wachsende Minze. Waldgeißblatt kann man an Spalieren und Pfosten oder über Drahtrahmen ziehen (siehe S. 118).

Traditionelle Formen können als Vorbild für kleine, geometrische Kräutergärten dienen, wie bei dem Vorschlag eines mittelalterlichen Hofgartens (S. 26) mit seinen Einrichtungen wie dem Sitzplatz, dem Springbrunnen, der Sonnenuhr, mit Kübelpflanzen und regelmäßigen Pflanzungen oder der Pflanzung niedriger Kräuterhecken als Flechtmuster, die mit geschnittenem Wacholder, Buchsbaum oder Taxus bestückt sind (S. 30–34).

Ein frei gestalteter Garten neigt dazu, Grenzen zu verwischen und die Natur bis ans Haus heranzuführen. Hier verwendet man Kletterrosen, die an Haus und Gartenmau-

OBEN Große Büsche der *Santolina neapolitana* legen sich über den Pflasterpfad. Links gedeihen der große Eisenhut und Fenchel. Im Hintergrund erkennt man einen Schnittlauchtuff, der gerade in Blüte steht.

RECHTS Ringelblumen, Fingerhut und Königskerze haben sich in diesem leuchtendbunten Herbstgarten zwischen dem Kies selbst ausgesät. Links blühen italienische Zwiebeln vor einem Tuff aus blaugrünem Rainfarn.

ern, an Zäunen, Einfriedungen und Bäumen emporklettern, Jasmin, Waldgeißblatt, die wilde Zaunrübe oder Waldreben und Hopfen. Im Gegensatz zur landläufigen Meinung benötigt ein solcher Garten einen gut durchdachten Plan. Durch sorgfältige Pflanzung kleiner Bäume oder Sträucher und durch die Anlage von Klettergerüsten kann das Auge über gewundene, teils beschattete Wege geführt werden.

Minze, Thymian und Kamillen können sich auf den Beeten ausbreiten. Höhenunterschiede, niedrige Böschungen, schmale, vertiefte Bereiche tragen dazu bei, dem Garten einen naturnahen Charakter zu geben. Kräuter mit zartem, lockerem Habitus wie rosa oder weiße Malven, Katzenminze, Labkraut oder Wilder Majoran eignen sich gut. Die Pflanzen sollten so dicht stehen, daß kein offener Boden zu sehen ist, sobald sie eingewurzelt sind. Wenn man wenige Kräuter wie den durch Selbstaussaat sehr fruchtbaren Fingerhut, Nachtkerze, Staudenmohn, Borretsch oder Königskerze pflanzt, gibt es bald massenhaft Sämlinge.

Plan und Pflanzenliste eines kleinen Gartens in der Stadt
Hier führen die besonnten Terrassen aus Klinkern mit dem Kräuterbewuchs vom Haus zum Rasen hinunter. Die Terrassen enthalten (von oben nach unten und von links nach rechts)
Origanum sp., Majoran
Sanguisorba minor, Wiesenknopf, Pimpernell
Mentha suaveolens 'Variegata', Buntblättrige Ananasminze
Salvia officinalis, Salbei
Thymus vulgaris, Thymian
Coriandrum sativum, Koriander
Artemisia dracunculus, Estragon
Santolina sp., Heiligenblume
Origanum vulgare 'Aureum' Goldmajoran
Pimpinella anisum, Anis
Mentha sp., Gartenminze
Petroselinum sp., Petersilie
Rosmarinus officinalis, Rosmarin
Hyssopus officinalis, Ysop
Allium sativum, Knoblauch
Anthriscus cerefolium, Kerbel
Balsamita vulgaris tanacetoides, Frauenminze
Levisticum officinale, Liebstöckel
Allium schoenoprasum, Schnittlauch
Ocimum basilicum, Basilikumkraut
Satureja hortensis, Sommerbohnenkraut
Melissa officinalis, Zitronenmelisse
Foeniculum vulgare, Fenchel
Inula helenium, Alant
Alchemilla vulgaris, Frauenmantel
Ocimum basilicum, Basilikum
Achillea millefolium, Schafgarbe
Monarda didyma, Monarde
Mentha piperita, Pfefferminze
Teucrium chamaedrys, Gamander
Angelica archangelica, Engelwurz, Angelika
Laurus nobilis, Lorbeer

Die Staudenrabatte

Eine der einfachsten Gestaltungsmöglichkeiten mit Kräutern ist die Rabatte, die an einer Seite des Gartens liegt und nach Möglichkeit an einen Zaun oder eine Hecke grenzt. Die Grundüberlegungen bei der Planung einer solchen Rabatte beziehen sich auf Höhe und Breite der Pflanzen, berücksichtigen ihre Eigenschaften als Solitär und die Blüten- und Blattfarben. Sie gelten auch für Einzelbeete in einem größeren Garten.

Rabatten können in beliebigen Längen ab ca. 4 m angelegt werden. In der Breite sollten sie 2 m nicht überschreiten, denn man kann die Hinterkante der Beete sonst nur schwer erreichen. Da viele Kräuter über den vorderen Rand des Beetes hinauswachsen, sollte man den vorbeiführenden Weg mindestens 1 m breit anlegen. Das ist in einem kleinen Garten nicht immer möglich. Wenn die Rabatte an einen Rasen angrenzt, faßt man die Beete mit einer ca. 20 cm breiten Mähkante aus Klinkern, Naturstein oder Betonpflaster ein. Damit verhindert man, daß Rasen und Stauden durcheinander wachsen, und erleichtert das Mähen.

Diese lange Rabatte mit den silbrigen Kräutern endet vor einer weißstämmigen Birke. *Santolina neapolitana* wächst im Vordergrund. Links gedeiht *Artemisia absinthium* 'Lambrook Silver', eine Wermutart.

Am besten macht man Pflanzpläne für die Rabatte und listet die Kräuter und Stauden auf, die man am liebsten pflanzen möchte. Dabei sind Boden und Lage des Beetes zu berücksichtigen (Sonne, Schatten, trockene und feuchte Standorte etc., siehe S. 129–131). Lange Rabatten muß man abwechslungsreich gestalten. Man setzt Kräuter und Stauden am besten in Tuffs, nicht einzeln oder in Reihen; kleine Bäume oder größere Sträucher unterteilen eine lange Pflanzung. Mein liebster Kleinstrauch für Staudenrabatten ist der Schneeball. Im Frühling sehen seine Blüten wie weiße Teller aus. Im Herbst trägt der Busch leuchtendrote Beeren. Dann färben sich die Blätter purpurn und rot.

Farbempfindungen sind so subjektiv, daß ich nur Kombinationen vorschlagen kann, die mir gefallen. Ich finde kaum etwas besonderes an Rabatten, deren Blüten und Blätter nur in Weiß, Blau, Rot oder Gelb gehalten sind, wenn nicht eine originelle Idee bei der Auswahl der Farben und Formen zugrunde liegt. Zurückhaltende Blütenfarben und Blütenformen können die verschiedenen Farben und Strukturen des Blattwerks hervorheben. Auf Seite 132 habe ich Kräuter nach ihrer Farbe geordnet, um die Planung einer Rabatte in gemischten oder reinen Farben zu erleichtern.

Ein immergrüner Hintergrund

In einer größeren Rabatte geben kleine, immergrüne Bäume oder Büsche, die man leicht durch Schnitt in Form halten kann, wie Taxus, Wacholder und Bärentraube, einen dunklen Hintergrund ab für feinere blasse oder silberfarbene Kräuter. Auf kleineren Beeten ist der Zwergwacholder *Juniperus communis* 'Compressa' zu empfehlen, denn er wächst wie eine schmale Säule, benötigt wenig Platz und wirft nur wenig Schatten. Bärentraube ist eine dunkelgrün belaubte, hübsche Pflanze, die allerdings sauren Boden verlangt.

Immergrüne Kräuterstauden bilden auf einem Beet die Grundfarbe und sind auch während des Winters interessant. Ginster und Färberginster sind schön dunkelgrün. Der gewöhnliche Rosmarin besitzt überhängende Zweige – es gibt auch eine aufrecht wachsende Varietät, *Rosmarinus officinalis* 'Jessups Upright'. Er wächst als schmale Säule und benötigt wenig Platz. Hier ist jedoch guter Winterschutz geboten.

Die niedrigeren, silberlaubigen oder graublättrigen Stauden können durch das rasche Wachstum höher wachsender

Kräuter oder Stauden während des Sommers überwachsen werden. Sie gehören daher an den vorderen Rand oder in die Mitte der Staudenrabatte, wie zum Beispiel Santolinen, starkduftende Currypflanzen und die schönen Lavendel- und Salbeiarten.

Solitärpflanzenrabatte, Großstaudenrabatte

Zu den wichtigsten ausdauernden Kräutern gehört die Kermesbeere aus Nordamerika mit ihren fleischigen Stengeln, den langen Blütenähren aus rosafarbenen Blüten und den schwarzen Beeren. Sie überwächst eine schmale Rabatte innerhalb weniger Jahre, ehe sie ihren vollen Umfang erreicht hat. Alant kann bis zu 2 m hoch werden. Er besitzt lange, tabakähnliche Blätter und gelbe, strahlenförmige Blüten, die leicht gedreht sind. Angelika, die Engelwurz, stirbt im allgemeinen im 1. Jahr nach der Blüte ab, aber sie hat einen ausgeprägten Wuchs und besitzt riesige Blütenteller, die sehr dekorative Samenstände ausbilden. Muskatsalbei, *(Salvia sclarea)*, heißt ein anderer riesiger Vertreter der Zweijährigen mit starkem Duft. Die großen, runzeligen Blätter und die Blütenähren mit den zierenden Hochblättern fallen besonders auf. Zwei andere Zweijährige, Klette und Karde, sieht man häufig wild an Bahndämmen und Autostraßen. Die Klette ist ein nützliches Heilkraut und durchaus wert, im Garten angebaut zu werden. Beide benötigen viel Platz. Sie sehen am besten im Frühsommer aus. Im ersten Jahr kann man die Sämlingspflanzen zu starken Jungpflanzen auf besonderen Beeten oder als Lückenbüßer zwischen junge Stauden pflanzen. Im Herbst oder Frühjahr setzt man sie dann an ihren Endstandort in die Rabatte.

LINKS Kräutergarten, der mit Farbe und Leben erfüllt ist. Rasenwege führen durch die Beete, die mit kleinem Currykraut eingefaßt sind. Rote Monarden, hohe Zwiebeln und Königskerze blühen dahinter. Gegen den dunklen Hintergrund leuchten die gelben Alantblüten und die blassen Ähren des Muskatsalbeis.

RECHTS Solitärkräuter und Bauerngartenblumen gruppieren sich hier um einen alten Kamin, der von einer Schale mit Sedumarten gekrönt wird. Im Vordergrund wächst die Kulturform des Muskatsalbeis (*Salvia turkestanica*) mit seinen großen, duftenden Blättern. Links erkennt man den Wiesenstorchschnabel, die buntblättrige Braunwurz und Zierlauch. In den hinteren Beeten wurden der hohe Fingerhut, Malven und Königskerze gepflanzt.

Alle diese Kräuter haben ein großes, ausgeprägtes Laub. Als Kontrast kann man hohe Kräuter mit gefiedertem oder feinerem Blattwerk dazwischenpflanzen, grünen und purpurfarbenen Fenchel zum Beispiel, die große, buschige Geißraute mit den rosa- oder malvenfarbenen Blüten. Stockrosen mit ihren vielen Blütenständen, den blassen Blattrosetten und den zartrosa Blüten ergeben einen hübschen Effekt. Dill, den man direkt an Ort und Stelle in kleineren Flächen aussät, unterbricht mit seinem feinfiedrigen Laub und den großen, gelben Blütenständen dichtlaubige Großstauden sehr wirkungsvoll. Rosa oder weißer Fingerhut und die einjährige purpurblättrige Melde mit hohen, speerförmigen Blütenständen kontrastieren gut mit buschig wachsenden Kräutern. Man pflanzt sie am besten in kleinen Gruppen zusammen.

Blumenrabatte aus Staudenkräutern
Plan mit aromatischen Kräutern für eine Anlage unter einem Fenster. Es gibt auch viele Immergrüne, die das ganze Jahr hindurch duften. Mit Iris, Rosen, Waldreben, Glockenblumen und Pfingstrosen entstehen duftende Mischungen.

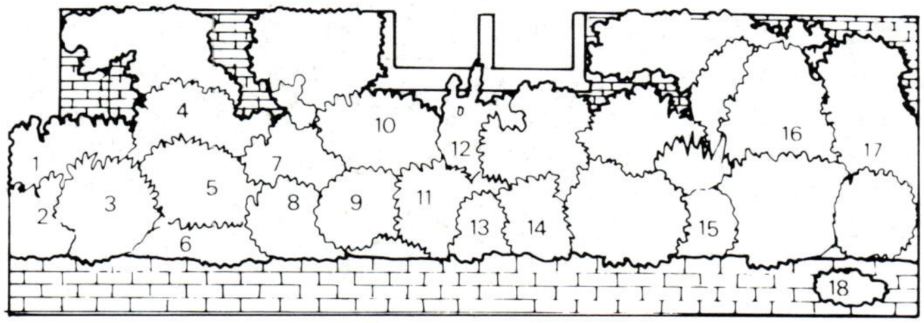

Pflanzenliste
1 *Saponaria* sp., Seifenkraut
2 *Malva moschata,* Moschusmalve
3 *Lavandula* sp., Lavendel
4 *Althaea officinalis,* Malve
5 *Salvia* sp., Salbei
6 *Thymus* sp., Thymian
7 *Aquilegia* sp., Akelei
8 *Helichrysum angustifolium,* Currykraut, Strohblume
9 *Hyssopus officinalis,* Ysop
10 *Artemisia* sp., Beifuß
11 *Monarda didyma,* Monarde, Indianernessel
12 *Lilium candidum,* Madonnenlilie
14 *Melissa officinalis,* Allgold, Gelbe Zitronenmelisse
15 *Santolina* sp., Heiligenblume, Santoline
16 *Foeniculum vulgare,* Fenchel
17 *Lavatera arborea,* einjährige Malve, Lavatera
18 *Chamaemelum nobile,* Römische Kamille

Ein Wildkräutergarten

Viele wilde und eingebürgerte Kräuter überleben nur in offenem Boden auf Ruderalflächen oder an Wegrainen. Sie werden durch die Zerstörung ihrer Standorte und durch Emissionen bedroht.

Wenn man Wildkräuter im Garten ziehen will, muß man diese Lebensbedingungen berücksichtigen und durch Nahrungs- und Brutgelegenheiten Bienen und Schmetterlinge anlocken. Man erfährt viel mehr über die Eigenschaften und Gewohnheiten von Wildpflanzen, wenn man sie Tag für Tag im eigenen Garten beobachten kann.

In nahrhaften Gartenböden ändert sich das Aussehen bestimmter Wildkräuter enorm. Salatkräuter werden durch Kulturmaßnahmen süßer und zarter und verlieren ihren bitteren Geschmack. Heilkräuter können ihre Wirkstoffe verlieren und Duftkräuter ihren Duft, wenn sie in gut gedüngten Boden kommen. Am besten wachsen Wildkräuter, wenn man ihren natürlichen Standort im Garten so gut wie möglich nachbaut. Man muß wissen, ob sie im Schatten, in trockenem oder feuchtem Boden oder auf schweren Böden in Wiesen gedeihen. Für eine Sammlung von kriechendem Thymian, Nelken und Minzen kann man einen Hügel aus Bauschutt errichten. Die schattenliebenden Kräuter wie Waldmeister, Veilchen und kriechender Günsel verlangen nach schwerem Boden unter Bäumen. Man kann den Gartenboden aufschütten oder eine vorhandene Böschung nutzen, um Gundelrebe, Waldsalbei, Nelkenwurz, Moschusmalve, Scrophularia, Schöllkraut oder Dürrwurz zu pflanzen.

Wildkräuterwiese

Es dauert eine Zeitlang, bis man eine Kräuterwiese bekommt. Ist sie einmal herangewachsen, stellt man fest, daß sie zu den schönsten Wildkräuterkulturen gehört, die es gibt. Sogar ein kleiner Bereich mit Wiesenkräutern kann viel Freude bereiten, eine wilde Ecke oder ein Kreis mit Wiesengras unter einem Solitärbaum. Zwischen größeren Flächen benötigt man Graswege, damit man die Kräuter betrachten und pflegen kann.

In vielen Ländern ist es verboten, seltene Wildkräuter und ihre Spezies zu pflücken oder auszugraben. Daher sät man Wildkräuter am besten in Saatbeeten aus, pflanzt sie in Töpfe und, wenn sie kräftig sind, ins freie Land. Vorhandener Rasen wird in entsprechendem Umfang aufgenommen. Dann setzt man die Pflanzen in ein Pflanzloch mit lehmigem Boden, um Wachstum und Feuchtigkeit zu erhalten. Man muß darauf achten, daß sie nicht unter Trockenheit leiden oder von Gras und Kräutern überwachsen werden. Ab Herbst sollten folgende ausdauernde Kräuter in der Lage sein, sich selbst zu behaupten: Mädesüß, Majoran, Wiesenknöterich, Duftende Süßdolde, Beinwell, Rainfarn, Wasserdost und echtes Labkraut. Ziest, Wiesensalbei und Frühlingsprimeln brauchen etwas mehr Pflege. Einjähriger Mohn, zweijähriger Fingerhut, Steinklee, Königskerze und Nachtkerzen säen sich immer wieder selbst aus.

Man kann den Samen von Wiesenblumen auch direkt mit Grassamen mischen und aussäen. Es gibt hierfür handelsübliches Saatgut, aber die Mischung muß sorgfältig zusammengestellt sein und sich für die betreffende Lage eignen. Man räumt die vorgesehene Fläche ab, planiert sie und sät den Samen breitwürfig. Die Flächen dürfen nicht austrocknen, bis sich die Pflanzen eingewurzelt haben. Selbstverständlich können nicht alle Sämlinge weiterwachsen. Einige Wildkräuter sind überraschend starkwüchsig und müssen ausgelichtet werden.

Ziest mit seinen leuchtenden Blüten und den gewellten Blattrosetten wächst auf den Wiesen wild. Junge Pflanzen sollten ein bis zwei Jahre unkrautfrei gehalten werden, damit sie sich gut einwurzeln und erfolgreich weiterwachsen können. Die Blumen erscheinen ab Mitte Sommer. Die Blätter galten früher als Mittel gegen Kopfschmerzen, das ist aber nicht bewiesen. Außerdem ist der Wirbeldost *(Clinopodium vulgare)* zu erkennen.

Pflegeleichter Kräutergarten

Bei sorgfältiger Planung ist es leicht, einen Kräutergarten anzulegen, der wenig Arbeit macht. Man verwendet am besten Staudenkräuter und solche, die leuchtende Farben oder einen schönen Habitus besitzen. Wenn sie sich einmal eingewurzelt haben, benötigen sie wenig Pflege und bieten das ganze Jahr über ein abwechslungsreiches Bild. Von den stark duftenden Kräutern verwendet man die meisten in der Küche. Formschnitt gibt man im Spätfrühling und üblicherweise noch einmal im Spätsommer. Jährlich ist eine ein- oder zweimalige Kompostgabe angebracht. Das ist alles, was die Pflanzen zum guten Gedeihen brauchen.

Wie üblich plant man die Pflanzung sorgfältig. Farben, Blattformen, Höhen und Wachstumsverhalten werden aufeinander abgestimmt. Man muß auch an einige immergrüne Sträucher und Stauden denken, um ein ausgewogenes Bild für die Wintermonate zu erhalten. Roter, grüner und gelber Salbei, goldfarbener Majoran, buntblättrige Zitronenmelisse, Raute, bronzefarbener und grüner Fenchel, schwertblättrige Iris, Lavendel und Ysop, silberblättrige Heiligenblume und Currykraut kann man verwenden. Diese Spezies sind verhältnismäßig langlebig, leicht zu ziehen und meist frei von Krankheiten. Lediglich die Blätter des gelben Majorans können bei großer Hitze braun und kraus werden.

UNTEN Leicht zu pflegender Staudengarten. Das leuchtende Gelb im Vordergrund stammt vom Salbei. *Santolina,* die Heiligenblume, und *Alchemilla,* der Frauenmantel, beginnen gerade zu blühen.

RECHTS Die Kräuter stehen gegen einen Hintergrund aus *Rosa rugosa* in einer dicken Kieslage. Fingerhut und Fenchel haben sich hier zwischen purpurfarbenem Salbei und Lavendel selbst ausgesät.

Kräuter als Bodendecker

Einzelne Spezies schnellwüchsiger Kräuter verwendet man zur Begrünung größerer oder kleinerer Beete. Man muß nur die Wurzelausläufer kurz halten, damit benachbarte Pflanzen nicht darunter leiden. Bald bedecken sie die Flächen mit einem dichten Teppich, der das Aufkommen von Unkräutern verhindert.

Es gibt viele niedrig bleibende, breitwüchsige Kräuter, die ein kleines Beet schnell zuwachsen. Waldmeister bildet einen dichten Teppich mit seinen quirlständigen, nach frischem Heu duftenden Blättchen und seinen weißen Blütensternchen. Im Schatten gedeiht kriechender Günsel und Gundermann, dessen Blüten bei Neuaustrieb der Blätter im Spätfrühling erscheinen, und die Poleyminze. Kriechender Thymian und kriechende Kamille lieben einen sonnigen Standort.

Hohe Kräuterstauden mit starker Belaubung wie Beinwell, Mädesüß mit grünen oder bunten Blättern und cremefarbenen, duftenden Blüten, Rainfarn mit glatten oder gekrausten Blättern und Baldrian mit graziös geschlitztem Laub und rosafarbenen Blüten sind anspruchslos.

Auf schattigen Beeten sollte man drei Frühlingsblüher mittlerer Höhe pflanzen: rosablühenden Wiesenknöterich, weißblühenden Bärenlauch und rosablaues Lungenkraut. Eine Anzahl von Minzen verträgt Halbschatten, und auf besonnten Beeten gedeihen das echte Labkraut und grüne oder buntblättrige Zitronenmelisse.

Gepflasterte oder mit Kies bedeckte Flächen bedeuten eine Arbeitserleichterung im Garten. Sie sorgen für guten Wasserabzug und für eine sich rasch erwärmende Oberfläche, die viele Kräuter lieben. Man kann in Aussparungen zwischen Platten oder Pflastersteinen Kräuter setzen, allerdings nicht mehr als eine Sorte in einer Öffnung. Auf den Seiten 95–97 ist der Aufbau von befestigten Flächen und Wegen dargestellt. Wenn der Garten klein ist, sollte man die gesamte Fläche mit Kies bedecken. Man pflanzt die Kräuter frei dazwischen. Kies wirkt wie ein schützender Mulch. Er hält die Flächen warm und schützt die Saaten vor Frost.

Bei regelmäßigen Pflanzungen kann man schwingende Muster in den Kies harken. Wenn diese Flächen nicht belaufen werden, bleiben die Muster mehrere Wochen lang erhalten. Am besten setzt man einen oder zwei größere Findlinge in die Kiesflächen, oder man begrenzt den Kiesbereich mit Kanten aus Klinkern oder Pflaster.

Kiesfarben können stark variieren. Am besten verwendet man Tönungen, die zu den Wänden des Hauses oder der Garteneinfriedung passen; hellere Farben hellen dunkle Bereiche auf. Es ist praktisch, wenn man Natur- oder Betonsteinplatten zwischen die Kiesflächen legt; sie kann man bei feuchtem Wetter als Trittplatten benutzen.

Die Formen von Pflanzbeeten kann man im Garten mit strauchigen mediterranen Kräutern nachziehen: Lavendel, Salbei, Currypflanzen, Rosmarin und Ysop. Ein Trog, Kübel oder andere große Behälter auf Kiesunterlage geben dem Garten einen Maßstab. Er kann mit schön belaubten Kräutern wie Katzenminze, Moschusmalve oder Alpenfrauenmantel bepflanzt werden. Man sollte auch Gruppen höher wachsender Kräuter pflanzen, die sich selbst aussäen.

Bauerngärten

In altmodischen Bauerngärten stehen Gemüse, Blumen und duftende Kräuter gemischt. Sie machen den Eindruck eines fröhlichen Durcheinanders und absoluter Formlosigkeit. Diese Mischung unterschiedlicher Pflanzen ist aber nicht zufällig, denn es ist bekannt, daß sich bestimmte Arten, wenn man sie zusammenpflanzt, gegenseitig in ihrem Wachstum und in ihrer Vitalität beeinflussen. Diese Kenntnis kommt uns heute noch zugute. Sie basiert auf langjährigen praktischen Erfahrungen.

Der traditionelle Bauerngarten lieferte alle wichtigen Nahrungsmittel für eine Familie von einem kleinen, intensiv kultivierten Stückchen Land. Es gab ein großes Beet, das gejätet und gedüngt, jeden Herbst gegraben und das abschnittsweise mit Gemüse, Salat, einjährigen Kräutern und Schnittblumen wie einjährige Sonnenblumen, Wicken und Bartnelken bepflanzt wurde. Die Beete waren mit Stauden von Würz-, Heil- und Duftkräutern eingefaßt: Salbei und Thymian, Beifuß und Wermut. Zum Haus hin gab es vielleicht ein kleines Beet mit Rosen, Lilien, Akelei und einigen altmodischen Pfingstrosen. Der Weg zur Eingangstür war mit Katzenminze und Rainfarn eingefaßt, mit ausdauernden Nelken, rot- und weißblühendem Thymian

Dicht bepflanzter Bauerngarten mit Kräutern und altmodischen Blumen, die sich teilweise selbst ausgesät haben. Tröge wurden mit niedrigen Nelken und Alpenfrauenmantel bepflanzt, die sonst zwischen den Pflanzenmassen verloren wären.

zwischen den Steinen, und das Gerüst über dem Tor zwischen Lavendelbüschen war eventuell von Waldgeißblatt überwachsen.

Begleitpflanzen für Kräuter

Gemischte Pflanzungen sind in Bauerngärten wie eine Gemeinschaft von Wildpflanzen, die aus vielen verschiedenen Arten bestehen, die sich miteinander vertragen, wie man das bei natürlichen Pflanzengesellschaften gut beobachten kann. Die Pionierpflanzen auf offenem Boden sorgen mit ihrem kurzen Lebenskreislauf für Humus und schließen den Boden für Pflanzen mit einer längeren Entwicklungsperiode auf. Hohe, sonnenliebende Pflanzen mit tieferen Wurzeln geben den flacher wurzelnden Schutz.

Wenn man die Struktur der Pflanzungen untersucht, wird man bald ihre natürlichen Schutzvorrichtungen entdecken. Stachelige Blätter und dichter Haarfilz, Dornen und Stacheln und duftende, ätherische Öle dienen vielen Pflanzen als Schutzmittel gegen Schadinsekten und als Mittel gegen Hitze und Trockenheit.

Unter der Erde findet innerhalb des gewaltigen Wurzelsystems ein unsichtbarer Prozeß statt. Die Ausscheidungen der Wurzeln tragen einen bedeutsamen Teil zur Selbstverteidigung bei. Sie halten die Wurzeln anderer Pflanzen dadurch zurück und ziehen andere Lebewesen des Bodens an oder wehren sie ab.

Kulturpflanzen werden andererseits in Monokulturen angebaut. Viele dieser Pflanzen haben durch tausendjährige züchterische Bearbeitung und den einseitigen Anbau ihre Schutzfunktionen verloren. Durch Züchtung wurden die Blätter des wilden Salats süß, und die schmale Wurzel der Möhre wurde zur Karotte. Gefüllte Blüten und riesige Früchte wurden gezüchtet, was meist gegen die Fähigkeit eingetauscht wurde, sich gegen Krankheiten und Schädlinge selbst wehren zu können. Wenn man Gemüse jahrelang auf derselben Stelle im Garten zieht, vermehren sich die Schädlinge ebenfalls. Daher können die natürlichen Abwehrstoffe bestimmter Pflanzen und besonders der Kräuter, deren Wirkstoffe für uns als Heilmittel oder als Nahrungsmittel so wertvoll sind, als Schutz für anfällige Gartenpflanzen fungieren und ihre Lebenskraft steigern.

Die Beziehungen zwischen Pflanzen untereinander sind unendlich vielfältig und schwer verständlich. Sie sind minuziös auf Klima, Boden und Wachstumsbedingungen abgestimmt. Es gibt aber Beispiele von Pflanzenzusammenstellungen im Garten, die berücksichtigt werden sollten, weil sie sich über viele Generationen hin als nützlich erwiesen haben.

Viele Vertreter der Korbblütlerfamilie besitzen Abwehrstoffe gegen Schädlinge und Krankheiten. Rainfarn, Ringelblume und Alant sind beispielsweise altbekannte Mittel im Kampf gegen Insekten. Sie besitzen dieselbe Eigenschaft im Garten in unterschiedlicher Stärke. Einige Varietäten der Tagetes sondern ein starkes Schutzmittel an den Wurzeln ab, das viele Bodenkrankheiten und Schädlinge, besonders die kleinen Nematoden oder Älchen abwehrt oder vernichtet, die in einem Kartoffel- oder Tomatenbeet so viel Unheil anrichten können. Sie wurden bereits in Peru in der Vorinkazeit als Schutz zwischen Getreidefelder gepflanzt.

Die *Pyrethrum*-Familie (bunte Margeriten) aus Afrika besitzt andere wichtige Wirkstoffe gegen Schädlinge. Als verwandte Pflanzen dieser Familie, die für die Gesundheit benachbarter Pflanzen im Garten von Bedeutung sind, nenne ich die Kamille und die Schafgarbe. Beide kräftigen die Nachbarpflanzen, stärken Duft und Geschmack von Gemüse und fördern die Produktion ätherischer Öle in anderen benachbarten Pflanzen.

Die Familie der Zwiebel besitzt Wirkstoffe unterschiedlicher Intensität gegen Krankheiten und Schädlinge. Knoblauch hat in der Küche eine ebenso große Wirkung wie im Garten. Die starken Schwefelausscheidungen der Pflanze verstärken den Duft von Rosen und sollen sogar gegen die Sternrußtaukrankheit wirksam sein. Alle Mitglieder der Zwiebelfamilie scheinen Obstbäume und Beerensträucher sowie die Gesundheit der meisten Nahrungsmittel (außer geernteter Gemüse) günstig zu beeinflussen. Der starke Geruch ihres Lauchs unterdrückt den Duft des Möhrenlaubs und täuscht damit die Möhrenfliege. Aromatische Kräuter wie Thymian, Salbei, Ysop, Majoran und Rosmarin produzieren reichlich Nektar für Bienen und Schmetterlinge. Sie verhindern gleichzeitig Läuse- und Käferbefall. Sie sind besonders wirksam zwischen Kohlpflanzen und ziehen Bienen an, die Bohnen und Erbsen bestäuben.

Minze trägt ebenfalls dazu bei, Kohl zu kräftigen und zu schützen. Poleyminze duftet besonders stark und ist seit langem auch als Insektenschutz bekannt.

Andere Kräuter, die sich als hilfreich erwiesen haben, sind die einjährige Kapuzinerkresse, Borretsch und der

Obst und Gemüse in diesem bauerngartenähnlichen Küchengarten wurden mit Duft- und Würzkräutern unterpflanzt. Schnittlauch steht um den Stamm eines jungen Apfelbaums. Lavendel und Lilie sind hübsche Beeteinfassungen.

zweijährige Fingerhut. Sie kräftigen die Pflanzen in der Nachbarschaft und machen sie gegen Krankheiten und Schädlingsbefall widerstandsfähiger. Beifuß und Raute mit ihren bitter schmeckenden Blättern sind gute Schädlingsbekämpfungsmittel und halten Maulwurf und Katzen ab, aber sie mindern die Wachstumsfreudigkeit benachbarter junger Pflanzen. Man kann eine Randeinfassung aus Staudenkräutern um den Gemüsegarten anlegen, wo sie durch das Umgraben nicht in Mitleidenschaft gezogen werden. Man kann sie aber auch zwischen den Gartenstauden in einem gewöhnlichen Blumenbeet kultivieren.

Einjährige wie Sommersalbei oder Ringelblumen können reihenweise zwischen Gemüse gepflanzt werden.

Niedrige Einfassungen aus Thymian und Ysop oder aus Kamille, Winterheckzwiebeln, Schnittlauch, Tuffs der kriechenden, nichtblühenden Kamille, Thymian, Schafgarbe und Poleyminze entlang der Wege tragen zu einer ausgewogenen Gesundheitsvorsorge im Garten bei.

Der Küchenkräutergarten

Die Bedeutung der Küchenkräuter liegt im Würzen. Sie machen Fleischgerichte bekömmlicher, wirken verdauungsfördernd bei schweren Mahlzeiten und der täglichen Nahrung, und dienen mit ihrer Würze als Reiz für den Gaumen.

Kräuter sind wichtige Zutaten für schmackhafte Gerichte: Basilikum für die Suppe »au Pistou« (für die Fischsuppe), Beifuß für Sauce Bearnaise, Knoblauch für die mächtige Aioli-Mayonnaise, Steaks werden auf einem Thymianbett gebraten, Lammfleisch wird mit Kreuzkümmel oder mit Knoblauch eingerieben, Fenchel ist für Fisch, Estragon für Geflügel und Petersiliensoße für geräucherten Schinken geeignet. Ampfer würzt Linsengerichte, und Kerbel gibt man an Karotten.

Außer den wenigen Kräutern, die man gut in getrocknetem Zustand verwenden kann, Thymian, Majoran, Rosmarin, Minze und Salbei mit den zähen, aromatischen Blättern, sind die meisten Würzkräuter unendlich schmackhafter, wenn man sie frisch genießt. Da sie in den Läden schon nach wenigen Stunden welken und die interessantesten Varietäten niemals auf dem Markt angeboten werden, muß man sie selbst im Garten oder im Frühbeet ziehen.

Es macht Spaß, eine Anzahl von Kräutern für verschiedene Rezepte und Nahrungsmittel heranzuziehen. Dill ist zum Beispiel eine wichtige Zutat in der skandinavischen Küche, die ständig mit Fisch, Pökelfleisch und Geräuchertem zu tun hat, das während der langen Wintermonate gegessen wird. Basilikum ist ein bedeutender Bestandteil für italienische Suppen und Teiggerichte. Frische Korianderblätter mit Curry oder Blättern von Bockshornklee findet man in persischen Gerichten. Korianderwurzeln mit Zwiebeln gehören zu den Speisen der Thais. Sie alle sind wichtige Bestandteile und verleihen den Nationalgerichten den unverwechselbaren Geschmack. Von Vegetariern sind Kräuter mit erdigem oder vergorenem Geschmack wie Liebstöckel, Sellerie und Salbei begehrt. (Ein Tisch mit Würzkräutern folgt auf Seite 61).

Die traditionelle Ergänzung von Fleischgerichten, von Fisch oder Gemüse durch Würzkräuter basiert auf Ernährungsgrundsätzen und einer ausgewogenen Diät. Einige Rezepte gehen bis in klassische Zeiten zurück. Griechische Ärzte im 4. Jahrhundert v. Chr. schrieben Rezeptbücher für ihre Patienten. Kräuter wurden benutzt, um die Auswirkungen unverträglicher Nahrung zu mildern. Nahrungsmittel wurden aber auch häufig als Transportmittel für Heilkräuter verwendet, so daß es keine genaue Trennung zwischen einem Rezept und einer Medizin gab.

Ein Hühnerbein, das stark mit Knoblauch angerichtet wurde, galt als ein allgemeines Abführmittel bei den Römern. Dünne Gerstensuppe mit Süßwurz wurde im 6.

Die Illustration eines mittelalterlichen Heilkundebuches „Tacuinum sanitatis“ stellt die Dillernte dar. Die bebilderten Texte führen Art, Verwendung und Wirkung verschiedener Kräuter als Nahrungsmittel und Faserpflanzen auf und geben allerlei Hinweise. Dill wird hier als Nahrungsmittel und als Beruhigungsmittel gegen Blähungen angeführt.

Jahrhundert Fieberkranken verabreicht, gebutterter Haferschleim, mit Kräutern verschiedener Zusammensetzung für unterschiedliche Zwecke, galt bereits vor 200 Jahren in Europa als Blutreinigungsmittel. Ein französisches Rezept aus dem 7. Jahrhundert empfiehlt einen »Heiligeneintopf« aus Ampfer, Portulak, Kerbel, Borretsch und Günsel.

Beliebte Bonbons bestanden in Europa im 17. Jahrhundert aus kandierten Wurzeln von Heilkräutern. Wurzeln von Borretsch dienten zur Blutreinigung, die vom Alant als Abführmittel und die der Stranddisteln als Aphrodisiakum.

Die griechische Theorie, derzufolge die vier Temperamente heiß, kalt, trocken und feucht, entsprechend Feuer, Erde, Luft und Wasser in einem Körper harmonisch vereint sein müssen, damit er gesund bleibt, wurde in Europa im späten 17. Jahrhundert allgemein beachtet und war natürlich mit einer ausgewogenen Ernährung verbunden. Daher wurden Salate meist angemacht, um Gesundheit und Temperament des Essers zu erhalten. Brunnenkresse, Hauslauch, Kapuzinerkresse und Senfblätter wirkten gegen Lethargie. Portulak, Borretsch und Bibernellensalat waren dazu da, temperamentvolle Gemüter abzukühlen.

Verglichen mit unserer Zeit wurden in der Vergangenheit riesige Mengen wilder und in Kultur befindlicher Kräuter genossen. Sie wurden zur Anreicherung des Grundnahrungsmittels der Landbevölkerung, das aus Hafermehl oder Bohnen bestand, gebraucht. Oder man verwendete für den beliebten Grünen Topf die Blätter von Melde, Borretsch, Löwenzahn, Roten Nesseln, Gänseblümchen, Petersilie sowie Fenchelwurzeln, die in Brühe gekocht und mit Hafermehl angedickt wurden, darauf feingehackte Petersilie, Thymian, Salbei und Minze. Ungekochte grüne Soße aß man im Mittelalter zu Fisch oder Möhrengerichten. Sie bestand aus einer Mischung von kleingehackter Petersilie, Minze, Zwiebel, Thymian und Salbei, die mit Essig angemacht und mit Brot angedickt wurde, eine gehaltvolle Version der heutigen Minzesoße. Für gehobene Ansprüche gab es ein Blumengericht aus gehackten Rosenblättern, Primeln, Veilchen und Holunderblüten, die mit gemahlenen Mandeln und Zuckersirup gemischt und mit ganzen Blüten dekoriert serviert wurden.

Einige dieser Zusammenstellungen kommen uns heute merkwürdig vor, aber sie brachten Abwechslung und Farbe in den eintönigen Speiseplan. Viele hatten außerdem einen hohen Nährwert.

PLANUNG DES KÜCHENKRÄUTERGARTENS

Die meisten Würzkräuter benötigen gut drainierten Boden und viel Sonne. Daher sollte ein Küchenkräutergarten nach Süden und windgeschützt liegen. Küchenkräuter zieht man am besten in Hausnähe, weil man sie oft in Eile, noch bei Dunkelheit oder Regen, holen muß. Nach Möglichkeit sollte ein befestigter Weg Küche und Garten verbinden, damit man nicht erst für ein Bund Thymian aus dem Garten Gummistiefel anziehen muß.

Im Gegensatz zu Heilkräutern und Duftkräutern gibt es wenige Würzpflanzen mit prächtigen und leuchtenden Blüten. Die meisten beziehen ihre Schönheit (purpurfarbenes, gelbes, graues und grünes Laub), ihren Duft und ihre Frische aus den Blättern.

Läßt man die Kräuter wachsen wie sie wollen, breiten sie sich wild aus. Pflanzt man sie in Gruppen zusammen, sollte

LINKS Eine lange, schmale Rabatte vor einer Küchentür ist hier durch rautenförmige, mit Buchsbaum eingefaßte Beete unterteilt. Jeder Teil enthält eine besondere Pflanze: Italienische Zwiebeln, Schnittlauch, silberfarbenen Thymian, Liebstöckel, Muskatsalbei und Estragon.

OBEN Köstliche Kräuter stehen zwischen dem Gemüse in einem kleinen Küchengarten hinter dem Haus. Ringelblumen und Mohn stehen rechts. Außerdem wurden Thymian, Estragon, Nelken und Majoran gepflanzt.

RECHTS Die hübsche rote Form der Gartenmelde wird als Salat gegessen, solange sie jung ist.

man sie durch Steine, Planken oder Kantensteine trennen, damit sie leichter unter Kontrolle gehalten werden können. Am besten unterteilt man den Garten in viele schmale Beete, wie das in frühen Klostergärten üblich war (siehe S. 22). Geometrische Formen eignen sich für Würzkräutergärten besonders gut. Das gilt auch für den klassischen französischen Küchengarten. Hier wurde die Kräuterpflanzung wie ein Blumengarten geplant. Man pflanzte Farben und Formen in einer bestimmten Weise zusammen und faßte jedes Beet mit Kräutern ein.

Größe und Form des Küchengartens hängen von der Menge der Kräuter ab, die man ziehen will. Die meisten Haushalte benötigen lediglich eine oder zwei Pflanzen von hohen Stauden wie Salbei, Liebstöckel und Fenchel. Einjährige Kräuter wie Basilikum, Koriander, Kümmel und die zweijährige Petersilie, Thymian und Melisse pflanzt man in größeren Mengen. Stauden und Einjährige können auf

Küchenkräutergarten
Plan und Pflanzenliste
Obst, Gemüse und Kräuter in diesem Garten sind nützlich und schön zugleich. Blatt- und Blütenfarben harmonieren miteinander. Unter den Pflanzen befinden sich viele ungewöhnliche Arten. Der nach Norden ausgerichtete Zaun ist mit einer Schattenmorelle und einer Quitte begrünt. Das Beet davor ist mit Kräutern für kühlen, feuchten Standort bepflanzt, mit der Apfelminze *(Mentha suaveolens)*, der Pfefferminze *(M. spicata, M. piperita)*, der Buntblättrigen Ananasminze *(M. suaveolens* 'Variegata'), mit Spinat *(Beta vulgaris* 'Cicla'), Sauerampfer *(Rumex acetosa)* und Schnittlauch *(Allium schoenoprasum)*.

Die nach Süden ausgerichteten Zäune wurden mit der Hundsrose begrünt. Blütenblätter und Früchte können zu Marmeladen und Sirup verwendet werden. Stangenbohnen und Wicken ergänzen das Sortiment. Am Rand wachsen sonnenliebende Kräuter wie Engelwurz *(Angelica archangelica)*, Borretsch *(Borago officinalis)*, Artischocken *(Cynara scolymus)*, Estragon *(Artemisia dracunculus), Rosmarin (Rosmarinus officinalis)*, Echte Raute *(Ruta graveolens), Salbei (Salvia sp.)*, Majoran *(Oreganum sp.)*, Thymian *(Thymus sp.)*, Ringelblume *(Calendula officinalis)*.

Die 4 mittleren Beete sind intensiv genutzt. Sie sind so schmal, daß man alle Pflanzen gut erreichen kann. Sie wurden für einen typischen Garten, der in „Vier-Felder-Wirtschaft" betrieben wird, angelegt, nämlich in der Fruchtfolge von Kartoffeln, Gemüse, Kohl und Wurzelgemüse. An Stelle der Kartoffeln können auch einjährige und zweijährige Kräuter gepflanzt werden. Es wurden folgende Kräuter verwendet (von oben nach unten): Petersilie, Basilikum, Feldsalat, Stangenbohnen, Buschbohnen, Karotten, Lauch, Knollenfenchel, Rotkohl. In der Nähe des Komposthaufens wurden am hinteren Zaun eine Loganbeere sowie früh- und spätfruchtende Himbeeren gepflanzt. Das Beet daneben enthält Spinat, Salat und Rhabarber.

verschiedene Weise zu hübschen Mustern zusammengestellt werden. Sind kleine Beete vorhanden, kann man die Stauden jeweils in die Beetmitte pflanzen und mit Einjährigen umgeben, oder die Beete werden mit niedrig bleibenden Stauden wie Thymian, Majoran und Schnittlauch eingefaßt, zwischen die man die Einjährigen im Frühling aussät oder pflanzt. Man kann die Beete auch wie einen Gemüsegarten anlegen, die Einjährigen in Reihen oder Tuffs pflanzen und die Ausdauernden ringsherum. Einjährige und Stauden lassen sich natürlich auch gesondert kultivieren. Das hat den Vorteil, daß der Samen früh in Reihen oder breitwürfig unter dem Schutz von Plastikfolien oder unter Glasglocken ausgebracht werden kann, um die Entwicklung der Pflanzen zu beschleunigen (siehe S. 115 über die Kräuterkultur unter Glocken). Die Einjährigen können dann leicht geerntet werden, ohne daß man das schöne Bild des Gartens mit den ausdauernden Kräutern beeinträchtigt.

Der Garten behält seine Form und ist auch während des Winters interessant, wenn die Struktur durch einige große immergrüne Kräuter noch erkennbar ist. Lorbeer und Myrten, die einen Formschnitt erhalten und hoch werden, müssen im Kalthaus überwintert werden. Es gibt viele Formen des üblichen Wacholders, von strauchigen Bäumen bis zu Zwergformen. Salbei, Rosmarin, Wintersalbei und Currypflanzen bilden buschige Pflanzen und können als Schutzhecken dicht zusammengepflanzt werden. Winterschutz ist in rauhen Lagen geboten!

Thymian, ausdauernde Zwiebeln und Odermennig ergeben immergrüne Einfassungen. Andere Vertreter der Zwiebelfamilie, Schnittlauch und Zierlauch mit ihren papierenen, rosafarbenen und weißen Blüten und Knoblauch mit den weißen Blütensternen sind als Einfassungspflanzen gut geeignet und bleiben straff, wenn sie regelmäßig geschnitten werden. Gut geschnittener goldgelber Majoran bildet eine leuchtende Einfassung.

An leicht beschattetem Standort gedeihen Minzen mit kleinen Gruppen von Einjährigen, die diese Lage benötigen. Hier sind Kerbel, Koriander, Anis und Kreuzkümmel mit stark duftendem Laub zu nennen. In voller Sonne und auf trockenem Boden blühen sie zu früh und bilden nur schwache, dünne Triebe aus. Zu starker Schatten verhindert eine gute Samenreife. Sie benötigen außerdem gut gedüngten,

OBEN Blühender Schnittlauch, italienische Zwiebeln und Sauerampfer im Hintergrund.

RECHTS Interessanter Küchengarten: Thymian und Lavendel blühen neben Buschbohnen. Grünkohl steht neben Zierkohl.

feuchten Boden. Anis und Kreuzkümmel sind zierliche kleine Pflanzen und benötigen Pflege. Wenn Kerbel und Koriander auf einem geeigneten Platz stehen, säen sie sich viele Jahre hindurch stark aus.

Information über Küchenkräuter als Zimmerkultur in Töpfen siehe S. 127–128.

AUSWAHL VON KÜCHENKRÄUTERN

Für einen kleinen Garten genügt jeweils eine Pflanze von Estragon, Minze, Gartenthymian, Fenchel und ein Büschel Schnittlauch sowie sechs Pflanzen von zweijähriger krauser Petersilie, sechs Pflanzen von einjährigem süßem Basilikum und eine Pflanze von einjährigem Majoran.

Wenn ich meine eigenen Würzkräuter nachzähle, komme ich auf neunzehn. Im einzelnen sind es Basilikum, Kerbel, Koriander, Dill, Sommersalbei, süßer Majoran, Kümmel und Zwiebeln, die einjährig kultiviert werden, die zweijährige Petersilie und zehn ausdauernde Kräuter: Fenchel, Liebstöckel, Rosmarin, Salbei, Estragon, Gartenthymian, Zitronenmelisse, Wintersalbei, Minze und Schnittlauch. Einzeln oder gemischt ergeben sie eine riesige Anzahl von Würzmöglichkeiten, und wenn man außerdem verschiedene Arten von Minze, Basilikum, Thymian und Majoran zieht, kann die Reihe leicht noch weiter ausgedehnt werden.

Verschwenderisch gedeihen auf diesem Beet neben einer Küchentür Majoran, Salbei und Zitronenmelisse.

Die Minzenfamilie

Von den Minzen gibt es viele Varietäten im Aussehen und Geschmack. Die großen, wuchernden Bowls Minzen besitzen einen feinen Geschmack und gehören zu den besten Formen. Man kocht sie mit Kartoffeln und Erbsen, verwendet sie zu Salatsoßen oder mischt sie Salaten bei (sie schmekken besonders gut mit Joghurt und Gurken), man verwendet sie mit Essig zur Herstellung von Minzensoße, oder man beträufelt sie mit grünem Tee zur Herstellung eines erfrischenden marokkanischen Minzentees. Der Geschmack ähnelt dem der Pfefferminze, aber die Pflanze ist widerstandsfähiger gegen Rost und Pilze, die verschiedene Arten dieser Familie befallen können.

Schwarze Pfefferminze wird hoch. Sie besitzt dunkelpurpurfarbene Stengel und malvenfarbene Blüten. Sie eignet sich gut für gemischte Gerichte. Kölnisch-Wasser-Minze besitzt durchscheinende, dunkelgerandete Blätter und einen süßen Duft. Wenige Blätter genügen, um Obstsalat oder Sommerdrinks damit aufzufrischen.

Minzen blühen in schmalen Ähren mit blassen oder dunkelvioletten Blüten. Am besten schneidet man die Blütenstände vorher ab, um das Blattwachstum anzuregen.

Die Buddleia-Minze entwickelt dekorative, lange, malvenfarbene Blütenstände. Die nordamerikanische Minze, auch als Anis-Ysop bekannt *(Agastache anethiodora)*, die mit der Minzenfamilie nah verwandt ist, hat ausgesprochen lange Ähren mit purpurroten Blüten.

Zwei Minzen mit den schönsten Blättern haben einen gedrungeneren Wuchs: die Ananasminze mit leicht hängenden, creme- und apfelfarbenen Blättern und einem frischen, fruchtigen Duft und die Ingwerminze mit ausgeprägten, leuchtendgelb und grün panaschierten Blättern mit weicher Behaarung und würzigem Kräuterduft. Beide sind zum Verzieren von Salaten geeignet. Wie bei vielen buntblättrigen Pflanzen sind die kontrastierenden Laubfarben je nach Klima und Jahreszeit unterschiedlich ausgeprägt. Sie erscheinen im Sommer besonders markant, wenn sie an einem Standort wachsen, wo sie Sonne bekommen.

Die meisten Minzen vertragen leichten Schatten und lieben etwas feuchten Boden. Ein schattiger Platz hinter einem Zaun oder einer Mauer sagt ihnen noch gut zu. Sie müssen sorgsam zusammengehalten werden, denn sie bilden starke Ausläufer, die sich dicht unter der Oberfläche ausbreiten. Container, eingegrabene Eimer ohne Boden müssen nicht tiefer als 35 cm in die Erde reichen, um das Ausufern der Wurzeln zu verhindern. Wächst die Minze auf einer größeren Fläche, so bedeckt man das abgestorbene Laub im Herbst mit trockenem Stroh und zündet es an. Hierdurch vernichtet man die Sporen der Rostpilze, die auf alten Trieben und der Beetoberfläche überwintern.

Basilikum

Eines der nützlichsten Würzkräuter ist das süße Basilikum mit seinen saftigen Blättern. In gemäßigten Klimazonen zieht man es am besten unter Glas in einem Kasten, im Gewächshaus oder Tunnel. Es überdauert selten im Freien und gedeiht nur in wirklich heißen Sommern. Mit Zwiebeln, Salz, Parmesankäse und mit Pinienkernen kann man aus Basilikum die hervorragende Pistaziensoße bereiten, die zu Suppen, frisch gekochtem Reis oder zu Aufläufen verwendet wird. Grob gehackte Blätter zum Salat vermitteln einen unverwechselbaren, kräftigen Geschmack.

Der Geschmack der kleineren Blätter des buschigen Basilikums ist ähnlich. Diese hübsche Pflanze eignet sich gut für Topfkultur. Rote Basilikumblätter sind im Geschmack würziger. Die Pflanze hat außerdem einen hohen Zierwert. Die Blätter kann man gut zum Verzieren von Speisen verwenden, z.B. der Bleichselleriesuppe oder dunklem Borschtsch. Man kann sie auch unter Salate und Reisgerichte mischen. Zitronenbasilikum besitzt kräftig gezeichnete, gelbe, nach Zitronen duftende Blätter, die besser zu hellem Geflügelfleisch, Fisch oder Eierspeisen passen. Die Blätter des Weihrauchbasilikums besitzen eine rauhere Struktur. Man benutzt die stark duftenden Blätter frisch zu Currysoßen oder zu Fischen mit fettigem Geschmack.

Thymian, Majoran und Origanum

Der Geschmack von Thymian und Majoran hängt stark von Boden und Klima des Standortes ab. Die gedrungenen Blätter des gewöhnlichen Thymians *(Thymus vulgaris)* und des Origanums *(Origanum vulgare)* wachsen auf steinigen Hängen am Mittelmeer. Sie haben einen kräftigeren

WÜRZKRÄUTER

(falls nicht anders vermerkt, verwendet man die Blätter)

Geschmortes und Eintopfgerichte	Lorbeer, Koriandersamen, Knoblauchzehen
Herzhafte Suppen	Wacholderbeeren, Liebstöckelsamen und Blätter, Zwiebelgrün und Zwiebeln, Petersilienblätter, Rosmarin, Thymian, Salbei, Sellerie
Eiergerichte	Basilikum, Kerbel, Schnittlauch, Fenchel
Sommersuppen	Majoran, Minze, Petersilie, Estragon, Zitronenthymian, Sauerampfer
Geflügel	Fenchel, Majoran, Estragon, Sommersalbei
Tomatengerichte	Basilikum, Knoblauchzehen, Majoran, Minze, Sommer- und Winterbohnenkraut, Estragon
Currygerichte	Anissamen, Lorbeer, Koriandersamen, Kreuzkümmelsamen, Fenchelsamen, Bockshornkleesamen, Zwiebel, Minze, Senfsamen
Salate	Anis, Kümmel, Kerbel, sämtliche Schnittlauch- und Laucharten, Koriander, Dill, Bärlauch
Salatkräuter	Knöterich, Borretsch, Zichorie, Feldsalat, Löwenzahn, Senfsamen, Brunnenkresse, Portulak, Wiesenknopf, Senfrauke
Füllungen und Pasteten	Liebstöckelsamen und -blätter, Majoran, Zwiebeln, Petersilie, Salbei, Thymian
Fischgerichte	Kümmel, Dill, Fenchel, Zitronenthymian, Petersilie
Süßspeisen	Angelika, Anissamen, Monarden, Zitronenbalsam, Pelargonien, Ananassalbei, Rosmarin, Safran, Süßdolde, Holunderblüten
Brot	Kümmelsamen, Liebstöckelsamen, Mohnsamen, Sonnenblumensamen
Gebratenes Fleisch	Lorbeer, Fenchelstengel, Rosmarin, Salbei, Thymian
Marinaden	Lorbeer, Koriandersamen und -blätter, Kreuzkümmelsamen, Dill, Knoblauchzehen, Wacholderbeeren, Zwiebelgrün und Zwiebeln, Petersilie
Gemüse	Sellerie, Chicorée, Mauerpfeffer, Guter Heinrich (Blätter und junge Triebe), Hopfen (Triebe)
zu Getränken	Blüten von Borretsch, Holunder, Minze, Waldmeister
Mischungen	Kerbel, Schnittlauch, Petersilie, Estragon
Buntes Bouquet	Lorbeer, Majoran, Petersilie, Thymian

Geschmack als Pflanzen, die zwischen Gräsern oder in einem Kräuterbeet in nördlicheren Gefilden gezogen werden. Für die Küche sind diese charakteristischen Würzkräuter besonders wichtig: für Fleischgerichte mit Oliven, zu Pizza oder Tartar mit Zwiebeln. Es lohnt sich auch, einige Päckchen von getrocknetem Thymian und von Origanum guter Herkunft aus einer sonnigen Gegend zu kaufen.

Gartenthymian oder wilder Thymian (*Thymus vulgaris*) ist ein würziges Kraut, das auf leichten, gut drainierten Böden in sonniger Lage am besten gedeiht. Er läßt sich gut zu Einfassungen verwenden. Auch gehört er zu den besten winterharten Kräutern mit starkem, aromatischem Geschmack. Für Suppen, Eintopfgerichte und gedämpfte Speisen ist er ideal. Er behält noch seinen Geschmack, wenn man ihn bei kleiner Hitze kocht oder zum Grillen verwendet. Zitronenthymian hat einen leichteren Geschmack, paßt gut zu Geflügel, Fisch und Soßen. *Th. herba barona,* der traditionelle Thymian, wird zum Würzen von Rindfleisch verwendet. Er bleibt niedrig und bildet rötliche Ausläufer (weitere Spezies siehe S. 99). Der Geschmack von getopftem Majoran ist aromatisch und leicht bitter. Man kann ihn gut mit robusten Gerichten kombinieren, denn er verträgt auch längeres Kochen. Der einjährige süße Majoran hat einen ausgeprägten, starken Geschmack und süßes, mildes Aroma. Man verwendet ihn am besten zu leichten Gerichten wie einer cremigen Geflügelsoße oder zum Würzen und Garnieren von Eiern und Omelettes.

SALATKRÄUTER

Kleine Mengen frischer, würziger Kräuter können Salate bereichern und geschmacklich verbessern. Von den milderen Salatkräutern benötigt man mehr.

Wir sind bei der Wahl unserer Salatkräuter noch immer sehr zurückhaltend; es wäre begrüßenswert, wenn wir wieder auf alle die Kräuter zurückkommen würden, die in der Vergangenheit zu Hauf roh gegessen wurden, besonders die ausdauernden Wildsalate, die als erste im Frühling erscheinen. Zu diesen Salaten und Salätchen (von schmalblättrigen Kräutern) gehören Primelknospen und Eppich, die Blüten von Borretsch und Veilchen, Blätter der wilden Kresse, Minzen, Blüten von Portulak, Gänseblümchen, Löwenzahnblätter und Fenchel. Man ißt die meisten dieser Kräu-

OBEN Die blassen, cremefarbenen Blüten der Senfrauke.

LINKS Erntefertige, junge Salatkräuter. Im Vordergrund Senfrauke, roter Blattsalat und Wermut.

ter, solange die Blätter jung sind. Später wird ihr Geschmack zu kräftig.

Ein Garten mit Salatkräutern muß regelmäßig geerntet werden und sieht sehr schön aus, wenn man die Pflanzen mosaikartig oder in Karrees anordnet. Man kann sie auch an Beeten entlang oder in Reihen ziehen oder in die Lücken zwischen andere setzen.

Interessante Salate ergeben auch die Einjährigen. Scharf und würzig schmecken die Blätter der Ölraute. Sie werden mit zunehmendem Alter aber schärfer. Gelbe und grüne Portulaksorten besitzen rundliche, fleischige Blättchen.

Feldsalat hat ein geringes Eigenaroma. Er sieht interessant aus. Wenn die kleinen, vergißmeinnichtähnlichen Blüten verblüht sind, setzt er Samen an und sät sich selbst aus.

Auch Borretsch sät sich aus. Diese sonst ansehnliche Pflanze kann dadurch aber sehr lästig werden. Sie benötigt viel Platz. Die Blätter sind frisch und fleischig. Man muß sie essen, solange sie jung und die Borsten noch weich sind. In einem kleinen Garten reicht eine Pflanze zur Selbstaussaat. Alles andere muß man frühzeitig mit Wurzeln entfernen.

Der Wiesenknopf ist ein nützliches Salatkraut mit leicht bitter schmeckenden Blättchen und seltsamen, knopfähnlichen Blüten. In der freien Natur bleiben die Pflanzen kleiner als im Garten, wo sie bis zu 1 m hoch werden können.

Aus den sauren Blättern des Sauerampfers macht man ausgezeichnete Suppen und Soßen. Er ist eine belebende Zugabe zu Kopfsalat. Diese großblättrige, ausdauernde Staude kann als Einfassung oder in Gruppen zu zweit gesetzt werden. Die Blütenstiele sind regelmäßig zu entfernen.

Der Heilkräutergarten

Es gibt weitaus mehr Heilkräuter als Kräuter zum Würzen. Die Wirkung so mancher Heilpflanzen ist umstritten. Wirkstoffe bestimmter Arten werden in der Heilkunde aber täglich verwendet. Andere gelten als überlieferte Heilmittel. Tausende Arten müssen noch wissenschaftlich untersucht werden. Unter den Heilkräutern findet man sehr hübsche und seltsame Formen. Manche sehen wie Zierblumen aus, zum Beispiel einfach blühende, dunkelrote Päonien, Madonnenlilien, frühblühender Seidelbast, Gelber Enzian und leuchtender Salbei. Viele besitzen bizarre Blüten oder Samenkapseln: Stechapfel mit seinen nickenden, duftenden Blüten und stacheligen Früchten, der behelmte Eisenhut und die Tollkirsche mit ihren großen, giftigen Beeren. Eine sonderbare Pflanze ist der herrlich duftende weiße Diptam, der ein brennbares ätherisches Öl produziert. Apart sind auch der rosafarbene Knöterich mit seinen Lampenputzerblüten, der stachelige Natterkopf, die Hundszunge, eine saftige Zweijährige mit kleinen, unscheinbaren Blüten und großen Blättern, die nach Mäusen riechen.

Kleine, unscheinbare Kräuter besitzen bisweilen wertvolle Wirkstoffe wie der Wilde Salbei und der Odermennig, das kleine Augentrost, der kriechende Gundermann und das Dreiblatt, eine merkwürdige kleine Pflanze mit blassen, spaßig geformten Blüten und dicken Beeren.

Deutscher Apothekergarten aus der Renaissance. Man erkennt die Kräuterkultur auf Hochbeeten, die Zubereitung von Heilmitteln aus Kräutern, die Beratung und die Untersuchung einer Urinprobe des Patienten.

Es gibt auch Würzkräuter mit heilender Wirkung, wie zum Beispiel Salbei, Rosmarin, Dill und Knoblauch und Doldengewächse wie Fenchel und Kümmel mit stark abführenden Eigenschaften.

Diese Pflanzen sind uns seit Jahrtausenden als Heil- oder Kräftigungsmittel bei allen möglichen Krankheiten, Unpäßlichkeiten und für Wundheilung bekannt. Die besonderen Eigenschaften der Pflanzen wurden durch Beobachtungen und Ausprobieren, durch Erfolge und Irrtümer seit prähistorischer Zeit herausgefunden.

TRADITIONELLE HEILKRÄUTERMEDIZIN

Viele Kräuter wurden früher mit Magie in Verbindung gebracht. Man verwendete sie als Schutzmittel gegen das Böse oder die Elfenkrankheit. Sie sind in alten europäischen Handschriften und vorchristlichen Dichtungen erwähnt.

Heidnische Sonnwendbräuche pflegte man am Johannistag, an dem man herkömmlicherweise viele Kräuter sammelte, wie das Johanniskraut, das Eisenkraut und die Schafgarbe. Das Johanniskraut gehört zu den wirkungsvollsten unter ihnen. Aus seinen kleinen Blättchen gewinnt man ein leuchtendrotes Öl. Schafgarbe verwendet man als Wundheilmittel. Als Opferkraut spielt es noch heute in China eine Rolle. Ziest soll starke Schutzwirkungen für die menschliche Seele besitzen. Im Herbarium des Apuleius Platonicus ist es als Mittel gegen 47 Krankheiten aufgeführt. Hauswurz (Fetthenne) wurde bei den Römern als magischer Schutz gegen Feuer und als Heilmittel gegen Verbrennungen angewandt. Eisenkraut, das heilige Kraut, war ein Reinigungskraut, ein Bestandteil der heiligen Salbe. Es wird in der Übersetzung einer medizinischen Schrift aus dem 15. Jahrhundert in Stockholm als bedeutsames Heilkraut beschrieben. Bringt man es auf nahrhaften Gartenboden, wächst es groß und buschig. Die steifen, symmetrischen Blütenstiele mit vielen kleinen Blütenähren über den grundständigen Blättern sehen wie Kerzen aus.

Manche legendären Kräuter sind sehr wirksam, oft aber

LINKS Heilkräuter auf Hochbeeten. Die Kräuter im Vordergrund gehören zur Familie der Korbblütler. Rechts erkennt man Flohkraut und den großblättrigen Alant, links gedeihen Römische Kamille, Rainfarn und einjährige Margeriten. Dahinter stehen auf dem Beet Vertreter der Thymianfamilie: Ysop und Monarden (links), Majoran und Herzgespann (rechts). Den Hintergrund bilden Geißrauke und Steinklee.

GEGENÜBER LINKS Herzgespann hat seinen Namen von der anregenden Wirkung auf die Herztätigkeit.

GEGENÜBER RECHTS Die rosafarbenen Blüten der Kermesbeere verwandeln sich in glänzende, schwarze, giftige Beeren.

auch gefährlich giftig. Dazu gehören die Schneerosen (Christrosen) und Germer, Taxus und Eisenhut und der Opiummohn. Viele spielen tatsächlich eine wichtige Rolle in der heutigen Medizin. Es ist beispielsweise nicht leicht, die Wirkungsweise von Ziest, Eisenkraut, Odermennig oder Herzgespann zu verstehen, doch man erkannte schon früh, daß auch milde Kräutersäfte nach einem strengen Winter oder während der Genesung einen wohltuenden Effekt auf einen unterernährten Körper besitzen, bei einem gut ernährten Menschen bleibt jede Wirkung aus.

Kräuter mit zusammenziehender und heilender Wirkung wie Frauenmantel, Salbei, Knöterich und Schafgarbe werden äußerlich zur Wundbehandlung eingesetzt, innerlich um Durchfall oder die Gebärmutter nach einer Geburt zu behandeln. Kräuter mit antiseptischer Wirkung wie Johanniskraut, Hauslauch, schwarzer Holunder werden bei Schnittverletzungen und verunreinigten Wunden verwendet. Aufweichende Kräuter wie Ringelblume, Malven und die Samen des Salbeis verwendet man gegen trockenen Hals, Verstopfung und zur Behandlung sonstiger Unpäßlichkeiten. Die riesige Anzahl von Brechmitteln in alten Kräuterbüchern zeigt die Bedeutung, die Reinigungsmittel des Körpers besaßen.

Es gibt viele wirkungsvolle Hausmittel von Kräutern gegen einfache Unpäßlichkeiten, die man heute leicht selbst ziehen kann. Eine Tabelle darüber findet man auf Seite 67. Ich habe allerdings nicht versucht, diese Kräuter speziell zu beschreiben. Auch noch so einfache Heilmittel müssen mit Überlegung und Verstand verwendet werden. Und wenn es irgendwelche Zweifel oder Probleme über ihre Anwendung und Wirkungsweise gibt, ist in jedem Fall ein Apotheker oder ein Arzt zu Rate zu ziehen.

HEILKRÄUTER HEUTE

Das Vertrauen zur Behandlung mit Heilkräutern ist im Wachsen begriffen. Die moderne Heilmittelherstellung verwendet statt der Kräuterextrakte synthetisch hergestellte Wirkstoffe. Ein großes Problem liegt aber darin, daß die Begleiterscheinungen dieser Heilmittel lästig und sogar gefährlich werden können und daß gegen diese wieder starke Mittel erforderlich sind, um ihnen entgegenzuwirken. Niemand kann die Wohltaten der modernen Medizin für die Menschheit leugnen. Viele empfinden jedoch, daß Pillen und Pulver heute zu leichtfertig verschrieben werden, um Krankheitssymptome zu behandeln, statt die Ursachen zu bekämpfen.

Die Kräutermedizin verwendet ganze Pflanzen und Teile von ihnen, Blätter, Blüten, Wurzeln und Samen, frisch oder getrocknet, als Extrakt, Tee oder Tinktur. Verunreinigungen sind nicht ganz auszuschließen. Dadurch können Beeinträchtigungen der Heilwirkungen dieser ausgewogenen Heilmittel vorkommen.

Behandlungen mit Heilkräutern, die von einem Heilpraktiker verschrieben werden, beziehen die Lebens- und Essensgewohnheiten des Patienten ein und versuchen die gesamte Person und nicht nur ein Symptom zu behandeln. Kräutermittel wirken mild, langsam aber stetig bis zur Heilung. Sie sind nicht leicht zu standardisieren, weil die aktiven Wirkstoffe in Wildkräutern stark variieren und von der Jahreszeit, der Tageszeit, dem Wetter und dem Standort der Pflanze beeinflußt werden können. Wir wissen noch sehr wenig über die komplexen chemischen Zusammenhänge zwischen den Pflanzen und ihren Standorten. Die ältesten Kräuterbücher kämpften schon mit diesem Problem, wenn sie verschiedene Methoden und Zeiten zur Gewinnung der Kräuter vorschrieben. Die Ernte sollte mit hölzernen oder eisernen Geräten, bei zunehmendem oder abnehmendem Mond oder an heiligen Tagen erfolgen, hieß es.

PLANUNG EINES HEILKRÄUTERGARTENS

Eine große Anzahl von Heilkräutern stammt aus waldigen Gegenden und gedeiht am besten in lichtem Schatten auf feuchtem Boden. Wenn es geht, sollte ein Teil beschattet, ein Teil im Halbschatten und ein Teil in voller Sonne liegen. Ein guter Zugang zu den Beeten ist wichtig. Auch zwischen den Kräutern benötigt man genügend Platz. Ihre Formen kann man bisweilen mit Skulpturen vergleichen, wenn man ihnen Platz zur Entwicklung läßt.

Zu allererst ist die Entscheidung zu treffen, ob man überhaupt Giftkräuter pflanzt, wie man sie kennzeichnet und wie man sie außer der Reichweite von Kindern halten kann. Es ist überraschend, wieviele Menschen glauben, daß sämtliche Kräuter bekömmlich seien. Sie nehmen gedankenlos Blätter in den Mund, wenn sie durch einen Kräutergarten gehen. Eisenhut, Stechapfel, die Blätter des Bilsenkrautes, die Beeren der Tollkirsche und der Alraune, der Kermesbeere und des Seidelbasts sind stark giftig. Man kann die giftigen Blüten der Herbstzeitlose mit denen des würzigen Safrankrokus leicht verwechseln oder die rauhen Blätter des giftigen Fingerhuts mit denen vom Beinwell. Der tödliche Schierling ähnelt vielen anderen nützlichen Doldengewächsen.

Giftige Pflanzen sollte man daher gesondert pflanzen und durch Etiketten kenntlich machen oder einzäunen. Spielen Kinder regelmäßig im Garten, sollte man Tollkirsche und Alraune am besten gar nicht erst pflanzen.

Der Zweck eines Gartens bestimmt seine Form. Ein Kräutersammler möchte gern Mengen bestimmter Heilkräuter besitzen, die während des Jahres geerntet werden können. Man pflanzt sie am besten in Reihen oder Gruppen. Histologisch Interessierte können die Kräuter nach den Körperteilen pflanzen, für die man sie verwendet. Diese Pflanzart ist heute aber kaum gebräuchlich. Lavendel, Rosmarin, Ziest und Rainfarn sind gegen Kopfschmerzen, Augentrost, Salbei und Schöllkraut für die Augen, Schafgarbe, Zitronenmelisse, Mädesüß und Ringelblumen gegen Fieber, Stranddistel, Süßwurz und Scheinbeere gegen Halsschmerzen, Angelika, Gundelrebe, Andorn und Königskerze gegen Husten, Hauswurz gegen Hühneraugen.

Vergleiche zwischen Heilkräutern der gleichen Familie sind interessant. Sie können wie in einem botanischen Garten zusammengestellt werden. Manchmal rücken diese Gruppierungen die Anwendungen bestimmter Familien in ein besonderes Licht. Ein Beet mit Nachtschattengewächsen (Solanaceen) enthält einige der stärksten und giftigsten Pflanzen wie die Tollkirsche und das Bilsenkraut, die auch in der heutigen Medizin verwendet werden. Fingerhut, Ysop und Braunwurz gehören zu den Rauhblattgewächsen. Sie beeinflussen die Herztätigkeit. Viele Vertreter der Korbblütlerfamilie wie Klette, Alant und Kohldistel enthalten hautreinigende Wirkstoffe.

Kleine Bäume mit Wirkstoffen können den Garten verschönern. Die Büsche des Schneeballs und der pflaumenblättrige Schneeball aus Nordamerika dienten früher als Beruhigungsmittel. Der Strauch mit seinen hübschen cremeweißen Blüten, leuchtendroten Beeren und der purpurfarbenen Blattfärbung im Herbst ist sehr anspruchslos. Der Spindelbusch (Pfaffenhütchen) mit seinem rosafarbenen Beerenschmuck sieht im Herbst besonders hübsch aus, wenn die orangefarbenen Früchte aus den Hüllen hervorbrechen. Die gelben Blütenbüschel von *Hamamelis virginiana*, nicht die chinesischen Spezies der Zaubernuß, erscheinen im Spätherbst. Die Beeren von Lorbeer (Überwinterung im Kalthaus oder Zimmer) und Wacholder, deren Laub nur in kleinen Mengen in der Küche verwendet werden, besitzen abtreibende Eigenschaften, wenn sie in größeren Mengen genossen werden. Die Blätter werden als Räuchermittel verwendet. Daher haben die Pflanzen auch im Heilkräutergarten eine Daseinsberechtigung. Der Seidelbast ist in einem kleinen Garten ein Ereignis. Er sollte aber wegen der giftigen Beeren von den Kindern ferngehalten werden. Schwarzer Holunder, dessen Blätter, Blüten und Beeren wertvolle Heilsubstanzen enthalten, sollte ganz für sich stehen. Er neigt dazu, alles in der Nähe Befindliche zu überwachsen.

Der Garten könnte mit einer Hecke aus Essigrosen mit ihren duftenden und stark antiseptisch wirkenden Blüten oder mit den strauchigen Hecken von Rosmarin (Winterschutz!), Ysop oder Lavendel umgeben werden. In sonniger, trockener Lage und mildem Klima sind Sträucher des gewöhnlichen Besenginsters ein guter Windschutz, besonders wenn sie stark geschnitten und dadurch dicht werden. Hierbei handelt es sich um ein altes Wunderheilmittel mit gefährlichen, betäubenden Eigenschaften. Es sollte als Heilkraut nicht verwendet werden. Lungenkraut mit den gefleckten Blättern und den im zeitigen Frühling erscheinenden Blüten oder der kleine Frauenmantel mit den gezähnten Blättern und winzigen, grünlichen Blüten sind gute Einfassungspflanzen für Beete mit leichtem Schatten. Einfache oder gefüllt blühende Kamillen oder goldgelbe Ringelblumen ergeben leuchtende Einfassungen für Beete in sonniger Lage. Es gibt viele Heilkräuter, die sehr hoch

LINKS Ein Heilkräutergarten, in dem die Kräuter nach ihren Wirkstoffen gepflanzt sind. Vorne Wildrhabarber, Besenginster, Ginseng und Lakritzwurzel. Auf dem rechten Beet erkennt man eine Einfassung aus goldgelbem Majoran und Pflanzen, die als Duft- und Würzdrogen verwendet werden.

UNTEN Marien- oder Milchdistel. Eine hochinteressante Zweijährige.

HEILKRÄUTER
(falls nicht anders vermerkt, nur Blätter verwenden)

Mittel gegen Fieber	Angelika, Basilikum, Katzenminze, Kerbel, Holunderblüten, Zitronenbalsam, Zitronenblüten, Blütenblätter der Ringelblumen, Majoran, Mädesüß, Pfefferminze, Safran, Salbei, Thymian, Wasserdost, Schafgarbe und Safflor
Gegen Husten und Heiserkeit	Borretsch, Holunderbeeren, Holunderblüten, Ysop, Lakritzwurzel, Lungenkraut, Rosenblätter, Salbei, Johanniskraut, Thymian, Natterkopf, Stranddistel (Wurzeln), Malven (Wurzeln)
Antiseptika und Gurgelmittel	Lorbeerbeeren, Wurzeln von Alant, Lavendel, Liebstöckel, Majoran, Rosmarin, Blätter von Rosen, Thymian, Salbei, Verbenen, Scheinbeeren
Nieren- und Blasenleiden	Angelika, Engelwurz, Löwenzahn, Gundelrebe, Petersilienwurzel, Meerrettich, Echtes Labkraut, Glaskraut
Schlafmittel	Kamillenblüten, Hopfenblüten, Zitronenmelisse, Zitronenverbene, Zitronenblüten, Königskerzenblüten, Veilchenblüten
Gegen Kopfschmerzen	Anis, Augentrost, Rainfarn, Gundelrebe, Lavendelblüten (in kleinen Mengen), Zitronenbalsam, Rosmarin, Waldmeister
Appetitanreger	Löwenzahn, Samen von Bockshornklee, Enzianwurzel, Gamander, Fieberklee
Magenberuhigungsmittel	Basilikum, Zitronenverbene, Majoran, Pfefferminze
Verdauungsfördernde Mittel	Angelika, Koriandersamen, Kreuzkümmelsamen, Dillsamen, Fenchelsamen, Liebstöckelsamen, Pfefferminze, Alantwurzel, Steinklee
Gegen Verstopfung	Holunderblüten, Lakritz, Glaskraut, Süßdolde (Samen), Veilchenblüten, Malvenwurzeln
Gegen Durchfall	Knöterichwurzeln, Mädesüßblätter, Königskerzenblätter und -blüten, Blaubeeren, Nelkenwurzwurzeln und Wegerich
Erfrischungskräuter	Bockshornklee, Ginseng, Gundermann, Frauenmantel, Petersilie, Rosmarin, Salbei, Brunnenkresse, Schafgarbe, Wiesenknopf, Odermennig und Frauenminze
Äußerlich zur Wundbehandlung	Odermennig, Knöterichwurzeln, Holunderblätter, Knoblauchzehen, Goldrute, Hauswurz, Ysop, Frauenmantel, Ziest, Waid und Schafgarbe
Quetschungen und Verstauchungen	Arnikawurzeln und -blüten, Wegerich, Zaubernuß, Ringelblume, Gundermann, Klette, Beinwell und Scheinbeere
Gegen Stiche	Basilikum, Zitronenmelisse, Minzen, Zwiebelsaft, Wegerich, Ziest und Frauenminze
Zur Hautpflege	Kamille, Beinwell, Klette, Königskerze, Rosmarin, Sauerampfer, Alant

werden und schnell aus einem kleinen Garten herauswachsen. Wenn man zu wenig Platz hat, sollte man nur zwei bis drei hohe Kräuter und niedrige, schattenverträgliche Spezies darum pflanzen, wie zum Beispiel Waldmeister, das alte Wundheilmittel, den Günsel, Gundermann und Nelkenwurz. Hohe Stauden mit dichtem Schattenwurf wie die Klette sind zwar ein nützliches Heilkraut, aber sie werden nach der Blüte unansehnlich. Zu den stark beschattenden Pflanzen gehören auch Angelika, Alant und die Karde. Für leichten Schatten pflanzt man rosaweiß blühende Stockrosen, Geißraute und Süßwurz mit den kleineren Blättchen, Nachtkerzen und Königskerzen. Amerikanischer Schneeball wird ca. 3 m hoch. Er hat leuchtendrote Stengel und schwarze Beeren im Herbst. Der hübsche weißblütige Baldrian muß in einen Behälter gepflanzt werden, weil seine aromatischen Wurzeln sich sonst zu stark ausbreiten.

AUSWAHL VON HEILPFLANZEN

Eine Anzahl von Heilkräutern sollte nur von Fachleuten angewendet werden, aber es gibt viele einfache Kräuter als Grundlage von Hausmitteln mit milder Wirkung, die sehr nützlich sind. Auch in einem kleinen Kräutergarten ist Platz für einige besonders hübsche und wirksame Kräuter gegen Unpäßlichkeit. Die fünf wichtigsten sind Pfefferminze, Zitronenmelisse, Rosmarin, Salbei und Kamille.

Pfefferminze ergibt einen ausgezeichneten Tee gegen Fieber und Erkältungen. Sie kann auch in starker Konzentration als Inhalationsmittel verwendet werden oder zur Bekämpfung eines Katers. Zitronenmelisse ergibt einen Tee mit Zitronengeschmack, der beruhigt und den Magen stärkt. Rosmarin wird in geringen Mengen (eine kleine Prise mit Zitronenmelisse genügt) gegen Kopfschmerzen, Erkäl-

Plan eines etwa 8x8 m großen Gartens, den man auch in kleinerer Form so gestalten kann. Auf den Mittelbeeten wachsen die stark wirkenden, giftigen Heilkräuter, die man ggf. mit einem Zaun umgeben kann (die Kermesbeere muß gelegentlich gekürzt werden, damit sie nicht zu groß wird). Die Kräuter im zweiten Beet enthalten ebenfalls starke Wirkstoffe. Die größeren Beete werden mit Pflanzen zur Gewinnung von Hausmitteln bepflanzt. Die Beerensträucher an den Ecken sind ebenfalls Heilpflanzen.
Höhere Kräuter werden an die Nordseite gepflanzt. So sind kleinere Pflanzen geschützt, und der Blick in den Garten wird nicht beeinträchtigt.

Pflanzenliste
Innerer Kreis:
Hyoscyamus niger, Bilsenkraut
Chelidonium majus, Schöllkraut
Colchium autumnale, Herbstzeitlose
Convallaria majalis, Maiglöckchen
Aconitum napellus, Eisenhut
Digitalis purpurea, Fingerhut
Atropa belladonna, Tollkirsche
Helleborus niger, Nieswurz, Christrose, Schneerose
Datura stramonium, Stechapfel

Mitte:
Phytolacca americana, Kermesbeere

Zweiter Kreis:
Salvia, Salbei
Rosmarinus officinalis, Rosmarin
Thymus sp., Thymian
Galium odoratum, Waldmeister
Achillea millefolium, Schafgarbe
Viola tricolor, Vergißmeinnicht
Valeriana officinalis, Baldrian
Tanacetum parthenium, Sommermargerite
Artemisia sp., Beifuß
Tanacetum vulgare, Rainfarn
Oenothera biennis, Nachtkerze
Angelica archangelica, Angelika, Engelwurz

Äußerer Kreis:
Humulus lupulus, Hopfen
Alchemilla vulgaris, Frauenmantel
Sanguisorba minor, Kleiner Wiesenknopf, Pimpernell
Petroselinum, Petersilie
Calendula officinalis, Ringelblume
Chamaemelum nobile, Römische Kamille
Melissa officinalis, Zitronenmelisse
Allium sativum, Knoblauch
Monarda didyma, Monarde, Indianernessel
Mentha piperita, Pfefferminze
Anethum graveolens, Dill
Marrubium vulgare, Andorn
Verbascum thapsus, Königskerze
Inula helenium, Alant
Filipendula ulmaria, Mädesüß
Symphytum officinale, Beinwell

Ecken:
Rubus idaeus, Himbeere
Rubus sp., Brombeere
Sambucus nigra, Holunder
Ribes nigrum, Schwarze Johannisbeere

tungen und zur Erfrischung verwendet. Bei stärkeren Konzentrationen dient es als antiseptisches Gurgelmittel gegen rauhen Hals aber auch als Haarwaschmittel gegen Schuppen. Salbei ist ein ausgezeichnetes antiseptisches Mittel, eines der besten allgemeinen Kräuter. Man kann Lösungen gegen Erkältungen, Fieber, zur Beschleunigung der Menstruation oder in stärkerer Konzentration als Gurgelmittel und als Mundwasser bei rauhem Hals verwenden. Frische Blätter kann man auch über die Zähne reiben. Kaugummi mit Salbei dient als antiseptisches Mundmittel. Aus Kamillenblüten brüht man einen wohlschmeckenden Tee zur Nervenberuhigung und als leichtes Schlafmittel.

Zu den »Erste-Hilfe-Mitteln« gehört eine Beinwellstaude, deren Blätter kurzzeitig in kochendes Wasser getaucht werden (um die rauhhaarige Oberfläche aufzuweichen). Sie beschleunigen Heilungsprozesse und können als Aufguß zu heilenden Waschungen verwendet werden. Sie enthalten Allantoin, ein wertvolles Mittel, das in vielen medizinischen Präparaten enthalten ist. Zerstampfte, frische Dachwurzblätter lindern Beschwerden, heilen und sind eines der besten Mittel gegen kleinere Verbrennungen. Waschungen mit starken Aufgüssen von Klette oder ein Wurzelauszug sind bewährte Mittel gegen Hautausschläge und Schuppen. Das Laub des Holunders verwendet man für Heilbäder oder zur Salbenherstellung. Die Blüten benutzt man als mildes Abführmittel und gegen Fieber.

Kräutertee
Kräuter werden als Tee aufgegossen, indem man 450 ml kochendes Wasser auf 12 g getrockneter oder 25 g frischer Kräuter aufgießt und 10 Min. ziehen läßt, bevor man den Tee abgießt. Man rechnet üblicherweise 1 Teetasse voll (warm oder kalt mit Honig oder Zitrone) 3x täglich. Man kann Blätter, Stiele, Blüten oder auch Samen zum Teeaufguß verwenden.

Kräuterabkochungen
Wurzeln und verholzte Zweige müssen mindestens 10 Min. sieden, damit ihre Wirkstoffe frei werden und einen Kräuterauszug ergeben. Man verwendet dazu 12 g getrocknete Wurzeln oder Zweige, die nicht in einem Aluminiumtopf gekocht werden dürfen, und setzt sie mit 450 ml kaltem Wasser auf. Der Topf wird mit einem Deckel zugedeckt und das Wasser allmählich zum Kochen gebracht. Dann läßt man es 10 Min. sieden, gießt den Sud ab und verwendet ihn wie einen Tee.

Der duftende Kräutergarten

Den ersten Eindruck von einem Kräutergarten erhält man durch verschiedene Düfte: aromatisch, scharf, süß und durchdringend. Es ist ein besonderer Genuß, an einem warmen Sommerabend zwischen den Duftkräutern zu spazieren, an ihnen entlangzustreifen, Blättchen zu zupfen und an den frisch erblühten Nachtkerzen und dem Geißblatt vorbeizuwandeln.

Man kann Kräuter als Duftmittel oder als Würz- und Heilmittel verwenden. Viele stark duftende Kräuter trocknet man für Duftkompositionen, duftendes Leinen, als Zugabe für selbsthergestellte Kosmetika wie Seifen, Badesäckchen, Kerzen und zum Stopfen von Duftkissen und kleinen Taschen. Frisch oder getrocknet besitzen sie einen angenehmen, anregenden Duft. Sie wurden bereits seit Tausenden von Jahren verwendet, um Emotionen zu steigern, als Duftmittel für den Körper und als wichtiger Bestandteil bei Zeremonien. Verschiedenen Kräutern schreibt man von jeher besondere Eigenschaften zu. Rosmarin und Majoran machen fröhlich und lebhaft, Minze erfrischt den Geist, Beifuß erhöht die Wachsamkeit, Hopfen und Lavendel beruhigen die Nerven.

Der Duft der meisten Pflanzen stammt aus den Blättern, in denen sich ätherische Öle in kleinen Zellen befinden. Bei Berührung des Blattes oder im Vorbeistreifen erhöht sich der Duft. Daher pflanzt man solche Kräuter möglichst nahe an Wege oder in erreichbare Nähe.

Einige Düfte, zum Beispiel den der Myrte, merkt man nur beim Zerreiben der Blätter, da die ölhaltigen Zellen sehr tief sitzen. Reichen sie bis dicht an die Oberfläche wie beim Thymian, so wird der Duft schon von der Sonne ausgelöst. Die Öle und die rauhe Blattoberfläche von Rosmarin, Salbei und anderen mediterranen Kräutern wirken als Schutz gegen Hitze und gegen Schädlinge.

Der Duft von Kräuterblättern kann kräftiger und durchdringender sein als Blütenduft. Die ätherischen Öle oder Duftstoffe bestehen aus einer komplizierten Zusammensetzung chemischer Bestandteile.

Die individuellen Empfindungen auf die Düfte sind unterschiedlich. Während einer den Duft der Madonnenlilie berauschend findet, ist er für andere aufdringlich oder sogar unangenehm. Die Reaktionen auf Düfte hängen auch

Die Blumen, die im Garten der Jungfrau Maria blühen, symbolisieren ihre Tugenden. Die Walderdbeeren auf dem als Hochbeet gestalteten Sitzplatz zum Beispiel stehen für Rechtschaffenheit, die Rosen für die göttliche Liebe.

von ihrer Stärke ab. Der Duft der Bodenblätter einer Angelika oder der Blüten eines Wildsalbeis sind kräftig und würzig. Er wirkt aber ermüdend, wenn man längere Zeit an einer Stelle mit solchen Pflanzen Unkraut jätet. Hat man einen Arm voll Duftkräuter gesammelt, wird man oft ihren starken Geruch nicht mehr los.

PLANUNG EINES DUFTKRÄUTERGARTENS

Ein Garten, der überwiegend mit Duftkräutern bepflanzt ist, benötigt viele Wege und kleine Beete, einen Sitzplatz und einige Hochbeete oder Kübel für flach wachsende oder besondere Pflanzen. Wichtig ist, daß der Garten umschlossen oder wenigstens gegen den Wind abgeschirmt ist, der den Duft der Kräuter wegtragen würde. Wenn man bodendeckende Duftkräuter auf die Wege pflanzt und zur Einfassung ein Rankgerüst mit Geißblatt, Jasmin, Hopfen und Waldrebe benutzt und wenn man stark duftende Hecken aus Lavendel, Rosen, Rosmarin und der Heiligenblume oder der Apfelrose anlegt, kann jeder Teil des Gartens würzig duften.

Farblich herrschen die weichen Grau- und Grüntöne der meisten Duftkräuter vor, unterbrochen von den Farbtupfern der verschiedenen Blütenpflanzen wie der feuerroten Monarde, der purpurblauen Ysopähren mit ihren duftenden Blättern, der Wilden Iris, der gelben Alant sowie der duftenden Blüten der Nachtkerzen und des Mädesüß. Ein geradliniger, strenger Gartenzuschnitt ist für einen Würz- oder Heilkräutergarten besonders gut geeignet.

Süß duftende Kräuter können im freieren Bauerngartenstil wirkungsvoll zusammengestellt werden. Hecken schneidet man gerade soviel, daß sie nicht auseinanderfallen. Einfassungen aus Veilchen, gefüllter Kamille und verschiedenen Wildbeeren können ruhig in die Wege wachsen. Waldmeister und die meisten duftenden und wuchernden Minzen wie die bunte Ananasminze können im Schatten von Myrtenbüschen (Kalthausüberwinterung – nicht winterhart!) oder durch die strauchigen Büsche der Katzenminze wuchern. Kriechender Thymian mit hellen oder dunklen Blättern, fruchtig duftende Kamille oder kriechende Minze gedeihen zwischen Steinen oder dem Kies auf Beeten, oder man stellt damit am Eingang des Gartens einen duftenden Rasen her. Ein solcher Garten benötigt ein über-

Kriechender Thymian breitet sich in den Fugen des Bodenbelages und auf den Wegen aus und bildet dichte, duftende Matten. Es gibt Arten in Weiß, Rosa, Lila und Dunkelviolett. Das Laub kann blaß und stumpf, goldgelb, bunt oder dunkelgrün sein. Die bekannten Arten haben einen ausgeprägten Duft. Es gibt sogar Sorten, die nach Zitronen und anderen Gewürzen duften.

LINKS Ein altes Kaminrohr mit einem Topf, der mit roten Pelargonien bepflanzt ist, bringt Höhe in den Garten.

UNTEN LINKS Blick von einer anderen Stelle des Gartens auf einen flachenTrog, der auf Ziegelsteinen steht. Er wurde mit Frauenmantel bepflanzt. Viele weißblühende Veilchen haben sich selbst ausgesät.

Duftender Kräutergarten Plan und Pflanzenliste

RECHTS Der abgebildete Plan des gleichen Gartens. Kieswege kreuzen sich in einem bestimmten Punkt. Diese Stelle ist durch einen mit Ananassalbei bepflanzten Kübel besonders betont. Auf den 4 Beeten sind folgende Duftkräuter zusammengestellt:

1 *Satureja montana*, Winterbohnenkraut
2 *Rosmarinus officinalis*, Rosmarin
3 *Myrtus communis*, Tarentiner Myrte
4 *Lavandula sp.*, Lavendel

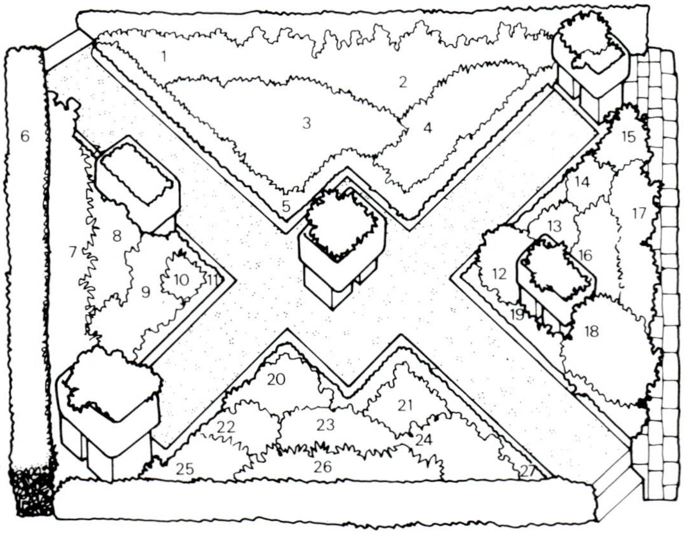

5 *Fragaria vesca,* Walderdbeere
6 *Taxus sp.,* Taxushecke
7 *Monarda didyma,* Monarde, Indianernessel
8 *Santolina neapolitana,* Heiligenblume, Santoline
9 *Mentha ssp.,* Minze
10 *Allium schoenoprasum,* Schnittlauch
11 *Viola cornuta* 'Alba', Weißes Veilchen
12 *Calamintha grandiflora,* Bergminze
13 *Hissopus officinalis,* Ysop
14 *Sanguisorba minor,* Kleiner Wiesenknopf, Pimpernell
15 *Balsamita vulgaris,* Frauenminze
16 *Nepeta cataria,* Katzenminze
17 *Levisticum officinale,* Liebstöckel
18 *Melissa officinalis,* Zitronenmelisse
19 *Thymus drucei,* Kriechender Thymian
20 *Helichrysum angustifolium,* Currykraut, Strohblume
21 *Geranium macrorrhizum* Roseum, Staudengeranie
22 *Artemisia pontica,* Beifuß
23 *Artemisia abrotanum,* Beifuß
24 *Tanacetum vulgare,* Rainfarn
25 *Origanum vulgare,* Dost
26 *Oenothera biennis,* Nachtkerze
27 *Thymus citriodorus* 'Aureus', Goldgelber Thymian

legtes Grundkonzept, um die ziemlich frei wachsenden Pflanzen zusammenzuhalten. Gelegentlicher Schnitt und Unkrautjäten sind nötig, um unerwünschte Sämlinge wuchernder Kräuter zu entfernen. Niedrige Hecken oder gut plazierte Tuffs aus Lavendel, Rosmarinbüschen oder Wermut können das Grundgerüst bilden. Höhenunterschiede im Garten sind sehr willkommen. Der Garten kann teilweise vertieft oder mit einer Böschung gegen den unvermeidlichen Wind abgeschirmt werden (auch Bankbeete oder Böschungen von 50 cm Höhe besitzen eine erstaunliche Wirkung). Terrassierungen teilen den Garten in kleinere Bereiche. So kann auch besser Ordnung gehalten werden.

AUSWAHL VON DUFTKRÄUTERN

In einen Duftkräutergarten von begrenzter Größe gehören Monarden, Lavendel, Geißblatt, Nelken, Veilchen, Ananassalbei, Frühlingsprimeln, Nachtkerzen, Essigrosen und Salbei. Seidelbast gedeiht am besten in geschützter Lage in lehmigem Boden und benötigt leichten Winterschutz. Es lohnt die Mühe, wenn man die entzückenden, stark duftenden Blüten erlebt, die jedes Jahr im Frühling in Weiß, Rosa oder Rot an den unbelaubten Zweigen erscheinen. Alle Varietäten der Monarden besitzen duftendes Laub. Am süßesten und leicht nach Kampfer riecht die rotblättrige Spielart *Monarda didyma.* Diese etwas wuchernde Staude mit den seltsamen, aber hübschen Blüten, die so aussehen, als würden sie durch die Mitte der Blütenstände weiterwachsen, steht gut zwischen blaßgrünen, feinblättrigen Beifußarten oder fiedrigen Heiligenblumen.

Ein Duftgarten aus einer Mischung von Kräutern sollte von der Rose beherrscht werden. Es gehören aber auch Lavendelbüsche, Zitronenthymian, ein Tuff Zitronenmelisse in einem Topf, ein Lorbeer, Monarden, süßer Majoran, eine Mischung von zarten Pelargonien, besonders vom kleinblättrigen *Pelargonium crispum,* und der frühlingsblühende Waldmeister mit seinen brillanten weißen Blütchen dazu. Waldmeister und Steinklee riechen durch ihren Cumaringehalt nach frischgemähtem Heu.

Wer tagsüber arbeitet, liebt Pflanzen, die an langen Sommerabenden ihren Duft verströmen. Weißer Diptam, Waldmeister und die Verwandtschaft der Resedagewächse ste-

hen hier zur Auswahl. Die Blüten der großen Nachtkerzen hängen tagsüber traurig herum, aber am Abend heben und öffnen sie sich zu blassen, duftenden Schalen vom Frühsommer bis zum ersten Frost. Beim Geißblatt entwickelt sich erst abends der Duft in seiner ganzen Fülle. Die Pflanzen werden nur von Nachtfaltern mit ihren besonders langen Rüsseln bestäubt. Bei Einbruch der Dämmerung wird ein Garten mit blaßblumigen Kräutern von vielen Insekten, besonders von Nachtfaltern, besucht. Silberlaubige Beifußarten, Stranddisteln und Heiligenblumen fangen in der Dämmerung an zu leuchten.

Verschiedene Salbeiarten gehören in einen Duftgarten, auch die üblichen Würzkräuter. Hier wird die Trennung zwischen Kraut und Strauch sehr schwer. Ich schließe sowohl den holzigen Salbei wie seine staudigen Kulturfor-

LINKS Der Weg aus alten Ziegelsteinen wird von niedrigen Duftkräutern eingefaßt.

OBEN Mit Platten ausgelegter Garten. Dazwischen stehen Muskatsalbei *(Salvia sclarea)*, Walderdbeeren und Nelkenwurz.

RECHTS Ein umschlossener Duftgarten im Frühsommer. *Santolina virens* beginnt gerade zu blühen. Graugrüner, Römischer Wermut bedeckt eine ganze Fläche.

men mit den silberfarbenen Blättern ein. Beide besitzen ein kräftiges Aroma. *Salvia glutinosa* mit blaßgelben Blüten und einem süßen, rosinenähnlichen Duft ist eine interessante Ergänzung. *S. nemorosa* besitzt ausgeprägtes Blattwerk und einen lockeren Habitus. Die Blüten sind leuchtend blau. Der Jerusalemsalbei *(Phlomis fruticosa)* ist ein großer, schönduftender Strauch mit wolligen Blättern und quirlförmig angeordneten, leuchtendgelben Blüten. Er benötigt allerdings Winterschutz.

Es gibt vergleichsweise wenig Duftkräuter. Man muß schon sehr umsichtig auswählen, damit sie den ganzen Sommer hindurch blühen.

Am frühesten erscheinen Primeln und Veilchen. Die wilden Primelarten besitzen den stärksten Duft. Man pflanzt sie am besten mit Duftveilchen *(Viola odorata)* zwischen bodendeckende Kräuter dorthin, wo sie verwildern können, oder unter solche Pflanzen, deren spätere Größe die Fläche während des Sommers beschattet. Das malvenfarbene Hornveilchen *(V. cornuta)* blüht ab Mitte April fast den ganzen Sommer hindurch. Es ist eine hübsche Pflanze für Einfassungen in einem Sommergarten und paßt zu rosablühenden Gewächsen und Kamille. Das weiße Hornveilchen (*V. cornuta 'Alba'*) und das Kleine Veilchen *(V. cornuta minor)* duften süß.

Frühlingsblühende Goldlackpflanzen setzt man zwar selten in den Kräutergarten, aber sie haben eine lange medizinische Vorgeschichte. Das Cheirinumöl wurde zur Behandlung von Magengeschwüren, Schmerzen und Ohnmacht benutzt. *Cheiranthus cheiri* und Kulturformen mit starkem Duft haben ihren festen Platz unter den Kräutern.

Im zeitigen Frühjahr beginnt die Nelkenfamilie zu blühen. Ausdauernde rosafarbene Einfassungsnelken und dichte Zwergarten wachsen gut in Trögen, auf kleinen Hügeln oder als Einfassungspflanzen. *Dianthus caryophyllus* heißt die Stammart. Sie ist für einen Kräutergarten ganz besonders geeignet. Am besten läßt man sie aus einem Kübel durch ein Gitter aus lose verlegten Zweigen wachsen. Dadurch werden die langen, graulaubigen Triebe gestützt und können sich frei entfalten. (Andere Duftkräuter für Kübel siehe S. 28.)

Es gibt dann noch die Rosen, zum Beispiel Abkömmlinge der echten Essigrose oder Apothekerrose *(Rosa gallica officinalis)*. Sie ist eine typische Solitärpflanze für einen Duftkräutergarten. Es handelt sich um eine liebliche Strauchrose mit hellgefüllten, tiefrosa Blüten, die stark duften, und gelben Staubfäden. Die rundlichen Blütenblätter behalten auch in getrocknetem Zustand ihren Duft. *R. gallica versicolor* und *R. mundi* blühen leuchtendrosa und weiß. Beide Arten müssen im Frühling oder Spätsommer zurückgeschnitten und können wie eine Gartenhecke behandelt werden oder um eine Laube oder ein Rankgerüst wachsen. Die höher wachsende *R. alba* oder *R. alba semiplena*, eine halbgefüllte Form, die hundertblättrige *R. centifolia*, die Damaszenerrosen und die kletternde Moschusrose passen gut zu graugrünen Duftkräutern aller Art.

Duftende Kletterpflanzen

Die wilde *Rosa eglanteria* ist eine Zierde für Rankgerüste. Sie kann durch eine Hecke oder über ein Gerüst gezogen werden und einen Duftgarten umranken. In »Paradisus« von Parkinson ist Weißdorn mit einigen Rosensorten zusammengepflanzt. Er stillt beinahe den Durst, wenn man ihn riecht, besonders nach einem Gewitter. Die blaßrosa Einzelblüten duften nur sehr schwach. Es gibt viele Abkömmlinge mit duftendem Laub.

Der beste Partner für die Apfelrose ist das Waldgeißblatt mit seinen süßduftenden Blüten. Die Pflanze wird in der Heilbehandlung nicht mehr verwendet. Früher zuckerte man die Blüten ein, um damit Asthma zu behandeln und Geburten zu beschleunigen. Die Beeren sind giftig! Pflanzt man verschiedene Arten, so kann man das Geißblatt von Mitte Mai bis in den Spätsommer in Blüte halten. Als erste erscheinen die Varietäten von *Lonicera periclymenum* mit ihrem starken, strengen Duft. *L. caprifolium* besitzt verwachsene, stengelumfassende Blätter an den Rankenenden. Die nassen Blüten duften nachts stark. *L. americana* ist eine Hybride aus Nordamerika mit stark duftenden, purpurroten Blüten (Winterschutz!).

LINKS Alle Teile der riesigen Angelika-Staude duften stark.

RECHTS Hohe Taxushecken umschließen einen größeren Duftkräutergarten und Rasenwege, die mit Heiligenblumen eingefaßt sind. Geißblattstämmchen an Pfosten bilden blühende Kronenbüsche. Wohlriechende Wicken klettern an Erbsenreisern. Rechts erkennt man die farnkrautähnlichen, nach Anis duftenden Blattwedel der Süßdolde.

Andere ausdauernde Kletterpflanzen für einen Duftkräutergarten sind der Jasmin, der nicht so hoch wird, und *Clematis flammula* (Winterschutz!) mit süß duftenden kleinen, weißen Blüten, die im Frühherbst erscheinen. Grüner oder goldblättriger Hopfen entwickelt jedes Jahr aus den Wurzeln riesige Ranken, die im Herbst wieder absterben. Sie sind besonders hübsch, wenn sie über horizontale Hölzer ranken oder Zäune überwachsen und ihre seltsamen papierenen, zapfenähnlichen Blütenstände zeigen.

Garten für Bienen und Schmetterlinge

Alle Kräutergärten sind gute Bienenweiden und Nahrungsquelle für Schmetterlinge. Kräuter duften im allgemeinen stark, besitzen viel Nektar und sind mit ihren Wildformen stärker verwandt als viele duftlose, hochgezüchtete Gartenpflanzen. Wenn man einen Kräutergarten speziell für Bienen und Schmetterlinge anlegen will, ist der sonnigste und geschützteste Platz des Grundstücks gerade richtig. Eine Hecke aus Lavendel oder Rosmarin (Winterschutz!) und ein Spalier, Zaun oder Rankgerüst mit früh und spät blühenden Geißblattarten gewährt zusätzlichen Schutz.

Bienen fliegen bis 800 m weit von ihrem Stock auf Nahrungssuche. Man kann aber auch verschiedene Kräuter direkt um den Bienenkorb pflanzen. Schon Vergil bevorzugte dafür Salbei, die Duftende Süßdolde und die Zitronenmelisse. Er rieb die Bienenkästen mit den Pflanzen ein, um die Bienen anzulocken. Bienen werden jedoch mehr durch blaue, purpurfarbene und gelbe Farben angelockt. Bienen mit kurzen Rüsseln ernähren sich von Raute, Schafgarbe- und Kamillenblüten. Zuchtbienen mit ihren längeren Rüsseln saugen auch Nektar aus den langröhrigen Blüten der Lippenblütler, die vom Frühsommer an blühen. Die Blütezeit beginnt mit Thymian, Majoran und Salbei. Lavendel und Katzenminze blühen im Sommer, Ysop und der Wintersalbei im Frühherbst. Der einjährige Borretsch produziert reichlich Nektar wie viele Mitglieder der Rauhblattgewächse, zum Beispiel der Natternkopf, das Kaukasusvergißmeinnicht und der Färbersalbei. Der Steinklee, eine andere Einjährige, bringt Mengen von Nektar hervor, daher auch sein botanischer Name *Melilotus* (lat. mel = Honig). Schmetterlinge werden mehr vom Duft angezogen und ziehen blasse Farben vor, wie die des Lavendels und rosafarbener Nelken, die eher als die roten angenommen werden.

Während der Vegetationszeit sollten immer Kräuter im Garten blühen, um einen ständigen Nektarfluß zu gewährleisten. Im Herbst endet das Blühen mit den rosa- oder weißblühenden Formen des Herbstkrokus. Schneerosen kann man im zeitigen Frühjahr für Bienen vorsehen. Primeln und Schlüsselblumen sowie der traubige Eisenhut stehen im Frühjahr und Spätfrühling in Blüte.

Zu den besten Bienenkräutern im Frühling gehört der Goldlack, der eigentlich »Bienenblume« heißen sollte.

Links Ysop, der von den Bienen besonders geliebt wird, blüht ab Sommer.

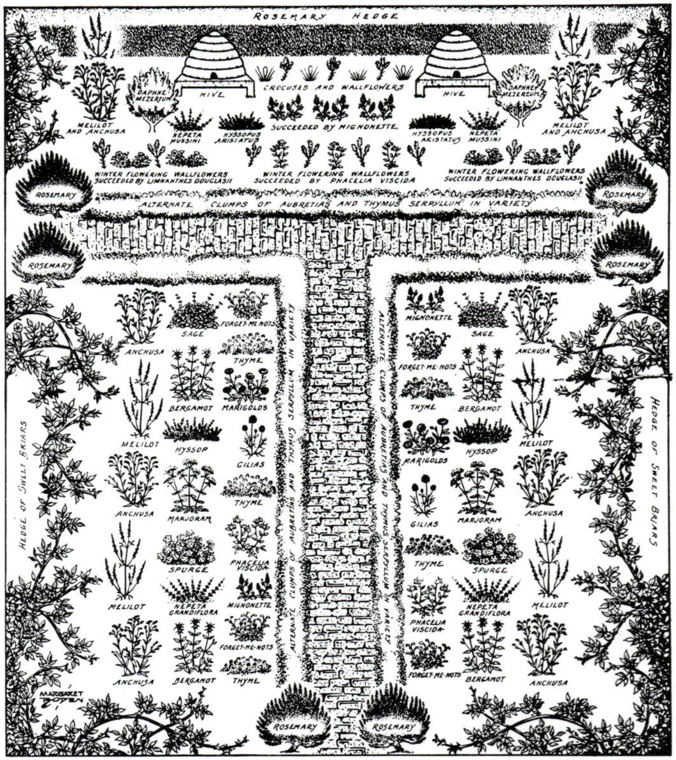

Rechts Entwurf für einen Bienengarten aus dem Jahre 1943. Der von Rosmarin und Apfelrosenhecken umgebene Garten ist mit Kräutern bepflanzt, die das ganze Jahr hindurch für Nektar sorgen, vom Seidelbast im Vorfrühling bis zu den Monarden und Ringelblumen im Herbst.

Der Färberkräutergarten

Die meisten überlieferten Färberkräuter sind Stauden, deren stark färbende Blüten und hübsche Formen schmucke Rabatten oder Einfassungen in einem Kräutergarten zieren könnten. Der ernsthafte Färber benötigt große Kräutermengen, um sie regelmäßig schneiden zu können. Massen von Blättern, Wurzeln und Blüten sind nämlich erforderlich. Wer als Hobby gelegentlich Wolle oder Baumwolle färben oder experimentieren möchte, kann mit unendlich zarten Farbvariationen von Kräutern schöne Ergebnisse erzielen. Die wirkungsvollsten Färberkräuter lassen sich gut in Tuffs oder in kleineren Gruppen zusammenpflanzen. Nach einem Färberlehrbuch muß das Pflanzenmaterial genauso schwer sein wie das zu färbende Material. Aber die Farbmenge in jeder Pflanze ist sehr unterschiedlich. Um Farben fest mit Textilien zu verbinden, benötigt man eine Beize aus Alaun, Chrom, Eisen oder Zinn oder natürliche Fixiermittel wie Holzasche, Essig oder Soda. Es ist auch interessant, mit Färberpflanzen ohne Beize zu experimentieren, wenn auch die Farben schneller oder langsamer wieder ausgewaschen werden können.

Zwei besonders schöne Kräuter für Textilfarben: **links** Waid, **rechts** Reseda. Beide Pflanzen sind zweijährig. Sie säen sich mitunter sogar in den schmalen Fugen zwischen den Platten selbst aus. Waid blüht bereits im Frühsommer mit großen, gelben Blütenbüscheln, Reseda später mit langen Blütenähren und grünlichgelben Blüten. Zur Samenreife biegen sich die Stengel in elegantem Schwung.

Die meisten Pflanzen geben einen bestimmten Farbton ab: blasses Rehbraun und Ocker. Von althergebrachten Färberpflanzen, deren zweiter Name »tinctoria« oder »tinctorum« Farbe bedeutet, erhält man starke Farbtöne. Diese Pflanzen benötigen volle Sonne. Daher muß man einen Färberpflanzengarten immer nach Süden ausrichten und den Boden alle zwei Jahre mit Kompost anreichern.

Viele Färberpflanzen sind nicht winterhart. Der ausdauernde Färberginster ist daher besonders wertvoll. Er läßt sich an zentralem Standort im Garten oder als Heckenpflanze verwenden. Der hübsche Strauch besitzt kleine, dunkelgrüne Blättchen und gelbe, erbsenähnliche Blüten, die zwei bis drei Monate lang im Sommer erscheinen, und liefert eine gute gelbe Farbe. Von gewöhnlichem Besenginster erhält man ein ähnliches Gelb.

Die Färberröte *(Asperula tinctoria)* ist ein gutes Einfassungskraut. Sie hat schmalere Blätter als die übrigen Arten und zarte, kriechende Stengel. Hopfen, dessen Blüten und Triebe eine gute braune Farbe abgeben, kann an Spalieren oder um das Gartentor ranken.

Zu den zweijährigen Färberkräutern gehören die Reseden, Färberwaid und die ausdauernden Färbermeier. Reseden besitzen lange Ähren mit grünlich gelben Blüten, die sich graziös neigen, wenn sie Samen ansetzen. Aus den gelben, kreuzblumenähnlichen Blüten entstehen schwarze Samen, die wie Ohrringe an den Stengeln hängen. Die Blätter besitzen einen bläulichen Farbton, der für eine Blautönung benutzt wird. Die genannten Arten säen sich gut aus und lassen sich wegen ihrer Schönheit auch einzeln pflanzen. Im Mittelalter wurden sie zusammen verwendet, um eine bestimmte grüne Farbe zu erreichen. Die Färberröte ist mehr interessant als schön. Sie wächst wie ein unordentlicher großer Waldmeister. Die Blattwirbel scheuern wie Sandpapier. Aus ihren dicken Wurzeln erhält man eine kräftige, rote Farbe. Das echte Labkraut ergibt eine schwächere und mehr rostbraune Farbe.

Die Blüten des einjährigen Färbersafflors nutzte man seit mehr als tausend Jahren zur Herstellung von roter oder gelber Farbe. Im Frühling sät man ein paar Samenkörner

Glänzende dunkle Früchte der Färberwaid-Pflanze hängen wie kleine Zungen massenhaft von den Stielen. Die bläulich getönten Blätter besitzen zusammenziehende Eigenschaften und wurden früher zum Trockenlegen von Geschwüren und nässenden Hauterkrankungen verwendet, die damals weit verbreitet waren. Bekannter ist das Laub jedoch als Farbspender – man erhält daraus eine schöne dunkelblaue Textilfarbe. Der Farbauszug ist nicht ganz leicht herzustellen, denn die Blätter müssen zerkleinert und mehrfach fermentiert werden, sie verströmen einen unangenehmen Geruch.
Einfacher geht es mit Ammoniak. (Man überbrüht 12 große Blätter mit 3/4 l kochendem Wasser und fügt einen Schuß Salmiakgeist hinzu. Wenn die Brühe lauwarm geworden ist, taucht man kleinere Wollmengen immer wieder ein, bis sie dunkelblau geworden sind. Dann spült man sie mehrmals in kaltem Wasser nach.)

zwischen die Stauden. Die distelähnliche Blüte hat eine intensiv gelbe Farbe.

Gelb ist eine Farbe, die unter Farbkräutern seltener vorkommt. Ringelblumen, Goldrute, die gelben Knopfblüten des Rainfarns und die gelben, margeritenähnlichen Blüten der Färberkamille liefern den Farbton. Nicht zu vergessen sind die rostbraunen und terrakottafarbenen Blüten von *Coreopsis tinctoria*, dem Schöngesicht. Dazwischen kann man Färberscharte *(Alcanna tinctoria)*, eine Pflanze mit blauen Blüten setzen. Die weiß blühende, langsam wachsende Blutwurz *(Sanguinaria canadensis)* blüht früh und verträgt Schatten. Sie gedeiht am besten in Lauberde. Ihre fleischigen Wurzeln geben eine rote Farbe ab.

Das richtige Indigo kann man in unserem Klima nicht pflanzen. Man muß es durch den Indigostrauch *(Baptisia tinctoria)* ersetzen, einen ginsterähnlichen, lockeren Strauch mit malvenfarbenem reichem Blütenflor.

Viele Färberkräuter wurden auch als Heilkräuter verwendet, besonders als Antiseptica oder zusammenziehende Mittel bei Verwundungen. Keines ist eßbar!

Von Beeren erhält man bisweilen gute Farben. Wacholderbeeren färben beigebraun, Holunder- und Kermesbeeren liefern lavendelblaue und graue Farbtöne. Blaubeeren ergeben Farben von Rosa bis Dunkelpurpurviolett. Man sammelt zum Färben nur reife Beeren. Blüten pflückt man am besten, wenn sie sich öffnen, Blätter, wenn sie ausgereift sind. Die Wurzeln von Farbkräutern gräbt man zweckmäßig im Herbst aus. Rinden sammelt man im Frühling.

Anlage eines Kräutergartens

Dieser Abschnitt behandelt die praktische Seite der Gestaltung und Anlage eines Kräutergartens, einschließlich der Einfriedungen, Wege, Lauben und Sitzplätze, der Bänke und Zäune, der befestigten Flächen und der Rasenflächen.

Die Pflanzen können als Windschutz, als duftende Wege, als Beetschmuck oder zur Einfassung der Beete dienen. Zäune oder Spaliere benötigt man als Klettergerüste für Schlingpflanzen, und Kräuter, die in Spalten und Löchern gedeihen, verwendet man in Trockenmauern und felsigen Abstufungen zwischen Platten, dem Kies der Wege und in Gartenhöfen. Ein kleiner Garten hat vielleicht nur Raum für einen Sitzplatz zwischen niedrig bleibender Kamille und einen Rankbogen für ein Waldgeißblatt neben dem Kräuterbeet. Ein großer Garten kann durch duftende Hecken in kleinere Bereiche aufgeteilt werden, und ein Hochbeet mit niedrigen Kräutern kann vor Winden schützen. Ein befestigter, gepflasterter Hof eignet sich für Kübel mit zarten Kräutern. Einjährige können zwischen den Fugen gedeihen. Apfelrosen erhalten ein Spalier.

Interessante Vorbilder zur Gestaltung solcher Gärten sieht man auf mittelalterlichen Malereien und Buchillustrationen. Die Madonna mit dem Kind wird häufig mit Schutzpatronen und Heiligen auf einer Rasenbank im Garten dargestellt, oder sie schaut durch ein Fenster oder einen Bogen aus einem Raum in einen umschlossenen Garten. Dieser Garten kann eine einfache Blumenwiese sein, aber meist ist er mit Mauern, einem Springbrunnen, Eisengittern, Pflastersteinen und erhabenen Beeten ausgestattet. Die Beete sind mit Bohlen oder Klinkern eingefaßt und mit Rasen oder Kräutern bepflanzt. Die Zäune aus Pfosten und Riegeln sind entweder dicht geschlossen oder kreuzförmig gelattet. Häufig sieht man hübsche Lauben oder Laubengänge, die mit den verschiedensten Kletterpflanzen und Rosen dicht überwachsen sind. Mittelalterliche Kalender zeigen die Gartenarbeiten im Jahreslauf. Der Garten kann mit Reisigzäunen, Haselnußzweigen oder Staketen umschlossen sein. Die Gärtner graben und ernten auf Beeten, die von einfachen Einfassungen oder niedrigem Flechtwerk umgeben sind.

Diese Miniatur aus dem späten 15. Jahrhundert stellt einen regelmäßigen Garten dar, der als Muster für einen Kräutergarten heutiger Zeit dienen könnte. Das Paar lehnt sich gegen eine Mauer, statt darauf zu sitzen. Ein aus Ziegeln errichtetes Rasenhochbeet und ein Blumenrasen gehören zu den wichtigsten Einrichtungen. Der Spriegelzaun rechts ist mit blühenden Pflanzen bewachsen. Eine der Schalen auf dem Beet läßt rote Nelken erkennen, die gerade eingeführt wurden und in Nordeuropa besonders beliebt wurden. In dem anderen Kübel wächst ein in Etagen geschnittener Strauch. Man nannte diese Form den Estrade-Stil.

Einfriedungen und Stützmauern

Die stabilste Einfassung für einen Garten ist natürlich eine Mauer. Der Bau einer hohen Mauer kostet Zeit, Geschick und vor allem Geld. Überraschend groß kann aber auch die Wirkung einer nur etwa 60 cm hohen Mauer sein. Sie verwandelt ein Stückchen Land in einen unverschlossenen Garten. Keine der hier abgebildeten Mauern sollte höher als 1 m sein, wenn sie nicht von einem Fachmann gebaut wird.

Eine doppelhäuptige Trockenmauer ist für die Kräuterpflanzung sehr zweckmäßig, besonders in kleinen Gärten, denn sie kann oben und an beiden Seiten bepflanzt werden. Zartere Kräuter erhalten am Mauerfuß einen warmen, geschützten Platz.

Eine Mauer aus alten Ziegeln kann einen ganzen oder einen halben Stein stark aufgemauert werden. Zur Bepflanzung mit Stauden läßt man Spalten frei.

Niedrige Mauern aus Hohlblocksteinen sind am einfachsten zu errichten. Sie werden ein bis zwei Steine hoch und einen Stein breit aufgesetzt. Zwischen die Steine wird Mutterboden gefüllt. Man pflanzt hier am besten Kräuter, die den Beton bald überwachsen. Seine rauhe Oberfläche kann mit einer Lehmschlämme abgetönt werden, die man als dicken Brei aufträgt. Sogar nur eine Reihe Steine gibt Schutz für ein Anzuchtbeet.

Niedrige Stützmauern in einem Senkgarten oder terrassierten Garten oder als Stütze für eine Bank hinterpflanzt man zweckmäßigerweise mit hoch wachsenden Kräutern, die empfindlich gege Zugluft sind. Ihre Wurzeln können hinter der Mauer tief in den Boden eindringen.

Wenn man einen Garten terrassiert oder mit Böschungen versieht, in unterschiedliche Höhen staffelt, vergrößert man den Erlebnisbereich und erhält einen idealen Standort für Kräuter, die einen gut durchlässigen Boden verlangen. Eine Stützmauer von nur zwei oder drei Steinen Höhe gewährt Schutz und sorgt für gute Drainung.

Wenn größere Erdbewegungen erforderlich sind, muß man den Mutterboden vorher zu einer Miete aufsetzen und dann wieder ausbreiten, wenn die Geländemodellierung durchgeführt ist.

Bei Trockenmauern (siehe S. 85) hebt man zunächst den Oberboden als Fundamentgraben aus. Dann setzt man die Steine reihenweise aufeinander und pflanzt während des

Über eine niedrige Steinmauer wächst Kriechender Thymian. Die Knopfblüten der *Santolina neapolitana* sehen sonderbar aus. Die Blätter haben einen graziösen Wuchs. Sie sind stärker gefiedert als die verwandten Arten. *Lychnis coronaria,* eine Lichtnelke (links) stammt aus alten Bauerngärten.

Aufsetzens Kräuter in die Fugen. Dabei ist dafür zu sorgen, daß die Wurzeln tief in den Boden gelangen. Ist der Boden zu leicht, befestigt man die Pflanzen an Ort und Stelle mit einem Klumpen Lehm. Es ist wichtig, daß Gestaltung und Material der Mauern mit dem Haus und den dazugehörigen Gartenbereichen harmonieren.

KRÄUTER FÜR MAUERN

Unter den ausdauernden Kräutern, die auf einer Mauer gedeihen, sind der kleine gelbe Goldlack, kriechender Thymian und die ausdauernden Nelkenarten zu nennen. Die großen Rosetten des Hauslauchs sind ebenfalls sehr trokkenheitsresistent. Die kleineren Formen des Wacholders vertragen Wind. Das aufrechte Glaskraut gedeiht überall. Es wird bald mit seinen zarten, kriechenden Wurzeln und Ausläufern die Wände überspinnen. Die Blätter sehen aber nur im Frühling schön aus.

Die strauchigen Kräuter, die zwischen den Steinen an Hügeln der Mittelmeerwälder wachsen, lassen sich gut in die Fugen von Trockenmauern setzen. Man pflanzt besser die Zwergvarietäten, weil die holzigen Äste größerer Sträucher vom Wind beschädigt werden können. Ysop mit dem dichten, buschigen Blattwerk und den zahlreichen purpurblauen Blütenähren gehört zu meinen Lieblingspflanzen. Er blüht auf den Mauern und sät sich sogar in Spalten selbst aus. Der Zwerglavendel (*Lavandula spica* 'Hidcote') mit

Geschwungene Natursteinmauern sind ausgezeichnete Kräuterbeete. Lavendel blüht im Vordergrund, dahinter Sauerampfer und kriechender Ziest *(Stachys lanata)* mit seinen silberfarbenen Blättern. Aus den tieferen Beeten blüht der Schmucklauch.

Eine niedrige Trockenmauer neben einem Polygonplattenweg. Die Mauer ist einfach und ohne Fundament gebaut. In den Spalten finden viele Trockenheit liebende Pflanzen wie Lavendel, Nelken und Kriechender Thymian Platz. Der Mauerfuß wird von aufrecht wachsenden Thymianarten gesäumt, die sich selbst zwischen den Steinen ausgesät haben.

seinen dunkelpurpurlila Blüten und *L. spica* 'Munstead' mit seiner blasseren Farbe sind ebenfalls gut geeignet.

Gamander mit den dunkelgrünen Blättern und rosa Blüten, silberblättrige Heiligenblume *(Santolina chamaecyparissus)*, die regelmäßig zurückgeschnitten werden muß, oder die Zwergform 'Corsica', *Artemisia canescens*, mit den lockeren, krausen Blattbüscheln und *A. nitida* oder *A. pedemontana* bilden weiche, seidige Kissen. Diese Sorten benötigen Winterschutz!

Man sollte auch Kräuter mit niedrigem Wuchs wie Moschusmalven und den kleinen alpinen Frauenmantel verwenden. Da das Regenwasser leicht zum Fuß der Trokkenmauer durchsickern kann, lassen sich hier feuchtigkeitsliebende Kräuter wie Primeln, Veilchen, Süßdolde und Mädesüß ansiedeln.

DER BAU EINER TROCKENMAUER

Mit etwas Geduld kann man selbst eine Trockenmauer bauen, wie die hier beschriebene niedrige Natursteinmauer, die sich gut begrünen läßt.

Die Steine für die Mauer sollten möglichst gleich groß sein. Wenn sie flach sind, lassen sie sich leichter verarbeiten.

Frei stehende Trockenmauer
Diese Trockenmauer (unten im Schnitt dargestellt) ist 1 m hoch und beidseitig aus breiten, etwa gleichgroßen Steinen aufgeschichtet, mit Erde hinterfüllt und verfugt. Die Mauerkrone wurde mit Kräutern bepflanzt, die sie überwachsen haben. Am Fuß mißt die Mauer etwa 60 cm, die Kronenbreite beträgt etwa 45 cm. Man hebt einen Graben von 20 cm Tiefe und 60 cm Breite in der Länge der Mauer aus, füllt ihn mit Schotter oder Splitt bis 6 cm unter Oberkante Erdanschluß und setzt darauf die größten Steine, die gewissermaßen als Fundament dienen. Man legt sie in gleichem Verlauf zu beiden Seiten übereinander und stampft dazwischen Mutterboden fest. Die Steine sollen möglichst horizontal liegen und mit der glatten Seite nach außen zeigen. Die Außenseite der Mauer enthält eine leichte Dossierung (Neigung nach hinten), damit das Regenwasser in den Mauerfugen nach innen läuft. Bindersteine in der gesamten Mauerbreite verbinden beide Seiten miteinander und sichern sie.

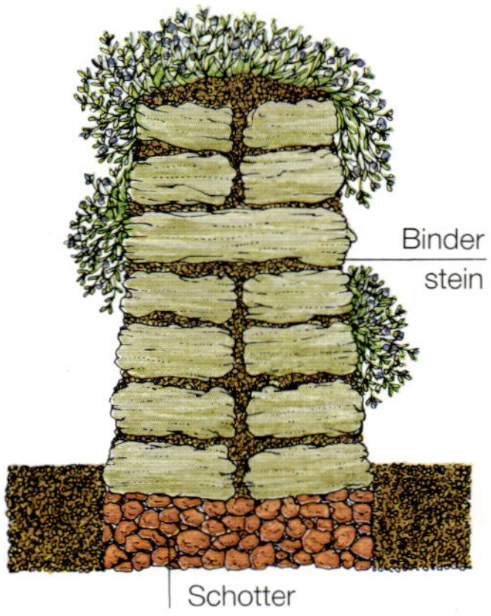

Man sucht die größten für die unteren Partien der Mauer aus und legt sie so, daß sie zweilagig horizontal verlaufen. Bei jeder weiteren Steinlage füllt man die Zwischenräume mit Erde aus. Der Boden zwischen den Steinen muß gut angestampft werden, damit keine Lufttaschen zurückbleiben. Die Mauer erhält ein leichtes Gefälle nach innen.

Üblicherweise läßt man Mauern nach außen abfallen, um das Wasser rasch abfließen zu lassen. Bei Trockenmauern verfährt man umgekehrt. Man setzt die Außensteine so, daß sie das Wasser fangen, halten und zu den Wurzeln der Pflanzen führen.

Man bedeckt die Mauerkrone mit einem sorgfältig aufgepackten Erdbeet, das in der Mitte etwas durchhängt, um das Wasser besser aufzufangen. Dann ist die Mauer fertig für die weitere Bepflanzung. In die Spalten kann man direkt beim Bau der Mauer Pflanzen mit einsetzen.

Je nach Lage gibt es bald andere Wildkräuter, die sich dort aussäen: Fingerhut, Rainfarn, Poleyminze, Gräser, Ackersinau und Mauerraute. Mit der Höhe des strauchigen Lavendels beträgt die Gesamthöhe dann ca. 1,50 m.

LINKS Ziegelmauern sind gute Kletterhilfen für die weiße Zaunrübe, die sich mit ihren Korkenzieherranken daran festklammert. Die *Bryonia* entwikkelt sich alljährlich aus dem rübenähnlichen Wurzelstock neu und stirbt im Herbst bis zur Wurzel wieder ab.

UNTEN Sorgfältig gebaute niedrige Mauer aus dicken, behauenen Steinblöcken. Auf der Mauerkrone ist Platz für ein schmales Thymianbeet. Auf einer solchen Mauer kann man sitzen und sich am Duft der Pflanzen erfreuen.

Zäune und Rankgerüste

Zäune sind billiger und schneller zu errichten als Mauern und besitzen eine persönliche Note. Man kann mit ihnen einen Garten unterteilen, kann sie als Windschutz, als Sichtschutz (vor Mülltonnen und anderen unattraktiven Dingen) oder als Gerüst für Kletterpflanzen nutzen. Niedrige Zäune können überhängende Pflanzen stützen. Ein niedriger Zaun oder eine Einfassung aus Bambus von 45 cm Höhe gibt bereits einigen Windschutz. Er sorgt für Luftruhe im Garten und schützt besonders zarte Arten. Ein Zaun kann auch zur Einfriedung von Giftkräutern dienen und Kinder davor bewahren, die Beeren zu pflücken.

Das Zaunmaterial kann aus Weichholz oder Hartholz, aus alten Planken, Bodendielen oder sogar aus alten Türen bestehen. Flechtwerk macht man aus Haselruten oder aus Kastanienzweigen, die in den Boden gesteckt und miteinander verflochten werden. Man kann auch Latten verwenden, die man im Gartencenter erhält. Zäune können auch aus Pfosten und Riegeln hergestellt werden, als Staketenzäune, um die Grenzen zu markieren, oder sie können mit dichten Planken so abgeschlossen werden, daß man für sich ist. Für Kletterpflanzen, die Licht und Luftbewegung lieben, sind Zäune mit offener Struktur am besten geeignet.

Ein dauerhafter Zaun besteht aus festen, absolut senkrecht stehenden Pfosten und horizontalen Riegeln oder Schwellen. Man behandelt sämtliche Holzteile mit pflanzenunschädlichen Imprägnierungsmitteln. Am besten verwendet man kesseldruckimprägniertes Holz. Zäune bis zu 2 m Höhe setzt man 60 cm tief in den Boden in Betonfundamente. Das ist der zeitaufwendigste Teil des Zaunbaus, aber er ist der Mühe wert. Man sollte niemals vergessen, daß auch der stärkste Zaun eine gewisse Unterhaltung und Pflege benötigt. Man streicht Zäune alle zwei Jahre mit einem Schutzanstrich, um ihre Lebensdauer zu verlängern. Nur Bongossiholz benötigt keine Wartung.

Einfache, nicht so dauerhafte Zäune sind schnell gebaut. Sie sind für Kletterpflanzen ungeeignet. Es ist äußerst schwierig, Jasmin und andere Kletterpflanzen von einem wackeligen Zaun zu lösen und unbeschädigt wieder an einem neuen zu befestigen. Um solche Zäune zu begrünen, sollte man besser Kletterstauden verwenden, die im Herbst absterben und in jedem Frühling aus den unterirdischen Teilen wieder

Diese französische Miniatur des späten 15. Jahrhunderts zeigt die Hl. Elisabeth vor einem Bogengang oder einer Laube, wie sie Johannes dem Täufer das Lesen beibringt. Ein Weg führt von der mit roten und weißen Rosen bedeckten Laube durch den Garten zu einem Tor in die offene Landschaft. Beiderseits des Weges sind symmetrisch angeordnete Beete zu erkennen.

austreiben wie Hopfen und die Zaunrübe. Den schnellsten Windschutz erhält man aus Haselnußreisern von ca. 2 m Länge, die man ca. 15 cm tief in den Boden steckt und mit einem Draht miteinander verbindet. Verschiedene Zaunrübenwurzeln, die man in gutem Boden im zeitigen Frühjahr daranpflanzt, bedecken bald das gesamte Geflecht und liefern einen ausgezeichneten Schutz für eine bis zwei Wachstumsperioden.

Bögen und Lauben

Eine kleine, hölzerne Pergola in einem gepflasterten Gartenhof in der Stadt oder ein einfacher Bogengang aus festen Pfosten und Weidenästen, der mit duftenden Schlingpflanzen berankt ist, oder eine Laube mit einer Bank oder einer Sitzmauer können einfach und in einer Größe hergestellt werden, die auch in kleine Kräutergärten paßt. Man imprägniert die Holzteile wie bei einem Zaun und setzt die Stützpfosten tief und fest in den Boden ein.

Am besten nimmt man einen Stuhl mit in den Garten und setzt sich eine Zeitlang an verschiedenen Stellen hin, um die Lage des Sitzplatzes mit Bogen, Pergola oder Laube zu

Einfache Konstruktionen als Windschutz und zur Herstellung von Bögen
Einen einfachen Windschutz erhält man in wenigen Minuten durch 15 cm tief in den Boden gesteckte Bambus- oder Haselzweige, die mit isoliertem Draht verbunden werden. Diese kurzlebige Konstruktion hält immerhin eine Vegetationsperiode. Sie schützt den Garten, bis eine Hecke herangewachsen ist oder bis man einen Zaun errichten kann.

Rosenbögen oder Lauben kann man in ähnlicher Weise bauen. Man verbindet senkrecht stehende Pfosten mit gebogenen Ästen und befestigt sie mit Draht aneinander.

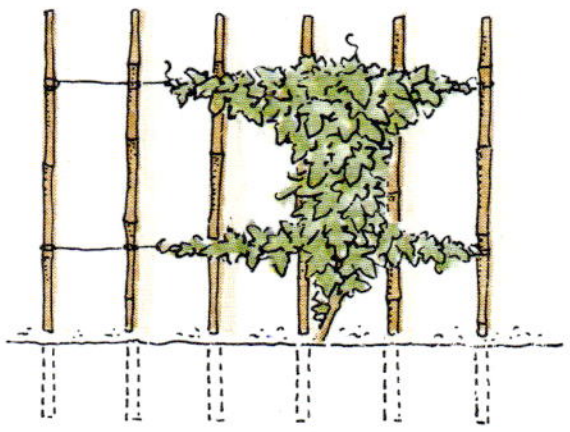
Windschutz

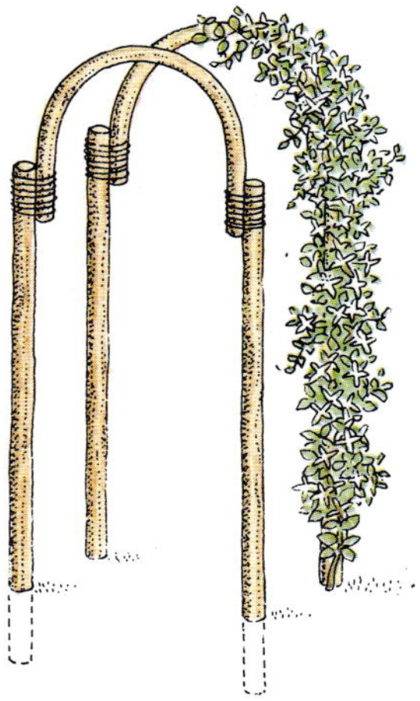
Bogen

Links Raschwüchsiger, gelbblättriger Hopfen rankt sich an einem Lattengerüst (Laube) entlang und spendet dichten Schatten. Die Ranken erscheinen jedes Jahr neu aus den Wurzeln. Nur weibliche Pflanzen tragen die wertvollen, zapfenähnlichen Blüten und Früchte.

Unten Ein einfacher Drahtbogen wölbt sich als Gerüst über einer Gartenbank. Er wird von vielen duftenden Geißblattblüten geschmückt.

Ein stabiler Pfosten- und Riegelzaun stützt die Essigrose und das Geißblatt. Der Waldmeister am Fuß des Zaunes ist gerade verblüht. Die Kronenzwiebeln (*Allium cepa* 'Proliferum', rechts) zeigen ihre seltsamen Schöpfe mit den Nebenzwiebeln.

planen. Soll die Morgen- oder die Abendsonne hereinscheinen? Soll es mittags schattig sein? Möchte man abseits vom Haus oder versteckt vom Nachbarn sitzen? Welchen Blick auf den Garten hat man am liebsten?

Man kann auch falsche Bögen herstellen, wenn man einige lange Bambusstäbe oder Weidenäste über senkrechten Pfosten so miteinander verbindet, daß sie einen Bogen bilden oder einen Kreuzbogen. Dann besieht man sich die Sache von allen Seiten. Das Auge soll durch einen Rosenbogen so geführt werden, daß man das Dahinterstehende noch wahrnehmen kann. Kein bedeutender Teil des Gartens darf vom Haus abgeschnitten werden, wenn der Bogen mit Pflanzen und Blüten überwachsen ist.

Kletterpflanzen für Sicht- und Windschutzgerüste

(Immergrüne und verschiedene Geißblattarten siehe S. 77.)

Die Apfelrosen mit ihrem duftenden Laub und der grün- oder gelbblättrige Hopfen sind gute Kletterpflanzen für den Kräutergarten. Der Hopfen treibt zwar jedes Jahr neu, aber die Ranken können doch bis zu 7 m lang werden und einen

Zaunarten

Ein offenes Zaungeflecht ist eine gute Kletterhilfe für Ranker wie das Geißblatt.

Dichte Zäune kann man als Stützen für Kletterrosen verwenden. Sie müssen jedoch angebunden werden.

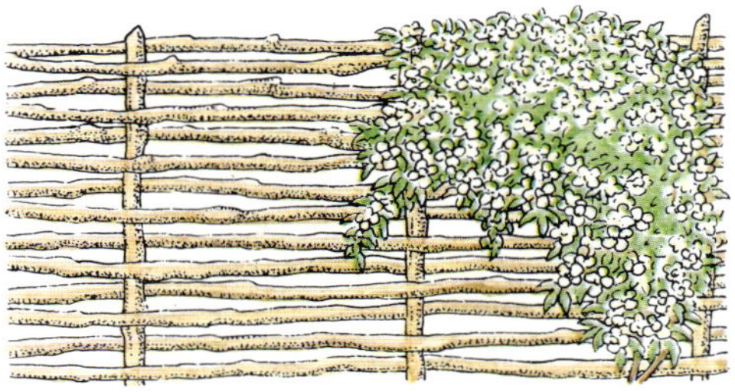

Massiver Stangenzaun dient als Klettergerüst für die Waldrebe.

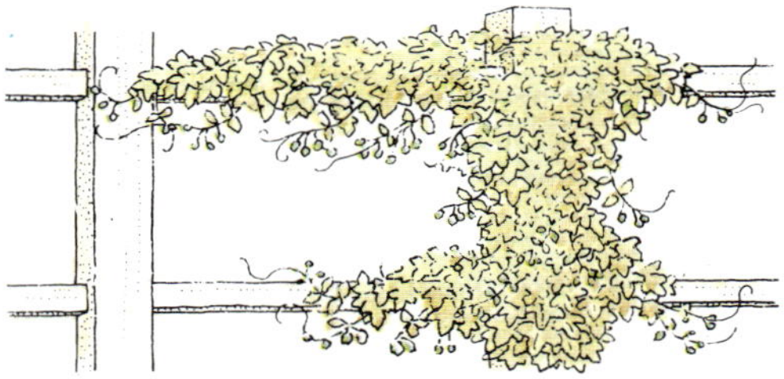

Pfosten- und Riegelzäune lassen sich für windende Pflanzen wie Hopfen verwenden.

DANEBEN, GANZ LINKS Offene Zäune sind die beste Stütze für Kletterpflanzen. Sie lassen viel Licht und Luft durch und wirken nicht wie eine feste Barriere. So lassen sie sich auch gut zur Unterteilung eines Gartens verwenden oder als Abschluß auf einem dichten Zaun oder einer Mauer.

LINKS Holz- oder Lattenzäune schließen den Garten ab. Sie halten viele Jahre, wenn sie gut gepflegt werden.

UNTEN, GANZ LINKS Zaun aus Pfosten und dazwischengeflochtenen, gespaltenen Ästen von Haselnüssen oder Kastanien. Die Äste sind die billigste und eine schöne Art, Zäune zu errichten. Wenn sie stabil gebaut sind, können sie die meisten Kletterpflanzen tragen.

UNTEN LINKS Stabiler Pfosten- und Riegelzaun kann viele Jahre überdauern.

Alte Bretter benutzte man zur Errichtung dieses Windschutzzaunes, um den Garten der Autorin zu schützen. Früh- und spätblühende Geißblattarten und Apfelrosen klettern zwischen den Latten. Die buntblättrige Ananasminze gedeiht unter der Bank. Waid und Hundszungen blühen rechts auf dem Beet. Der Weg ist von weißen Veilchen und Nelken gesäumt.

dichten Schutz bilden. Die weinlaubähnlichen Ranken und Blätter sind sehr dekorativ. Man sollte nur weibliche Pflanzen kaufen, weil die männlichen keine duftenden Blütenzapfen besitzen.

Zu den blühenden Kletterpflanzen gehören verschiedene *Clematis*-Arten. Sie dienten in früheren Zeiten auch als Heilpflanzen, als kräftige, starke Reizmittel. Die Wilde Waldrebe *(Clematis vitalba)* ist ein starker Schlinger mit gewundenen Trieben, die mit zunehmendem Alter verholzen. Die süßduftende *C. flammula* und die mehr krautige *C. recta*, eine niedrige Kletterpflanze, sind empfindlichere Gewächse, die Winterschutz benötigen. Besser eignet sich *C. alpina*, die hellblaue Alpenwaldrebe mit zierlichem Wuchs und hellblauen oder zartvioletten Blüten.

Kletternder Jasmin besitzt Heilkräutercharakter. Er ist winterhart. Mit seinen winzigen Blättchen und seinen gelben Blüten, die im Winter erscheinen, ist er eine besondere Bereicherung im Garten. Ein Verwandter des Pfaffenhütchens, der Baumwürger *(Celastrus orbiculatus)* sieht mit seiner leuchtendgelben Blattfärbung und den aparten gelborangefarbenen Früchten am besten im Herbst aus (galt als Mittel gegen Hautkrebs und als Brechmittel). Die Wurzeln der wilden Zaunrübe *(Bryonia dioica)* sind ein kräftiges Reiz- und Abführmittel. Die weißblühende Form ist ein Klettergewächs mit blassen Blüten und roten Beeren.

Sitzplätze und Hochbeete

Für mich ist ein Sitzplatz die wichtigste Einrichtung im Kräutergarten. Ich besitze zwei davon, einen großen, bequemen, windgeschützten mit einem guten Blick auf den Garten. Der andere, eine niedrige, versteckte Bank, ist von duftenden Pflanzen umgeben.

Es gibt viele Möglichkeiten, Sitzgelegenheiten aus Holz, Stein und anderen Materialien zu erwerben oder selbst zu bauen. Kräuter oder duftende Rankpflanzen kann man um Spaliere herum- oder dahinterpflanzen. Erhabene Beete, Kübel oder größere Container können zartere Kräuter aufnehmen. Die schattenverträglichen Minzen kann man an den Fuß der Bänke pflanzen. Buchsbaum kann in Form eines komfortablen Sofas um eine Holzbank geschnitten werden, oder man schneidet eine vorhandene Hecke so, daß sie den Davorsitzenden vor unliebsamem Wind schützt. Angenehm duftende Sträucher gehören in die Nähe des Sitzplatzes. An einem geschützten, sonnigen Platz gedeihen gut Salvien wie *Salvie rutilans*, der Ananassalbei und *S. grahamii*. Ein Busch von Zitronenmelisse mit dem angenehmen Zitronenduft kann dazugesellt werden, auch *Lavandula stoechas*, der wollige Kräuterlavendel. Eine Bank mit Rasenbelag oder blühenden, bodendeckenden Kräutern gehörte in einem mittelalterlichen Garten unbedingt dazu, wie man auf zeitgenössischen Malereien sieht. Die Madonna mit dem Kind sitzt häufig auf einem blühenden Rasenbeet. Hinter ihr befindet sich ein berankte Rosenspalier. Überall sieht man in umschlossenen mittelalterlichen Gärten Erdbänke, die wie Hochbeete angelegt sind und auf den Innenseiten der Wehrmauern entlanglaufen. Hier spielten die Burgbewohner Schach, sie musizierten auf verschiedenen Instrumenten oder sie stellten sich auf das Beet und schauten ins Land.

Kräuter für das Hochbeet

Eine Erdbank ist für einen Garten sehr zweckmäßig. Sie ist eine gute Unterlage für dicke Matten aus kriechendem Thymian und Kamille. Man sollte einen oder zwei große Steine oder flache Platten dazwischenlegen, damit man auch an feuchten Tagen eine trockene Sitzgelegenheit behält oder heiße Tee- oder Kaffeekannen abstellen kann. Außerdem sollte man in Betracht ziehen, daß Kamille länger die Nährstoffe hält als der rasch durchlässige Thymian. Letzterer kann während der Blütezeit als Sitzfläche gefährlich werden, weil er gern von Bienen besucht wird. Die Schönheit der Pflanzen, der fruchtige Apfelduft der Kamille und das warme Aroma des Thymians wiegen diese Umstände aber wieder auf.

Ein Abschnitt des Bankbeetes könnte als Hochbeet für verschiedene Kräuter, für Iris und Lilien, Akelei und Monarden dienen oder zur Aufnahme wuchernder Kräuter wie dekorative Minzen oder Rainfarn.

Ein solches Bankbeet kann kurz sein und Platz für ein bis zwei Personen bieten oder der Länge nach um den Kräutergarten verlaufen und an eine Wand, einen Zaun oder an eine Hecke angelehnt werden.

Auf einem Rasenbeet sitzt eine Dame und windet eine Girlande aus roten und weißen Rosen (französische Miniatur aus dem 15. Jahrhundert). Der winzige Garten ist von Burgmauern umsäumt und zeigt viele mittelalterliche Elemente: ein Rankgerüst, einen Laubengang, niedrige Zäune und Einfassungen. Im Vordergrund gedeihen Nelken, Lavendel und Rosmarin, Malven und Akelei.

Kamillenhochbeet
Man kann ein Kamillenhochbeet wie eine doppelhäuptige Mauer errichten. Hierbei muß man sich zuerst über Höhe und Breite klar werden, damit man bequem darauf sitzen kann. 50 cm Breite und 40-45 cm Höhe reichen aus. Die Mauer kann frei stehen oder sich gegen eine vorhandene höhere lehnen. Als Mauerkrone pflanzt man Römische Kamille.

WIE BAUT MAN EIN BANKBEET?

Ein Bankbeet aus Erde wird nach denselben Regeln gebaut wie eine doppelhäuptige Trockenmauer (S. 85–86), nur müssen die Sitzmauern senkrecht errichtet werden. Das ist für einen Unerfahrenen schwierig. Ziegel oder Betonblocksteine lassen sich leichter mit Speis aufmauern. Bahnschwellen liefern gute Mauern, sind allerdings nicht so dauerhaft. Doch kann man sie leicht auswechseln. Sie harmonieren gut mit Pflanzen. Starke Stützen müssen auf der Rückseite in Abständen in den Boden gerammt werden, um Planken oder Schwellen daran zu befestigen. Man muß auch die Höhe eines solchen Beetes berücksichtigen und dafür sorgen, daß alles solide gebaut ist.

Wenn die Wände des Beetes errichtet sind, füllt man zwei Drittel des Zwischenraums mit Grobkies, Splitt oder Lava und breitet darüber eine Mischung aus Kies, Sand und grobem Kompost. Pflanzt man Minzen oder größere Kräuter darauf, so sollte man den Boden in den Pflanzlöchern zusätzlich verbessern. Für kriechenden Thymian benötigt man einige größere Steine auf der Mauerkrone, damit sich diese Pflanzen dort ausbreiten können.

OBEN Mit duftenden Kräutern wurde dieser geschützte Sitzplatz eingefaßt. Geißblatt und Efeu begrünen die Wand dahinter. Blaßgrüne Hecken aus Santolinen fassen den Weg ein.

RECHTS Steinbank und Steingerüst mit silbergrauem Lavendel. Die Steine wurden mit Fugen so verlegt, daß kriechende Kräuter dazwischen Platz finden.

LINKS Eine mit Thymian bepflanzte Böschung endet an einem Hochbeet. Sie ist mit Ziegelsteinen und Schwellen abgestützt, um den Boden zurückzuhalten. Splitt und Schuttreste hinter der Mauer sorgen für die erforderliche Drainage und bilden einen guten Untergrund für den kriechenden Thymian, der darüber eine dichte Matte webt.

Befestigte Flächen und Wege

Viele Kräuter wachsen besonders gut zwischen Steinen. Sie säen sich selbst aus und kriechen zwischen Platten, Betonpflaster oder Klinkern. Bei der großen Farbauswahl der in Frage kommenden Pflanzen stellen die Kräuter einen wichtigen Faktor für die Gestaltung eines Gartenhofes, Patios, der Terrasse oder des Weges dar.

Für geometrische Gärten eignen sich Bodendecker mit dichtem Wuchs wie Thymian, Bergminze oder Poleyminze besonders gut. Für mehr zufällige Pflanzungen sollte man auch einige größere Arten, die sich selbst aussäen, wie Mohn und Rainfarn, frei dazwischen setzen.

Farbe und Struktur des Pflastermaterials sind sorgfältig auszuwählen. Die gefiederten Blätter der Kamille können die glatte Oberfläche von Betonplatten mildern. Die rosafarbenen, gekehlten Blüten der Bergminze passen gut zu Klinkerpflaster. Die großen, rauhen Blätter des roten Knöterichs sind eine freundliche Umrahmung für dunkles Basaltpflaster.

Trittfeste Kräuter

Der natürliche Standort der Kräuter gibt einen Hinweis auf den günstigsten Standort der Arten im Garten. Für die Pflanzung zwischen Pflastersteinen und Platten eignen sich am besten trockenheitsverträgliche Pflanzen wie der kriechende Thymian und die Nelkenfamilie. Kamille und Pflanzen, die auf Schotter wachsen, lieben trockenen, sandigen Boden. Sie gedeihen auch gut im Kies oder zwischen Kleinpflaster. Alle diese Kräuter duften intensiv. Sie können erhebliche Trittbelastungen ertragen, besonders die kriechende Rasenkamille (*Chamaemelum nobile* 'Treneague'), die sich ohne zu blühen ausbreitet.

Kriechende Thymiane sind ideale Kräuter für Pflasterflächen. Sie überleben dort selbst kälteste Winter. Feuchtes Wetter macht ihnen viel zu schaffen, auch Staunässe. Daher muß der Boden unter ihren Wurzeln gut durchlässig sein. Gewaschener Sand und ein Gemisch aus Kies und Kompost sorgt für den erforderlichen Wasserabzug. Es gibt eine große Auswahl von botanischen und Kulturvarietäten. Die Laub- und Blütenfarben variieren stark. Am besten wählt man solche Sorten, die gut zur Farbe der Steine passen. Dabei ist daran zu denken, daß schwächer duftende Thymiane windgeschützte Lagen benötigen. Stark duftende Kräuter machen sich auch auf exponierteren Standorten noch bemerkbar.

Andere Kräuter für Wege und Pflasterflächen sind die Wilde Schafgarbe mit den schwach duftenden, niederliegenden Blattrosetten, der Breitblättrige Wegerich und verschiedene Gartenformen von Günsel in mancherlei Blatt- und Blütenfarben. An schattigen Stellen fühlen sich die Korsika-Minze und die Poleyminze mit ihrem erfrischenden

OBEN Die Abbildung aus dem Stundenbuch (15. Jahrhundert) zeigt König René d'Anjou, der in seinem Gartenhaus schreibt. Hohe Mauern, Tore und eine Brücke über den Wassergraben schützen das Anwesen. Über Stufen gelangt man an einem Rasenhochbeet vorbei zu einem Staketentor.

RECHTS GEGENÜBER Um den alten, steinernen Brunnen wurde dieser Gartenhof angelegt. Duftkräuter haben sich zwischen den Margeriten selbst ausgesät. Zwischen den Natursteinplatten und dem Pflaster wächst *Salvia sclarea* 'Turkestanica', der Muskatsalbei, Nelkenwurz und Walderdbeeren.

Duft wohl. Geum mit seinen kleinen, gelben Blüten und seinen haarigen Fruchtschöpfen sät sich zwischen den Steinen selbst aus. Der kleine Frauenmantel *(Alchemilla vulgaris)* mit seinen hübschen, gesägten Blättern, ist ziemlich trittfest. Man darf ihn aber nicht mit der größeren Gartenvarietät *A. mollis* verwechseln, deren Sämlinge im Handumdrehen den gesamten befestigten Platz überwachsen.

Kräuterkultur auf befestigten Flächen

Bevor man Kräuter auf vorhandene Wege pflanzt, muß man zunächst sämtliche Unkräuter entfernen. Das ist die einzige Gelegenheit, bei der ich Unkrautvernichter anwende, denn es ist nahezu unmöglich, sämtliche Wurzeln von lästigen Disteln, Quecken, Nesseln und Giersch unter den Steinen herauszubekommen. Je nach Unkrautmittel muß man die Flächen eine längere Zeit liegenlassen (Anweisung beachten!).

Wenn die Flächen sorgfältig gesäubert sind, füllt man die Spalten oder Zwischenräume mit einer Mischung aus Grobsand und leichtem Kompost. Man streut den Kräutersamen aus und hält ihn regelmäßig feucht, bis die Sämlinge ein gutes Wurzelwerk entwickelt haben. Setzt man Jungpflanzen, so drückt man ihre Wurzeln vorsichtig mit einem Messerrücken in die Spalten und füllt sie mit Sand und

Kompost wieder auf. Auch hier ist regelmäßiges Wässern erforderlich, bis sie gut eingewachsen sind.

Wenn ein Weg oder Gartenhof extra zur Begrünung mit Kräutern angelegt wird, kann man auch in bestimmten Abständen Pflastersteine oder Platten herausnehmen oder Flächen zwischen den Platten freilassen. Die mit Kräutern bepflanzten Bereiche können unregelmäßig oder nach einem bestimmten Muster gestaltet werden, das Farbe, Struktur und den Habitus der Pflanzen einbezieht.

LINKS Kriechende Kamille und Thymian sind in regelmäßigen Abständen auf dieser breiten Klinkerterrasse gepflanzt. Sie führt an einem Kräutergarten entlang.

HERSTELLUNG VON WEGEN UND BEFESTIGTEN FLÄCHEN

Man kann nicht oft genug daran erinnern, daß ein Weg breit genug sein muß. In einem Buch aus dem 18. Jahrhundert über Theorie und Praxis des Gärtners heißt es: »Beim Eifer des Gestaltens muß man kleinliche und umständliche Dinge geflissentlich vermeiden.« Oft ist der Weg gleichzeitig die Fläche, von der aus man Unkraut jäten muß, und wenn er aus mehreren Schrittplatten besteht, müssen diese

Drei Befestigungsvorschläge für Wege

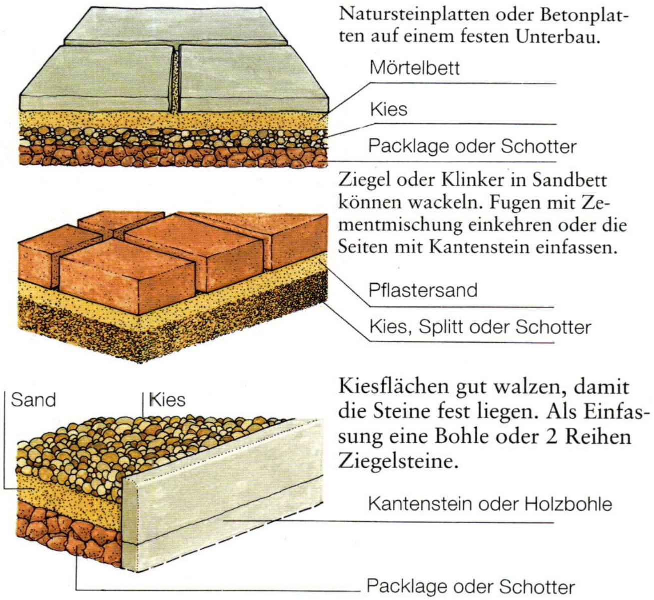

UNTEN Trittplatten führen als Weg durch ein Beet mit bunten, duftenden Kräutern. Zwischen den Platten wächst kriechender Thymian. Goldgelben Majoran und purpurfarbenen Salbei erkennt man rechts im Bild.

Kräuterwuchs in Pflaster
Zwischen den Klinkern im Fischgrätenverband wächst kriechender Thymian. Zwischen die in Kies verlegten Natursteinplatten wurden Nelken gepflanzt (Mitte). Die klaren Flächen der Betonplatten bilden einen wirkungsvollen Kontrast zu dem dazwischenliegenden Kies. Günsel breitet sich in den Fugen aus.

so großflächig wie möglich sein. Gut proportionierte Wege bestimmen den Charakter des Gartens und geben den Pflanzen genug Platz, sich auszubreiten oder von den Beeten darüberzuwachsen, um die harten Konturen von Pflaster oder Platten zu mildern.

Betonplatten oder größere Betonflächen können eintönig und langweilig aussehen. Unterschiedliche Muster mit Beton- und Pflastersteinen oder in Mörtel verlegtes Natursteinpflaster und Klinker lockern den Bodenbelag auf. Waschbetonplatten sehen oft besser aus als einfache Betonplatten. Wenn man einen Weg oder eine Fläche aus Klinkern herstellt, müssen die Kanten mit senkrecht gestellten Steinen oder mit Einfassungen aus dauerhaft imprägniertem Holz befestigt werden. Kleine Steine sind leichter als Platten und lockern sich leicht in den Randbereichen.

Der Aufbau der Wege und befestigten Flächen ist genau zu überlegen. Ohne festen Untergrund sinkt Kies bald in den Boden ein, Klinker oder Platten kippen und wandern in die Kräuterbeete.

Kräuterbeete in Schachbrettmuster

Man verwendet Klinker und Platten im Kräutergarten als Begrenzungen für wuchernde Kräuter, die zu einem Problem werden können. Bei der großen Minzenfamilie, beim

RECHTS In den kleinen, rechteckigen Flächen eines Schachbrettmusters aus Betonplatten stehen Kräuter ideal. So hat jede Pflanze ihren Bereich und kann bequem erreicht werden. Wuchernde Kräuter lassen sich leicht bändigen. Staudenzwiebeln wachsen in der Mitte (Vordergrund). Rechts davon erkennt man Riesenlauch und dahinter den gewöhnlichen Schnittlauch. Links wachsen der Gute König Heinrich und die gerunzelten Blattrosetten des Salbeis.

Seifenkraut, Rainfarn und dem großen Baldrian sollte man genügend Flächen für ihre Entwicklung vorsehen. Sie müssen unter Kontrolle gehalten und daran gehindert werden, die Nachbarpflanzen zu ersticken. Ein Schachbrettmuster aus Betonplatten und Klinker mit dazwischengepflanzten Kräutern ist sehr zweckmäßig, denn es weist jeder Pflanze ihren abgegrenzten Platz zu und ermöglicht leichten Zugang. Wenn einige der wuchernden Kräuter Schatten vertragen, kann man sie in schmale Beete, die man mit Ziegeln oder Klinkern abgrenzt, vor eine Mauer oder einen Zaun pflanzen.

KRÄUTERKULTUR IN KIES

Von den Flächen, die mit Kies belegt werden sollen, sind sämtliche Unkräuter zu entfernen. Dann harkt man sie glatt, rüttelt, stampft oder walzt sie fest. Darüber breitet man eine 5 cm dicke Schicht aus einer Mischung von Kies und Kompost (drei Teile Kies, ein Teil Kompost). Man rüttelt, walzt oder tritt den Kies so fest wie möglich. Da kein fester Grund vorhanden ist, sinken die Kiesel eventuell in den Boden ein, so daß von Zeit zu Zeit eine neue Lage aufgebracht werden muß. Die Seiten der Kiesflächen faßt man mit Rasenrandsteinen, Pflaster oder Holzplanken ein.

Es säen sich bald höher wachsende Kräuter aus, die sich ausbreiten und viel Ärger bereiten. Hierzu gehören Stauden wie der dekorative rotblättrige Knöterich, Eisenkraut, Jakobsleiter, Fenchel, vielleicht noch der kleinblättrige gelbe Rainfarn, Zweijährige wie Fingerhut, Waid und Königskerze, Einjährige wie Mohn und Borretsch. Kriechende Thymianarten und dunkellaubiger Günsel sind gute Bodendecker auf Kiesflächen.

Am besten pflanzt man jedes Kräutlein in ein kleines Erdloch, damit die zarten Stengel nicht durch Kiesel verletzt werden.

Diese Wege wurden mit Keramikfliesen eingefaßt, um den Kies aus den Beeten herauszuhalten. Heilkräuter und Duftpflanzen wie die Kulturform des Frauenmantels, die Kornrade und der Fingerhut haben sich selbst ausgesät. Kübel und Töpfe nehmen niedrig bleibende Kräuter auf.

Kräuterrasen und Bankbeete

Aus Gruppen von Thymian und Kamille kann man einen duftenden Teppichrasen pflanzen, der sehr attraktiv wirkt. Man kann zum Beispiel einen kleinen Bereich um einen Sitzplatz damit gestalten, wo man sich gern aufhält und den Duft der Blätter genießt. Ein großer Kräuterrasen aber hätte wenig Sinn, weil er übermäßig viel Zeit beansprucht, denn ein Thymian- oder Kamillenrasen muß regelmäßig gejätet werden.

Kamille hält von beiden Pflanzen am längsten. Ihr Apfelduft und das gefiederte, dichte Laub erträgt regelmäßiges Betreten. Ein Kamillenrasen ist gleichmäßig grün, wogegen ein Thymianrasen aus verschiedenen Spezies während der Blütezeit so bunt werden kann wie ein Orientteppich.

Der Boden für einen solchen »Rasen« muß sorgfältig vorbereitet werden. Wichtig ist, daß jede Spur von Quecke und anderen ausdauernden Wurzelunkräutern entfernt wird. Man verbessert den Boden mit gewaschenem Sand und leichtem Kompost, planiert ihn und walzt oder tritt ihn fest.

Wenn ein Teil des Rasens abstirbt, dünn wird oder die Pflanzen kümmern, verpflanzt man kleine Stücke bewurzelter Pflanzen aus den dichteren Teilen.

Thymianrasen

Bei der Anlage eines Thymianrasens sät man den Samen breitwürfig und hält ihn feucht, bis die Sämlinge gut bestockt sind. Für gewöhnlich dauert das drei Wochen lang. Wenn die Sämlinge mindestens zwei Blattpaare besitzen, kann man sie auf ca. 7 cm Abstand ausdünnen. Will man aus verschiedenen Sorten ein Mosaik bilden, sollte man sie in Gruppen zu interessanten Formen zusammenstellen, die aus wenigstens fünf Pflanzen bestehen. Bei einer geringeren Anzahl von Kräutern geht der Mosaik-Effekt verloren, und die Pflanzen werden von stärkeren Nachbararten leicht überwuchert.

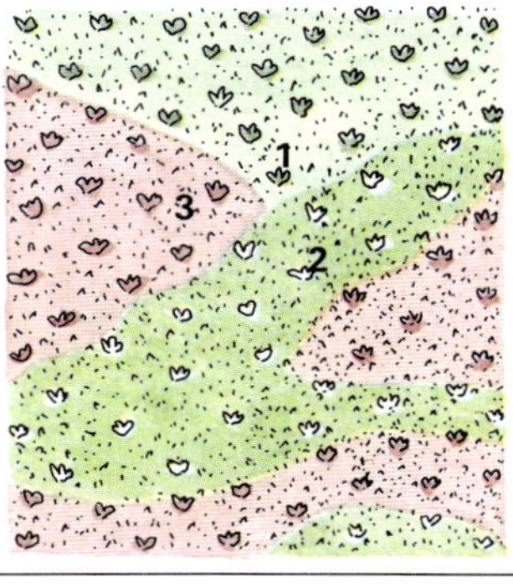

Thymianteppich
Thymiansorten kann man zu Mustern zusammenpflanzen. Die drei hier verwendeten Sorten sind *Thymus drucei* 'Lanuginosus' (1), der selten blüht und blaßgrüne Blättchen besitzt, *Th. drucei* 'Albus' mit gelbgrünem Laub und weißen Blüten (2) und *Th. drucei* 'Coccineus' (3) mit dem dunkleren Laub und den purpurfarbenen Blüten.

Thymus drucei, ein leuchtend purpurrot blühender Thymian, wuchert stark. Von dieser Pflanze stammen viele Varietäten ab, *Th. drucei* 'Coccineus' hat ebenfalls purpurrote Blüten und einen kompakten Wuchs. Beide blühen sehr früh. Die Mehrzahl der Thymiane blüht malven-, lavendelfarben oder purpurrosa. *Th. praecox* mit langen, gelbgrünen Blättern besitzt einen lockeren, eleganten Habitus. Die rosafarbenen Thymiane blühen etwas später. Hierzu gehören 'Pink Chintz', 'Earny Hall' mit kleinen, hellen Blättchen. Die weißen Blüten der Sorte 'Albus' stehen über gelbgrüner Belaubung. Diese ausdauernde Pflanze sieht besonders schön zwischen Kieseln aus.

Dekoratives Laub gibt es bei verschiedenen kriechenden Arten. Der blaßgraue *Th. lanuginosus* breitet sich rasch aus. Er läßt sich gut mit hellaubigen Sorten zusammenpflanzen. Die Sorten 'Minus', 'Minimus' und 'Elfin' bilden dichte, kleine Polster mit winzigen, malvenfarbenen Blüten. Man sollte verschiedene Sorten mit unterschiedlichen Blattformen und Habitus nach einem bestimmten Schema zusammenstellen. Sie benötigen einen gut drainierten Boden. An feuchtem Standort faulen sie leicht.

Bei Thymianrasen schneidet man die abgestorbenen Schöpfe und Stiele mit einer Gartenschere nach der Blüte ab.

Kamillenrasen

Pflanzungen aus *Chamaemelum nobilis* 'Treneague' bilden den besten Rasen. Sie blüht nicht, denn sie benötigt ihre ganze Energie zu einem raschen Wachstum, und da sie sehr flach bleibt, muß sie selten geschnitten werden. Römische Kamille *(Ch. nobile)* muß im Sommer regelmäßig geschnitten werden, wenn man die Blütenbildung verhindern will. Rasen aus Römischer Kamille sät man breitwürfig. Man dünnt die Sämlinge genauso aus wie beim Thymianrasen.

Ein kleiner, dichter Kamillenrasen, der mit Ziegeln eingefaßt wurde. Im Vordergrund stehen Pelargonien in einem Terrakottagefäß.

Die Pflanzen müssen Anfang des Sommers kurz geschnitten werden, damit sie nicht blühen. Es lohnt sich, etwas mehr Geld für Jungpflanzen auszugeben. *Ch. nobilis* 'Treneague' kann nicht aus Saatgut vermehrt werden, da sie nicht blüht. Die Pflanzen werden am besten auf 10–15 cm Abstand verzogen.

KRÄUTERKULTUR AUF BÖSCHUNGEN

In Hanggärten kann man schön geformte Böschungen oder niedrige Böschungen auf ebenem Gelände als Sonnensammler und Windschutz für schutzbedürftige, zarte Pflan-

Eine Böschung im Garten der Autorin. Sie wurde neu angelegt. Flache Steine ermöglichen die erforderlichen Pflegearbeiten. Die Böschung ist mit kriechenden Thymianarten bepflanzt.

zen anlegen. Kräuter auf einer Böschung sind dekorativ. Sie können auch leicht gejätet und geerntet werden. Eine Böschung ist ein guter Platz für Kräuter, wenn der Gartenraum begrenzt ist. Sie besitzt ein eigenes Mikroklima. Kräuter auf einer Böschung müssen Zugluft vertragen können. Am Böschungsfuß ist es meist feucht. Erosionen verhindert man durch Natursteinblöcke, die in bestimmten Abständen eingebaut werden. Große, liegende Steine geben kleinen Arten Schutz durch ihren Überstand und begünstigen das Anwachsen. Stützmauern an Steilböschungen verhindern ebenfalls Erosionen (siehe S. 83–86, Konstruktion von Mauern). Eine Hecke aus Lavendel oder Heiligenblumen auf der Böschungskrone bringt eine gewisse Stabilität, entzieht ihr allerdings auch Feuchtigkeit.

Böschungen bepflanzt oder jätet man, wenn der Boden vom Regen oder von nachhaltigem Bewässern feucht ist, dann ist er krümelig und erodiert nicht so leicht. Zum Lockern, Pflanzen oder Ausstechen von Wurzelkräutern benutzt man am besten eine Handschaufel.

Sind die Pflanzen eingewurzelt, binden sie den Boden und stabilisieren die Böschung.

In der freien Natur findet man schnell die Wildkräuter heraus, die auf Böschungen besonders gut wachsen. Der Wiesensalbei *(Salvia pratensis)* und der Natternkopf *(Echium vulgare)* besitzen zahlreiche purpurblaue Blüten. Sie gedeihen gut auf trockenen Böschungen. Johanniskraut, Gundelrebe, wilde Stachelbeeren und Veilchen wachsen am besten auf schattigen Waldböschungen. Fingerhut, Primeln und Schlüsselblumen säen sich leicht selbst aus. Hohe und niedrige Thymianarten, niedrige Minzen, Majoran, die dichten Seifenkrautsorten und Ysop lieben Sonne. Weißer und schwarzer Andorn eignen sich für rauhe Lagen und vertragen sogar Zugluft.

Dieselbe Böschung ein Jahr später. Der Thymian hat einen dichten Teppich gebildet. Auf der Böschung wachsen auch einige aufrecht wachsende Thymianarten, Fingerhut und Natterkopf.

Kräuterhecken und Einfassungen

Auch ein frei gestalteter Kräutergarten benötigt ein Grundkonzept, also ein Rückgrat. Das gilt für kleine wie für große Gärten. Man kann von den Pflanzen so besessen werden, daß man die Planung vergißt und der Garten zu einem formlosen Durcheinander wird.

Kräuterhecken tragen zur Formgebung im Garten bei. Viele der strauchigen, duftenden Kräuter sind gute immergrüne Heckenpflanzen und ertragen einen Formschnitt. Sie lassen sich auch leicht vermehren. Das angefallene Schnittgut kann für Duftkissen, Duftsäckchen und dergleichen verwendet werden.

Die große Tradition der Kräutergärten erkennt man an den Flechtmustergärten, die im 16. und 17. Jahrhundert (S. 28–34) sehr beliebt waren. Die grauen und gedeckten Farbtöne des Lavendels, der Santoline und des Wermuts sind ein ruhiger Hintergrund für Blüten- und Saatkräuter mit dekorativem Habitus.

Man unterscheidet formstreng nach geometrischem Muster geschnittene oder frei wachsende Hecken, bei denen man die überlangen Triebe kürzt. Stets sind Überlegungen und Pflegemaßnahmen erforderlich. Einfache Einfriedungen können aus sauber geschnittenen oder frei wachsenden Hecken bestehen.

Heckenkräuter werden etwa vier bis fünf Jahre alt. Dann verholzen sie und fallen auseinander. Sie müssen neu gepflanzt werden, wachsen aber schnell wieder heran.

Heckenformen
Lavendel als natürliche, frei wachsende Hecke benötigt nur wenig Rückschnitt nach der Blüte. Santoline kann zu einer dichten, regelmäßigen Hecke geschnitten werden. Zum besseren Gedeihen schneidet man Gamander in konischer Form. Currypflanzen können als niedrige, rundliche Form geschnitten werden. Andere Pflanzen zur Beeteinfassung sind Rosmarin, Buchsbaum und Winterbohnenkraut.

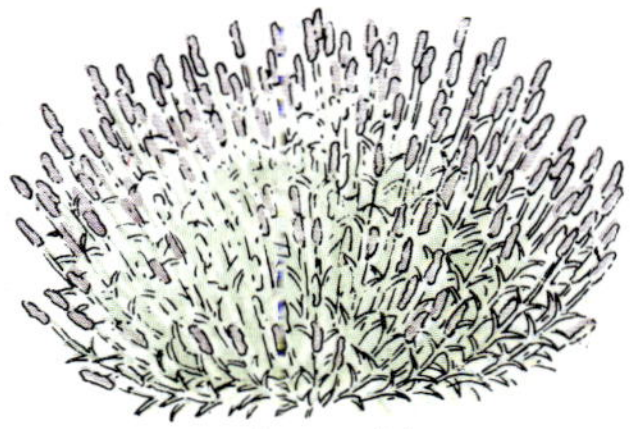

Lavendel

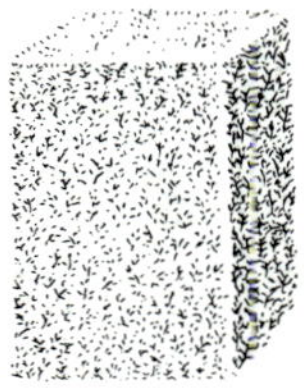

Santoline

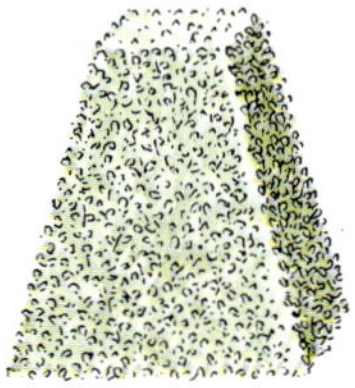

Gamander

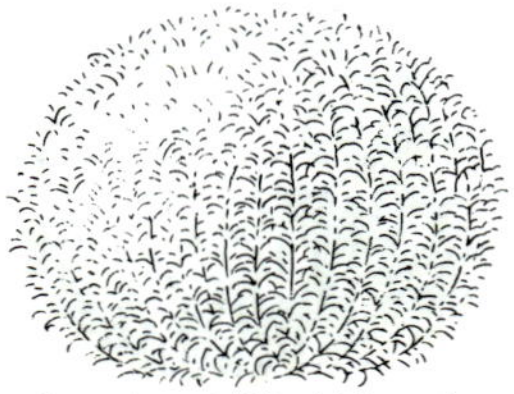

Currykraut (Strohblume)

WIE MAN EINE KRÄUTERHECKE ANLEGT

Aus Stecklingen, die im Spätfrühling gemacht werden, erhält man innerhalb von zwei Jahren eine niedrige Hecke. Mit kleinen Containerpflanzen, die auf 30 cm Abstand im Frühling gesetzt werden, entstehen bis zum folgenden Herbst niedrige und dichte Hecken. Für dichte Hecken pflanzt man sie ca. 20 cm auseinander. Werden sie dann zu dicht, kann man ein Jahr später jede zweite Pflanze herausnehmen und damit eine neue Hecke bilden. Wenn eine Pflanze in der Hecke durch Winterschäden abstirbt, kann man sie durch eine andere vom Ende der Hecke ersetzen.

Stecklinge steckt man im Spätsommer an einer Schnur entlang direkt an Ort und Stelle in regelmäßigen Abständen. Schweren Boden verbessert man durch eine Mischung aus Kompost und Sand. Einige Extrastecklinge in einem kleinen Beet oder Blumentopf dienen als Ersatzpflanzen für Ausfälle. Stecklinge müssen feucht gehalten und beschattet werden, bis sie sich gut bewurzelt haben.

Legt man eine Hecke aus Containerpflanzen an, sollte man sie gleichzeitig vom selben Hersteller beziehen, um sicherzugehen, daß die Pflanzen zueinander passen. Es gibt viele Unterschiede in Farben und Formen, sogar innerhalb gleicher Sorten, und man ärgert sich über eine einzelne Pflanze in der Hecke, die anders wächst als die übrigen. Sind nicht genug Pflanzen einer bestimmten Art gleichzeitig erhältlich, kann man verschiedene Pflanzen im Wechsel

RECHTS Großer, streng angelegter Kräutergarten, den man durch einen engen Torbogen in einer Taxushecke erreicht. Acht Beete, vier große und vier kleine, enthalten stark duftende Pflanzen. Sie sind durch niedrige, gut geschnittene Einfassungen aus Santoline klar begrenzt. Graswege treffen in der Mitte des Gartens zusammen, wo acht hochstämmige Waldgeißblattpflanzen in einem Kreis zusammenstehen.

pflanzen. Heckenpflanzen stehen unnatürlich dicht. Sie benötigen jedes Jahr Düngergaben. Ich empfehle reifen Kompost, der im Frühling um die Pflanzen ausgebreitet wird. Andere, ausläufertreibende Pflanzen sollten nicht zu nahe an die Hecke gepflanzt werden, da sie das Schneiden erschweren.

Während des Wachstums wird die Hecke – besonders oben – öfter geschnitten, damit sie schön buschig wird. Dadurch werden allerdings auch Licht und Luft von den unteren Partien ferngehalten, so daß sie dort leicht verkahlt. Wenn man der Hecke eine konische Form gibt und mit anderen Pflanzen einen gewissen Abstand einhält, bleibt sie bis unten grün. Sie wächst kräftig und wird besser mit Regen- und Schneefällen fertig.

Auf einer längs gelegten Plane oder Folie sammelt man das Schnittgut. Das ist besonders praktisch, wenn die Hecke an eine Kiesfläche grenzt.

Auswahl der Heckenpflanzen

Lavendel ergibt gute, ausdauernde Hecken, die im Spätfrühling scharf zurückgeschnitten werden können. So wird allerdings die Sommerblüte verhindert, die sonst monatelang Bienen und Schmetterlinge anzieht und den Garten umduftet. Man kann die Hecke aber auch den Sommer über frei wachsen lassen und erst nach der Blütenernte im Spätsommer zurückschneiden. So verhindert man das Überhängen der Zweige und das Auseinanderbrechen.

Malvenfarbene und tiefdunkelrote Lavendelsorten sind meine Lieblingspflanzen. Rosa- und weißblühende Thymiansorten, die nicht schön aussehen, wenn die Blüten absterben, pflanze ich als Solitäre. Es gibt auch Zwergformen für niedrige Hecken. Lavendelhecken aus verschiedenen Sorten wachsen unregelmäßig.

Wenn man genug Platz hat, kann man Lavendel zwei- oder dreireihig pflanzen, besonders an Böschungen oder auf Bankbeeten. Zwergsorten mit 20 cm Pflanzabstand eignen sich am besten. Größere Sorten für den Hintergrund benötigen 35 cm Abstand.

Vom Rosmarin erhält man schöne Hecken, leider ist er nicht überall winterhart. Es gibt aufrecht wachsende Sorten, die an geschützter Stelle bis 2 m hoch werden können. Man muß aber immer wieder mit Rückschlägen in kalten Wintern rechnen, wenn die Pflanzungen nicht oder ungenügend abgedeckt wurden. Schnitt erfolgt im Spätfrühling und Sommer. Die Jungtriebe müssen vor dem nächsten Winter noch ausreifen können.

Das Heiligenkraut oder *Santolina* ist weniger frostanfällig, besonders *S. chamaecyparissus* mit dem ledrigen, silbrigen, korallenförmigen Blattwerk. Man kann sie das ganze Jahr hindurch schneiden, muß dann allerdings auf die

Heckenkräuter
Diese strauchigen Pflanzen duften sehr stark. Sie vertragen gut den Schnitt und werden dadurch dicht und buschig. Sie sind hier nach ihrer Höhe abgebildet. Für eine Hecke von 60 cm Höhe kann man Currykraut, *Helichrysum angustifolium, Santolina virens* oder *Lavandula vera* verwenden. Kleinere Hecken lassen sich aus der kleinen Santoline *S. chamaecyparissus* 'Korsika' herstellen.

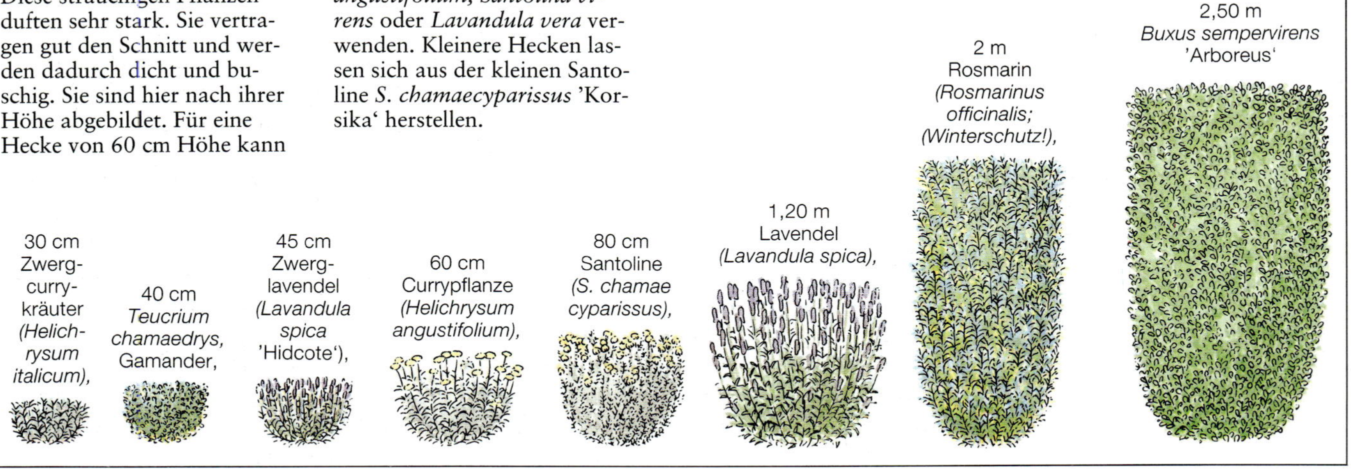

OBEN Im Vordergrund eine Hecke aus *Santolina neapolitana.* Im Hintergrund wächst eine Hecke aus goldgelbem Taxus. Schildkraut und Hundszungen fangen hinter der Santoline an zu blühen. Weiße Veilchen, weißer Fingerhut und Thymian stehen in Blüte.

RECHTS Eine lange Rabatte wurde mit Beifuß und Katzenminze gesäumt.

leuchtendgelben Blüten verzichten. *S. neapolitana* ist etwas empfindlicher und verlangt in rauhen Gegenden Winterschutz. Beide Arten verströmen einen kräftigen Kampferduft. Pflanzabstand ca. 35 cm.

Die Currypflanze mit ihrem Pfefferduft und den silbrigen Blättern ist nur an geschütztem Standort zu empfehlen. Sie kann dort ca. 40 cm hoch werden. Der Pflanzabstand sollte ca. 30 cm betragen. Ab Sommer darf sie nicht mehr geschnitten werden, denn sie benötigt das Laub als Schutz für die Wintermonate.

Gamander verträgt häufigen Schnitt. Die leuchtendrosa Blüten blühen den ganzen Sommer hindurch. Er bildet niedrige, ca. 35 cm hohe, dunkelgrüne Hecken und läßt sich leicht aus Stecklingen ziehen. Der Pflanzabstand beträgt etwa 20 cm.

All diese Kräuter sind mehr oder weniger immergrün. Niedriges, ausdauerndes Bohnenkraut ist langlebig. Es verliert jedoch in kalten Wintern das Laub und benötigt Schutz. Gartenthymian ist kurzlebiger, läßt sich aber zu niedrigen Hecken oder Einfassungen in Form schneiden. Er verliert ebenfalls in kalten Wintern das Laub, treibt aber im Frühling wieder nach und bildet eine duftende Hecke. Scharfer Rückschnitt ist im Frühling geboten. Mit dem nächsten Schnitt wartet man bis nach der Blüte. Ysop (*Hissopus officinalis* 'Aristatus') wird so dicht, daß man ihn nicht zu schneiden braucht.

Wermut und Beifuß bilden in den Sommermonaten lokkere Hecken, man muß sie im Spätfrühling stark zurücknehmen. Die monatelang kahl stehenden Stümpfe sind weniger schön, doch die Pflanzen treiben wieder kräftig aus. Wermut hat einen penetranten, süßen Duft, der bisweilen lästig sein kann.

Weder Salbei noch Raute sind eigentliche Heckenpflanzen, aber man kann aus den ca. 60 cm hoch wachsenden Pflanzen Windschutzhecken formen. Grüner und roter Salbei vertragen sich gut miteinander. Buntblättrige Varietäten pflanzt man extra. Sie sind schwachwüchsiger. *Ruta graveolens* 'Jackman's Blue' ist besonders dicht. Sie besitzt eine hübsche stahlblaue Belaubung.

Es gibt noch den unvergleichlichen Buchsbaum! Diese nützliche, dankbare, winterharte Heckenpflanze wächst meterhoch und kann in allerlei Formen geschnitten werden. Es gibt auch Zwergformen und buntblättrige Varietäten. Er wächst langsamer als andere Heckengehölze. Besonders die Zwergformen bilden ausdauernde Hecken. Man pflanzt sie im Abstand von ca. 25 cm. Durch Kürzen der Leittriebe werden die Pflanzen buschig. Das Laub riecht eigenartig streng.

EINFASSUNGSPFLANZEN

Niedrige Pflanzen eignen sich für einen kleinen Kräutergarten besser zur Einfassung der Beete. Sonnige Beete kann man mit ausdauernden Nelken einfassen oder mit den schönen Laubkissen des Majorans. Schnittlauch geht auch; wenn man die Blätter regelmäßig schneidet, wird er ausdauernd und starkwüchsig. Knoblauch wird etwas größer und lockerer im Wuchs. Er besitzt weiße Blütenschöpfe. Die Pflanzen dienen nur als einjährige Einfassung. Die lang blühenden Sorten des Hornveilchens vertragen Halbschatten und Sonne. In dichterem Schatten gedeihen Walderdbeeren, von denen es hellere Formen mit buntem Laub gibt. Sie lieben nahrhaften Boden und breiten sich vom Beet auf die Wege zwischen Kies und Steinen aus. Die blühenden Kamillensorten zählen zu den hübscheren höheren Kräutern für Einfassungen (kleine, ausdauernde, aufrecht wachsende oder einjährige Sorten) wie auch die buschigen, goldblättrigen Rainfarne. Beide besitzen margeritenähnliche Blüten, die im Sommer erscheinen. Es gibt verschiedene Formen von Majoran (*Origanum vulgare* 'Aureum'), mit denen man leuchtendgelbe Einfassungen erhält. Der eine besitzt größere Blätter, der andere kleinere, rundliche. Außerdem gibt es eine Sorte mit gelb gesprenkeltem Laub. Da sie alle etwas wuchern, ist ein Rückschnitt im Spätfrühling zu empfehlen. Die Seiten sticht man mit einem scharfen Spatel ab. Sollen die Pflanzen blühen, muß man abgeblühte Stengel entfernen. Schneidet man alle aufrecht wachsenden Triebe vor der Blüte ab, erhält man dadurch dichtere, schöne Hecken. (Die Blätter des goldenen Majorans und anderer gelbblättriger Kräuter treiben grün aus. Die leuchtende Farbe erscheint erst in der warmen Sommersonne.)

Parterres aus Buchsbaumhecken und -formen im Jardin d'Ornament im Schloß Villandry. Dieser Garten und der Liebesgarten daneben wurden zu Beginn dieses Jahrhunderts nach alten Mustern angelegt.

Die Kultur der Kräuter

Im Kräutergarten ist jede Jahreszeit anders. Jeder Monat scheint den vorhergegangenen zu übertreffen. Die ersten blühenden Kräuter des Jahres sind die Schneerosen und rosa- und blaublühendes Lungenkraut. Sie sind besonders willkommen und beleben früh den kahlen, dunklen Boden. Manchmal blühen sie sogar aus dem Schnee. Im Frühling erscheinen die weißen Sternenblütchen des Waldmeisters und die nickenden Glocken des Salomonssiegels an langen, gebogenen Schäften. Gruppen von breitblättrigen Maiglöckchen und vom Bärenlauch erscheinen unter den Bäumen im Mai. Blühen sie nicht, kann man schwer zwischen ihrem Laub unterscheiden. Man muß die Blätter reiben. Bärenlauch besitzt einen scharfen Knoblauchgeruch.

Die filigranartigen, nach Anis duftenden Blätter der Süßdolde erscheinen sehr früh. Neben den Immergrünen ist sie das erste Würzkraut des Jahres, dem bald die purpurfarbenen Schößlinge des Liebstöckels, die dunkelgrünen der Gelbdolde, des Wiesenknöterichs und des scharfen Sauerampfers folgen. In unserem Garten gibt es eine dichte Einfassung aus Kräutern, die im Spätfrühling blühen: blaublühender Beinwell, rosablühender Knöterich und cremeweiße Süßdolde. Im Frühsommer erreicht der Kräutergarten seinen Höhepunkt. Dann ist er voller Verheißungen. Die meisten Pflanzen kann man deutlich voneinander unterscheiden. Das Laub des Fenchels, der Zitronenmelisse, des Herzgespanns und der Geißraute sind dicht und frischgrün. Wermut und Beifuß haben sich dann vom Frühjahrsrückschnitt erholt und reich mit duftenden Blättern geschmückt.

Im Sommer verwildert der Garten etwas, wenn die Pflanzen nicht scharf geschnitten wurden. Niedrige, dichte Büsche haben lange, wild auseinanderstrebende Blütenstiele entwickelt. Überall ist Farbe. Selbstgesäte Ringelblumen und Borretsch, leuchtendorange und blau, müssen auf den Beeten ausgedünnt werden. Gelber Alant blüht, Sonnenblumen stehen übermannshoch. Eine Hecke aus Gamander blüht leuchtend rosa. Der Garten ist erfüllt von Düften. Bankbeete mit rosa und weißem Thymian sind von Bienen übersät.

Im Spätsommer und Herbst prangt der Kräutergarten in goldenen, bronzenen und roten Farben. Goldrute, Schöngesicht und Natternkopf, Monarde und Fuchsschwanz blühen. Dazu gibt es stahlblaue Geschöpfe wie die Stranddistel und die stumpfen Ähren der schwarzfrüchtigen, rotgestielten Kermesbeere.

Die hübschen, zusammengesetzten Fruchtstände der Kräuter sind in jedem Herbst eine Überraschung. Die trockenen Kapseln des Bilsenkrautes stehen wie aufgereihte Zähne. Winzige Näpfe säumen die abgestorbenen Blütenstengel des Schildkrautes. Dunkler Stechapfelsamen ist in großen, stacheligen Kapseln verpackt. Resedaköpfe biegen und winden sich merkwürdig, und es erscheinen die gelben Räder der Dillfruchtstände.

Dieses Buch folgt den Arbeiten im Kräutergarten durch das ganze Jahr, von der Bodenvorbereitung und Anzucht bis zur Ernte und Aufbewahrung der Kräuter. Der letzte Teil wird die Auswahl der Gartenkräuter für die eigene Anzucht durch klare, ausführliche Beschreibungen erleichtern. Die Kräuter sind nach Höhe, Farbe und Standort ausgewählt, ob sie trockenen, sonnigen oder feuchten Standort in der Natur lieben und wie man dies im Garten nachvollziehen kann. Der bebilderte Katalog zeigt die Vielfalt der zur Auswahl stehenden Kräuter mit Sortenbeschreibung und Kulturanleitung. Jungpflanzen oder Kräutersamen erhält man in Gärtnereien, Kräuteranzuchtbetrieben oder Samengeschäften.

Kräutergarten im Frühling. Im Vordergrund ein Kerbelbeet. Der Samen dieser Pflanze reift im Sommer und kann dann zu einer weiteren Ernte im Herbst ausgesät werden. Im Hintergrund erkennt man das Laub der Geißraute, eine Schnittlaucheinfassung und das hohe Lauch der ägyptischen Zwiebel.

Anleitung zur Kultur und Verwendung von Kräutern

BODENVORBEREITUNG

Die meisten Kräuter sind härter und widerstandsfähiger gegen Krankheiten als andere Gartenpflanzen. Sie sind oft in der Lage, in armem, sandigem Boden zu überleben und zu gedeihen. Nur schlechter Wasserabzug schadet ihnen. Diejenigen, die gut auf steinigem Boden wachsen und warme, trockene Lagen gewohnt sind, haben es mit kalten, wassergesättigten Böden besonders schwer. Ihre Wurzeln werden schwach, krankheitsanfällig oder sie faulen.

Im Frühling, wenn das Wetter einigermaßen trocken ist, lassen sich schwere Böden am besten bearbeiten. Die meisten Kräuter lieben einen leichten, nährstoffreichen, offenen Boden. Er muß außerdem krümelig genug sein, um Luft und etwas Wasser zu speichern, so daß gutes Wachstum gewährleistet ist. Starke Düngung erzeugt lockeres Pflanzenwachstum. Sie schwächt die Pflanze und setzt auch den Gehalt an Duft- und Wirkstoffen herab. Hochbeete oder Hügelbeete sind besonders für Kräuteranzucht auf schwerem Boden geeignet, weil sie besser drainiert werden können. Leichter Boden und größere Oberfläche bedeutet, daß sich die Erde schneller und auch etwas früher erwärmt. Eine leichte Neigung nach Süden fördert die Erwärmung. Erhabene, schmale Beete erleichtern den Zugang bei Bearbeitung und Ernte. Der Boden wird dann nicht durch Betreten verdichtet. Das spielt in Gegenden, wo es wenig regnet, keine so bedeutsame Rolle wie dort, wo er zu schnell austrocknet.

Behandlung schwerer Böden

Hat man in seinem Garten dichten, kompakten Lehmboden, muß dieser Stück für Stück verbessert werden. Alles läßt sich leichter durchführen, wenn man die Flächen in schmale, leicht zugängliche Beete aufteilt. In Extremfällen, in denen der Boden unter Staunässe leidet, muß man Abzugsgräben ausheben und mit Kies oder Drainagerohren versehen. Man kann die Bodenstruktur allmählich grundlegend verbessern, wenn man organischen Kompost, Strohdünger und Torf verabreicht.

OBEN Kräutergarten im Spätfrühling. Thymian macht sich zwischen Trittsteinen breit. Dahinter stehen Walderdbeeren, Fenchel, Liebstöckel, Sauerampfer und blühende Senfrauke (Hintergrund). Rainfarn, Beinwell und Beifuß wachsen im Vordergrund.

DARUNTER Derselbe Garten im Sommer.

Gut verrotteten Kompost und Mist gräbt man mit einer Gabel im zeitigen Frühjahr unter. So werden die Nährstoffe nicht durch die Winterregen ausgewaschen und bleiben in Reichweite der Kräuter. Wenn sie eine strohige Konsistenz besitzen, kann man sie am besten im Herbst untergraben, damit sie während der Winterzeit verrotten. Hierdurch wird der Boden auch besser belüftet. Kompost und Dünger ziehen Regenwürmer an, die eine wichtige Rolle bei der Mischung und Durchlüftung des Bodens spielen.

Torfmull

Mit Torfmull kann man schweren Boden nachhaltig verbessern, doch er enthält wenig Nährstoffe und macht den Boden schnell sauer, wenn er in großer Menge verwendet wird.

Schwere, saure Böden sollte man gelegentlich mit Kalk düngen. Das fördert nicht nur das Wachstum der meisten Kräuter, sondern es beschleunigt den Aufschluß der organischen Masse und verbessert die Bodenstruktur. Kalk sollte nur im Herbst in kleinen Mengen und nicht gleichzeitig mit Dünger verabreicht werden. Man läßt ihn einige Monate liegen, bevor man ihn untergräbt und den Boden für die Frühjahrspflanzung vorbereitet. Holzasche enthält viel Kalzium und ist gut zur Düngung geeignet.

DIE VERMEHRUNG

Wenn man einen Garten plant, instand setzt oder einen alten Garten neu gestaltet, sollte man am besten im Frühling Aussaat, Teilung oder das Verpflanzen alter Stauden vornehmen und im Spätfrühling krautige Stecklinge schneiden.

Die Aussaat

In einem Warmhaus kann die Aussaat frühzeitig vorgenommen werden. Sonst muß man der Versuchung widerstehen, an den ersten warmen Tagen im Freiland zu säen und warten, bis der Boden im Spätfrühling durchgewärmt ist. Aussaat im Zimmer in Kisten, Torf- oder Erdtöpfe unter Glas hat Vorteile. Besonders zarte Kräuter können früher gesät werden. Das ist für Klimazonen wichtig, die nur kurze Vegetationszeiten besitzen. Die Ernte kann früher beginnen. Empfindliches, kostbares Saatgut kann vor Krankheit und Zufälligkeiten im Freien geschützt werden. In kleinen Gärten kommt der Vorteil der Platzersparnis hinzu. Sämlinge, die im Haus heranwachsen, dünnt man aus. Überschüssige Pflanzen muß man nicht wegwerfen, man kann sie verschenken.

Saat und Sämlinge erfordern erhöhte Aufmerksamkeit. Nachteilig ist auch, daß sich gewisse Kräuter schlecht verpflanzen lassen. Sie sind am besten an Ort und Stelle auszusäen. Besonders empfindlich gegen Verpflanzung sind

Anzucht im Haus

LINKS Man sät den Samen in Schalen, Töpfe oder Erdtöpfe in feinen Kompost oder in eine sterilisierte Erdmischung aus Erde und Sand.

RECHTS Man bedeckt den Samen leicht mit Boden und wässert gründlich (1). Die Saatkiste wird mit einer Glasplatte bedeckt, oder man setzt die Behälter in einen Plastiktrog mit Haube, um die Luftfeuchtigkeit zu erhalten. Darübergelegtes Zeitungspapier verhindert Lichteinfall (2). Sobald die ersten Keimblätter erscheinen (3), entfernt man das Papier und sorgt für Licht und Luft. Gut entwickelte Sämlinge (4) verpflanzt man in Töpfe.

die Doldengewächse, bei denen man die Blütezeit so lange wie möglich zurückhalten möchte, z.B. bei Kerbel, Petersilie, Koriander, Anis und Kreuzkümmel. Jede Wurzelverletzung beschleunigt die vorzeitige Blüte.

Zur Aussaat benutzt man handelsübliche Saaterde oder Einheitserde, die mit Sand gemischt und in Saatkisten gefüllt wird, oder man sät in Torftöpfe, in denen das Wurzelwachstum nicht gestört wird.

Der Boden muß gut angefeuchtet und der Samen sehr dünn gesät werden. Stehen die Sämlinge nämlich zu dicht, verwachsen sie mit den Faserwurzeln und brechen ab, wenn man sie herausnimmt.

Man bedeckt den Samen mit gesiebter Komposterde oder einer Mischung aus Komposterde und Sand. Ist der Samen fein wie Majoran, genügt ein leichtes Überstreuen mit Komposterde. Größerer Samen wie Borretsch benötigt eine dickere Bodenauflage. Die Saatbeete sind leicht zu überbrausen. Das sollte mit der feinsten Brause der Gießkanne geschehen. Beete deckt man mit Plastikfolie ab, um die Feuchtigkeit zu halten, Kisten auch mit Glasscheiben. Außerdem deckt man Zeitungspapier darüber, um die Samen dunkel zu halten. Man setzt die Anzuchtgefäße in ein beheiztes Gewächshaus oder im Zimmer in die Nähe einer Heizung.

Die Saatgefäße müssen jeden Tag kontrolliert werden, bis sich die ersten, winzigen Keimlinge zeigen. Sobald sie erscheinen, entfernt man die Zeitung und setzt die Kästen an einem etwas kühleren Platz ans Licht. Es ist wichtig, diese ersten Anzeichen zu berücksichtigen, sonst hat man plötzlich eine Kiste mit langen, blassen, geilen Sämlingen (die sich erholen können, wenn man sie in andere Saatgefäße verpflanzt. Dabei setzt man die Keimlinge bis zur Hälfte des Stengels in den Boden und drückt ihn gut an).

Sämlinge in Torf- oder Erdtöpfen können weiterwachsen. In Saatkisten müssen sie verzogen werden. Man muß dabei sehr vorsichtig sein, da die zarten Stielchen leicht verletzt werden können. Pilzbefall oder Krankheiten sind dann meist die Folge. Man hält die Kisten an einem lichten, kühlen, frostfreien Platz, bis der Boden so weit erwärmt ist, daß man sie nach draußen pflanzen kann.

Die Auswahl der Kräuter muß jeder selbst vornehmen. Ich säe Basilikum, Majoran (verschiedene zarte Sorten), Sommersalbei als frühe Küchenkräuter. Andere interessante Einjährige wie Adonis, Safflor, Lein, Stechapfel, Bilsenkraut (letztere können bereits Ende des vorhergehenden Sommers ausgesät werden) und Stauden, für die ich allerdings nur wenig Saatgut benötige.

Die Aussaat im Freien beginnt, sobald der Boden trocken und krümelig wird und der Frost vorbei ist. Wenn es ständig regnet, kann man eine Plastikfolie über die Beete spannen und an den Ecken befestigen. Dadurch kann der Wind herein, und der Regen wird abgehalten. In wenigen Tagen ist der Boden ausreichend getrocknet für eine Aussaat.

Man harkt den Boden feinkrümelig, markiert die Reihen, wässert sie leicht und bringt den Samen dünn aus. Wenn es schwierig ist, bindigen Boden zu zerkrümeln, breitet man eine Lage Torf und gesiebten Kompost über das Saatbeet, damit die Sämlinge leichter vorankommen. Jede Reihe ist deutlich zu kennzeichnen. Wenn man die Reihen mit Plastikglocken oder Plastiktunnel nach der Aussaat überdeckt, erhalten die Sämlinge einen besonders guten Start und werden dadurch vor Spätfrösten geschützt. Für Einjährige, die man in Reihen oder in Gruppen säen will, ist dies besonders nützlich, zum Beispiel für Koriander, Dill, Kreuz-

Aussaat im Freien
Man harkt den Boden feinkrümelig und zieht eine flache Rille (1), gießt sie gut (2) und sät den Samen dünn aus (3). Dann bedeckt man das Beet leicht mit feinkrümeligem Boden und markiert die Saatreihen.

Das Überdecken der Reihen mit einem Plastiktunnel beschleunigt die Keimung (4).

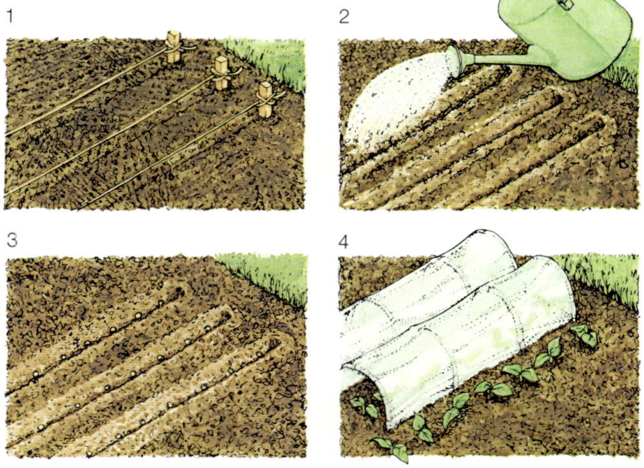

kümmel, Anis und den zweijährigen Kümmel. (Plastikhauben niemals in der Nähe eines Gartenfeuers aufstellen. Funkenflug kann Löcher in die Hauben brennen.)

Ausdauernde Kräuter wie Thymian und Topfmajoran erhält man ebenfalls durch Freilandaussaat. Man dünnt sie frühzeitig aus, gibt jeder Pflanze genügend Platz zur Entwicklung und pflanzt die kleinen Pflänzchen im Spätsommer an ihren endgültigen Standort.

Viele Kräuter säen sich selbst aus, wie Dill, Borretsch, Mohn, Rainfarn. Sie sind besonders fruchtbar. Petersilie, Fenchel, Kümmel, Kerbel und Angelika kann man ebenfalls sich selbst überlassen.

Wurzelteilung

Die einfachste Vermehrungsart ist die Wurzelteilung. Wenn es das Wetter zuläßt, kann man sie vom Herbst bis zum Frühling während der Wachstumsruhezeit durchführen. Diese Vermehrungsmethode eignet sich für viele Staudenkräuter, zum Beispiel für Eisenhut, Alkanna, Stockrose und Staudenkamillen. Kriechende Kräuter wie Minzen, Monarden, Waldmeister, Seifenkraut, Schnittlauch und ausdauernde Zwiebeln, die Ausläufer und Nebenzwiebeln bilden, sind einfach zu teilen. Dadurch verhindert man außerdem, daß sich diese wuchernden Kräuter zu stark ausbreiten.

Man gräbt die Pflanzen aus, teilt die Wurzeln oder nimmt die Zwiebeln auseinander. Dicke Wurzeln, wie die des Liebstöckels, trennt man mit einem scharfen Messer und pflanzt die Teilstücke an den neuen Standort.

Die Teilung der Wurzeln verlängert das Leben der Stauden, die von der Mitte her bereits absterben. Man entfernt die toten Pflanzenteile und pflanzt die gesunden Wurzelrhizome neu ein. Krautige Stecklinge macht man im Spätfrühling oder Frühsommer. Duftende Staudenkräuter lassen sich auf diese Weise leicht vermehren, zum Beispiel Lavendel, Rosmarin, Salbei, Currypflanzen und Heiligenblumen.

Man wählt einen kräftigen jungen Trieb von ca. 10 cm

Wurzelteilung

Majoran

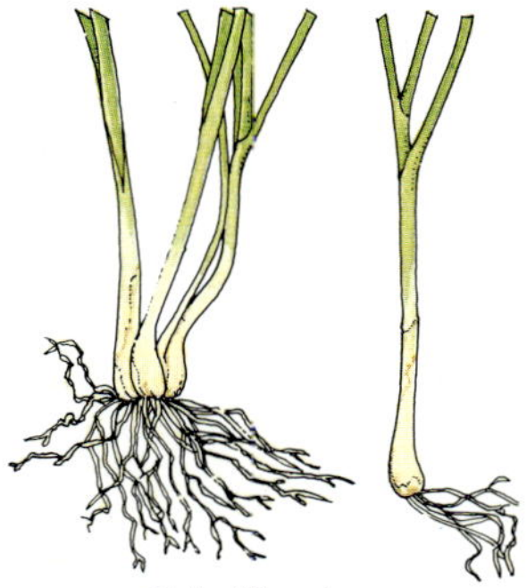

Schnittlauch

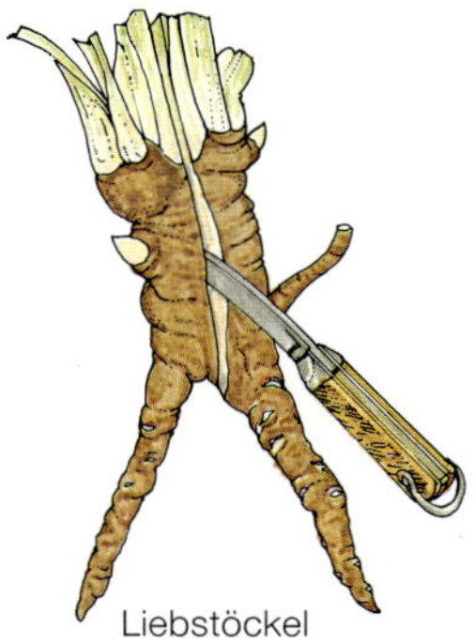

Liebstöckel

LINKS Faserwurzeln des Majorans teilt man mit einer Gabel, oder man reißt sie vorsichtig auseinander.

DARUNTER LINKS Die Zwiebeln von Schnittlauch und anderer *Allium*-Arten teilt man und pflanzt sie in Gruppen zu 4 und 5 wieder ein.

UNTEN Dicke Wurzeln von Liebstöckel teilt man mit einem Messer so, daß jedes Stück Knospenansätze behält.

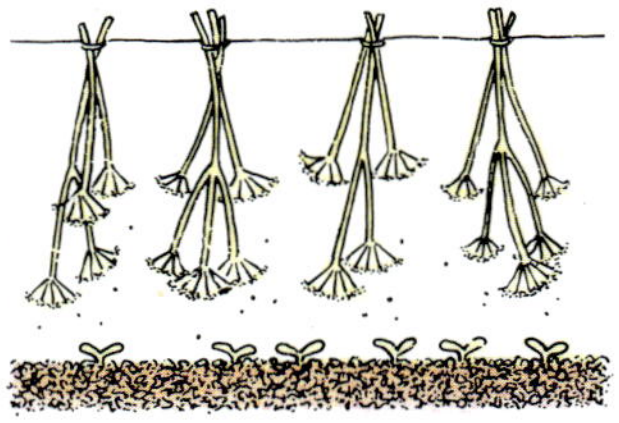

Aussaat von Umbelliferen
Selbstaussaat bei Kräutern wie Petersilie, Kerbel und Koriander erreicht man, indem man über die Beete Leinen spannt, an denen die Bunde mit den Samen zum Trocknen aufgehängt werden.

Krautige Stecklinge
Man nimmt dazu krautige, nichtblühende Triebe und trennt sie von der Mutterpflanze ab. Der Steckling bewurzelt sich schneller, wenn ein Stückchen von der Rinde der Mutterpflanze darangelassen wird. Die unteren Blätter des Stecklings entfernt man, bevor er fest in die Erde gedrückt wird. Mehrere Stecklinge können um den Rand eines Topfes gesteckt werden. Man gießt sie gut an und stellt sie an einen schattigen Platz. Den Topf überzieht man mit einer Plastiktüte, um die Feuchtigkeit festzuhalten.

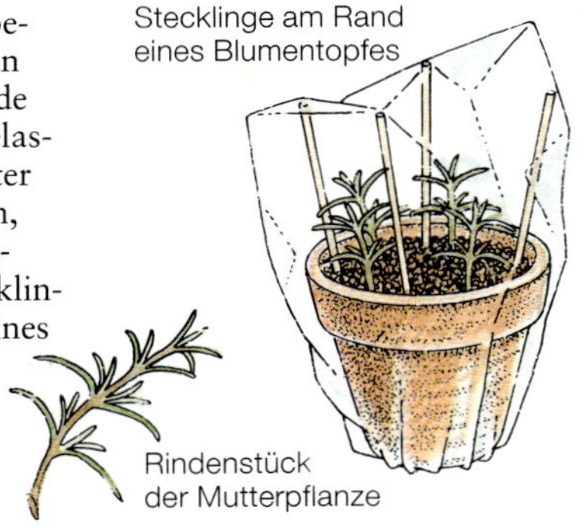

Länge ohne Blüten, reißt oder schneidet ihn vom holzigen Stiel und beläßt ein Stückchen des verholzten Teiles am Steckling, weil hierdurch die Bewurzelung gefördert wird. Dann taucht man den Steckling in ein Bewurzelungspulver. Die meisten Stecklinge wachsen allerdings auch ohne diese Behandlung an. Man streift die unteren Blättchen ab, steckt die Stecklinge (ca. vier Stück) kreisförmig in einen mittelgroßen Topf und drückt die Erde ringsum fest an. Handelsübliche Blumenerde oder gesiebte Komposterde, die mit 50% Sand gemischt ist, eignet sich dafür bestens.

Man gießt die Stecklinge gut an und setzt die Töpfe im Haus auf eine schattige Fensterbank oder in den leichten Schatten einer Hecke oder eines Strauches. Das Gefäß wird mit einer Plastiktüte überzogen. So bleibt die Feuchtigkeit erhalten und beschleunigt das Wachstum. Regelmäßiges Lüften ist nötig, damit die Stecklinge frische Luft bekommen. Sobald neue Triebe erscheinen, haben sich Wurzeln entwickelt. Man setzt die Töpfe dann an einen helleren Ort und pflanzt die Stecklinge später, wenn sie sich gekräftigt haben, aus.

Es ist auch möglich, krautige Stecklinge in schattiger Stelle unter die Mutterpflanze zu stecken. Sie müssen gut feucht gehalten und verpflanzt werden, sobald sie kräftig bewurzelt sind.

Holzige Stecklinge

Holzige Stecklinge schneidet man im Frühherbst. Sie bestehen aus den längeren, einjährigen Trieben, die noch nicht ganz verholzt sind. Man schneidet sie in Längen von ca. 25 cm, wobei ein kleines Stückchen des Stielansatzes belassen wird. Diese Vermehrungsart eignet sich für Rosmarin,

Kräuter und Bauerngartenblumen in einem kleinen Garten. Mohn, Fingerhut und Borretsch haben sich auf Beeten und Wegen selbst ausgesät.

Goldgelber Thymian und Majoran bedecken die Mauer. In flachen Trögen Mauerpfeffer und Frauenmantel.

KRÄUTERANZUCHT

Wurzelteilung im Frühling ist günstiger als im Herbst. Viele Kräutersamen sind ölhaltig. Sie lassen sich am besten unmittelbar nach der Reife aussäen, auch wenn sie erst im nächsten Jahr gut keimen. Diese Samen bezeichnet man als frisch.

FRÜHLINGSAUSSAAT

Unter Glas	Basilikum, Dill, Kerbel, Majoran, Sommersalbei, Sonnenblumen.
Ableger	Salbei.
Wurzelteilung	Christrose, Monarde, Ziest, Knöterich, Bergminze, Katzenminze, Beinwell, Frauenminze, Alant, Fenchel, Geißraute, Frauenmantel, Zitronenbalsam, Liebstöckel, Lungenkraut, Majoran, Minzen, Eisenhut, Moschusmalve, Zwiebelfamilie, Kermesbeere, Römische Kamille, Stranddistel, Süßdolde, Rainfarn, Verbene, Veilchen, Weißer Andorn, Scheinbeere und Schafgarbe.

AUSSAAT IM SPÄTFRÜHLING

In Freiland	Anis, Odermennig, Monarde, Ziest, Borretsch, Besenginster, Bergminze, Kümmel, Katzenminze, Kamille, Tagetes, Koriander, Kreuzkümmel, Currykraut, Dill, Alant, Nachtkerze, Fenchel, Rainfarn, Bockshornklee, Flachs, Fingerhut, Hundszunge, Ysop, Zitronenbalsam, Majoran, Mädesüß, Steinklee, Eisenhut, Königskerze, Moschusmalve, Zwiebelfamilie, Melde, Petersilie, Nelken, Kermesbeere, Ringelblume, Senfrauke, Rosmarin, Raute, Salbeiarten, Stranddistel, Sonnenblume, Stechapfel, Thymian, Eisenkraut, Veilchen, Weißer Andorn, Bohnenkraut, Lavendel, Wiesenknopf und Rainfarn.

AUSSAAT IM FRÜHSOMMER

In Freiland	Chicorrée, Muskatsalbei, Wiesensafran (frisch), Portulak, Goldlack, Reseda.
Krautige Stecklinge	Gartensalbei, Lavendel, Pelargonie, Rosmarin, Santoline und Gamander.

AUSSAAT IM SOMMER

In Freiland	Angelika (frisch), Primeln (frisch), Seidelbast (frisch), Christrosen (frisch), Steinklee, Küchenschelle (frisch), Waldmeister (frisch), Malve.
Halbharte Stecklinge	Beifuß, Lorbeer, Ginster, Currypflanze, Geißraute, Ysop, Zitronenverbene, Myrte, Pelargonienarten, Rosmarin, Raute, Santolinen, Thymianarten (strauchige Formen), Gamander.
Zwiebelteilung	Herbstzeitlose.
Teilung der Wurzeln	Kriechende Arten des Thymians.
Absenker	Bergminze, Ysop, Majoran (perennierende Arten), Immergrün, Nelken, Rosen, Gagelstrauch, Thymian, Winterbohnenkraut.

AUSSAAT IM SPÄTSOMMER

In Freiland	Klette (frisch), Kümmel, Kerbel (frisch), Bilsenkraut, Waldgeißblatt (frisch), Alraune (frisch), Petersilie, Süßdolde (frisch), Kermesbeere, Natterkopf, Karde, Reseda.
Holzige Stecklinge	Seidelbast, Gartensalbei, Lavendel, Winterbohnenkraut.
Wurzelteilung	Waldmeister.

AUSSAAT IM FRÜHHERBST

In Freiland	Wacholder (frisch), Tagetes, Gagelstrauch (frisch).
Holzige Stecklinge	Lorbeer, Rosen, Waldgeißblatt.
Wurzelteilung	Guter König Heinrich, Christrosen, Lakritz, Mädesüß, Römische Kamille (Ableger), Estragon, Baldrian (Ableger), Scheinbeere.

SPÄTHERBST

Wurzelschnitte	Königskerze, Gelber Enzian.

Zitronenverbene, Buchsbaum, Myrthe und andere strauchige Kräuter.

Die holzigen Stecklinge steckt man an einen geschützten Platz im Freien, möglichst unter Glas, Folie oder in ein Frühbeet. Die Wurzeln entwickeln sich sehr langsam, doch im Frühling treiben die Pflanzen stark aus.

Senker

Viele Kräuter vermehren sich in der Natur dadurch, daß sie dort Wurzeln bilden, wo sie mit den Zweigen auf dem Boden aufliegen. Diese Methode kann man künstlich durch Herabbiegen und Befestigen der Triebe auf dem Boden erreichen. Der Boden wird so lange feucht gehalten, bis die Zweige gut bewurzelt sind. Die neuen Schößlinge werden dann von der Mutterpflanze abgetrennt und an Ort und Stelle gepflanzt. Diese Vermehrungsart kann man vom Frühling bis zum Spätsommer durchführen. Neue Wurzeln entstehen innerhalb von zwei Monaten. Zu den Kräutern, die sich auf diese Weise besonders leicht vermehren lassen, gehören Thymian, Majoran, Salbei, Bergminze, Winterbohnenkraut, Ysop, Poleyminze und Polsternelken.

Ableger von bewurzelten Trieben
Bei bestimmten Kräutern wie z.B. Thymian bewurzeln sich die Triebe, wenn sie mit dem Boden in Verbindung kommen. Eine Befestigung der Triebe am Boden beschleunigt den Prozeß.

Salbeipflanzen verholzen mit der Zeit und treiben nur an der Spitze weiter. Wenn man den Busch mit Erde so einpackt, daß nur die Spitzen herausschauen, bewurzeln sich die kahlen Triebe im Boden.

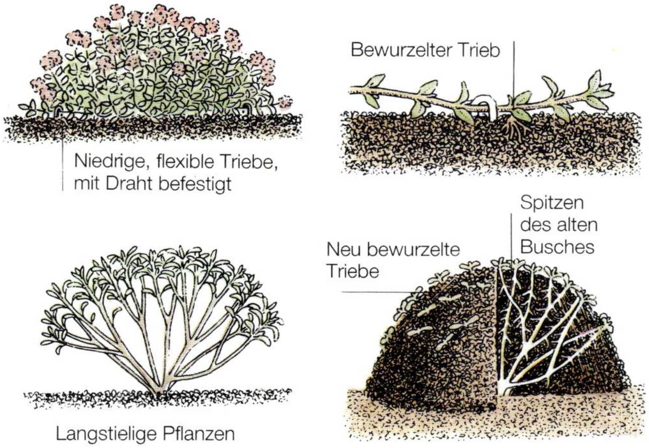

Eine andere Vermehrungsart bei großen, alten Salbeipflanzen besteht darin, daß man die holzigen Äste bis zu den Spitzen mit Erde anhäufelt. Wenn sich an den Ästen unter dem Blattaustrieb neue Wurzeln entwickelt haben, kann man den größten Teil des alten Stengels abschneiden und die neu bewurzelten Triebe pflanzen. Auf diese Weise erhält man bis zu 20 starke neue Pflanzen aus einem Busch.

Auspflanzung

Wenn man junge Kräuter auspflanzt, geteilte Pflanzen oder Stecklinge im Frühling ins Freie setzt, weiß man nie genau, wieviel Platz jede Pflanze benötigt. Einige Stauden wie Wermut und Beifuß oder Einjährige wie Borretsch, Steinklee oder Fuchsschwanz können viel stärker und schneller wachsen als man vermutet und kleinere Kräuter überwachsen, die zu nah daneben stehen. Auf der anderen Seite gibt es viele Stauden wie Fenchel, Süßdolde oder Stranddistel, die Jahre benötigen, um ihre volle Größe zu erreichen. In diesem Falle bepflanzt man den Zwischenraum mit Einjährigen.

Der Pflanzabstand ist Erfahrungssache. Ich pflanze meine Pflanzen immer noch zu dicht, darum sollte man die Kräuter immer wieder sorgfältig beobachten und genau überlegen, wie weit der Pflanzabstand sein muß. Kräuter, die viel Platz für Wurzeln und Triebe benötigen, sehen im Garten, wenn sie ausgewachsen sind, auch am schönsten aus.

KRÄUTERKULTUR UNTER GLAS

Die Wachstumszeit für Kräuter kann man durch Kälteschutz beträchtlich verlängern. Das lohnt sich für Küchenkräuter und einige der schönsten Heilkräuter. Sämlinge von zarten Kräutern wie Basilikum wachsen wesentlich besser, wenn sie vor kühlen Winden geschützt stehen.

Plastikhauben

An kalten Frühlingstagen können Polyesterhauben sehr nützlich sein. Auch durch einen Plastiktunnel wird der Boden erwärmt. Wenn man Hauben oder Tunnel etwa eine Woche vor der Aussaat aufstellt, um den Boden vorzuwärmen, kann er sehr stark austrocknen. Daher sollte man sie abnehmen und den Boden sorgfältig wässern, bevor man

Reihen zieht und den Samen ausbringt. Man überbraust das Saatbeet und deckt es wieder ab. Von Zeit zu Zeit ist das Überbrausen zu wiederholen. Plastik hält die Feuchtigkeit und liefert gespannte Luft, die das Keimen begünstigt. Sobald die Keimung erfolgt ist, muß man die Hauben lüften oder die Seiten des Tunnels gelegentlich hochschlagen, um frische Luft in den Tunnel zu lassen.

Sobald sich die Pflanzen gut entwickelt haben und keine Nachtfrostgefahr mehr besteht, kann man die Schutzvorrichtungen entfernen.

In kühleren Gegenden sollte Basilikum am besten den ganzen Sommer hindurch geschützt stehen.

Bevor der Frost im Herbst einsetzt, kann man den Tunnel wieder über die Kräuter bauen. Petersilie, Kerbel, Feldsalat und Sauerampfer bringen so den ganzen Winter hindurch neue Blätter. Auch Minze, Schnittlauch, Koriander, Kreuzkümmel, Basilikum, süßer Majoran, Sommersalbei und Portulak wachsen so noch einige Wochen weiter.

Schnitt von Kleinsträuchern

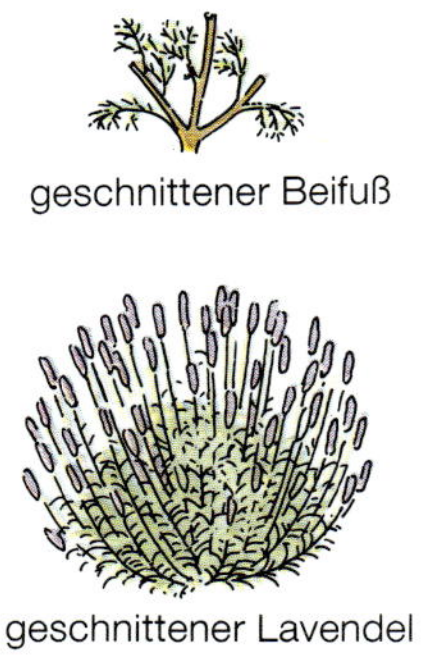

LINKS Beifuß sollte im Spätfrühling stark zurückgeschnitten werden.

UNTEN Beim Lavendel schneidet man langstielige und schlechte Triebe ab.

Das Gewächshaus

Ein Kalthaus ist ideal, wenn man im Frühling die Saat vor Frost und Winden schützen will. Unser eigenes kleines Gewächshaus ist dann mit Saatkisten von Kräutern und Salaten vollgestopft. Sobald der Frost vorbei ist, werden Kräuter und Salate ausgepflanzt, und das Gewächshaus wird mit Tomaten, Basilikum und Tagetes als wirksamer Schutz gegen die Weiße Fliege, die größte Plage der Gewächshäuser, bepflanzt (siehe S. 53). Die Tomaten werden gemulcht und mit Beinwell oder Brennesseldünger gedüngt (S. 122). Im Herbst, wenn Tomaten und Basilikum geerntet (und zusammen eingekocht) sind, werden Schnittlauchbunde und Ableger von Würz- und Pfefferminze in das Gewächshaus gepflanzt, um Winterpflanzen gegen Erkältungskrankheiten zu haben.

SCHNEIDEN UND FORMIEREN

Die meisten Kräuter sind ungezähmte Wildpflanzen, die an ihrem natürlichen Standort an Wegrainen und auf Felspartien mit anderen Arten um ihre Existenz kämpfen müssen. Sie ergreifen die Gelegenheit, sich im Gartenboden unter günstigen Bedingungen auszubreiten und stark zu wachsen. Sie erholen sich sehr schnell vom Schneiden und Formieren wie in der freien Natur, wo sie von Insekten und Tieren befallen werden. Bald treiben sie neu aus und werden sehr dicht.

Strauchige Duftkräuter müssen im Frühjahr stark zurückgeschnitten werden, um neuen, kräftigen Austrieb anzuregen und um zu verhindern, daß die Pflanzen durch ihr Längenwachstum auseinanderbrechen.

Wermut und Beifuß zum Beispiel benötigen einen drastischen Rückschnitt bis ca. 15 cm über dem Boden. Bei Lavendel, Santoline und anderen Gebirgspflanzen werden die alten Triebe vorsichtiger beschnitten. Salbei erholt sich nicht von starkem Rückschnitt, wenn die Triebe alt und verholzt sind.

Rosmarin benötigt eine behutsame Behandlung. Man soll ihn nicht bis ins alte Holz zurückschneiden. Niedrige, verholzende Pflanzen wie Thymian, Bohnenkraut, Ysop und Gamander benötigen einen leichten Rückschnitt, damit sie gesund und kräftig bleiben. Viele weichtriebige Stauden entwickeln ihre Blütentriebe zeitig im Sommer. Wenn man einige am Blühen hindert und die Stengel entfernt, verlängert man die Blattproduktion. Sauerampfer hört mit dem Blattwachstum auf, wenn er blüht. Bei Kümmel (wenn man Blätter lieber hat als Samen), Wermut, Kamille (für Rasen und Wege) entfernt man darum die Blütenstiele. Blüten der einjährigen Salatkräuter wie Feldsalat, Kerbel, Gänsefuß

Garten mit frischtreibenden Pflanzen im Frühsommer. Die niedrige Gamanderhecke treibt neu aus. Weiße Veilchen und ein Nelkentuff blühen. In der Beetmitte blüht noch der Seidelbast. Beifuß (Mitte rechts) und Wermut (oberer Bildrand) wurden vor 4 Wochen stark zurückgeschnitten. Sie haben sich inzwischen wieder mit saftigem, duftendem Laub begrünt. Neben Monarden und Estragon (unten) gedeihen zwei ungewöhnliche Fingerhutarten: *Digitalis grandiflora* und *D. lutea*, der Gelbe Fingerhut.

und Melde werden abgepflückt. Das Leben von einigen frühblühenden Zweijährigen (Angelika und Smyrnium) kann man verlängern, wenn man die Blütenstiele jährlich entfernt.

Im Sommer sind Stauden wie Majoran, Minzen, Süßdolde und Wiesenknopf ausgeblüht. Sie setzen Samen an. Ihre Blätter werden rauher und härter. Diese Pflanzen kann man bis auf die Grundblätter zurückschneiden. Sie treiben neu aus und bringen frisches Laub. Wuchernde Kräuter wie Beinwell und Zitronenmelisse kann man auf diese Weise vier- bis fünfmal in einer Wachstumsperiode ernten.

Abgeschnittene oder geschorene Kräuterteile sind noch zu verwerten. Wenn sie als Würzmittel oder als Duftspender im Haus zu alt sind, kann man verholzte Zweige als aromatisches Brennmaterial im offenen Kamin verbrennen. Weiches Schnittgut kommt auf den Komposthaufen.

Formschnitt an Pflanzen

Da sich viele Kräuter schneiden lassen, kann man auch in einem frei gestalteten Garten leicht Ordnung halten. Pflanzen mit Formschnitt und strauchige Kräuter für Hecken muß man öfter schneiden. Sie können zu Kugeln oder Würfeln geschnitten werden, um besondere Punkte oder die Mitte von Rundbeeten zu markieren oder um Ecken zu betonen. Lorbeer, Wacholder und Myrten lassen sich gut schneiden (Lorbeer wird meist zu kleinen Bäumchen geschnitten). Niedrige Büsche von Gamander, Salbei, Gartenthymian und einige Beifußgewächse wie Wermut und seine Abkömmlinge können ebenfalls Formschnitt vertragen. Schnell wachsende Kletterpflanzen wie Geißblatt, Hopfen und *Clematis flammula* kann man für bestimmte Formen zurechtstutzen. Geißblatt, besonders die frühen und späten holländischen Sorten, kann auch an Stangen oder Rankgerüsten gezogen werden. Man schneidet die Seitenschößlinge ab und läßt nur ein bis zwei Triebe das Gerüst beranken. Dann leitet man die Rankenenden je nach Wachstum um starke Drähte, die rund gebogen und in der Mitte verbunden sind. Krautiger Hopfen kann jedes Jahr einzeln oder an zeltförmig angeordneten Stangen ranken oder eine schöne Laube begrünen.

Es ist mitunter nötig, höher wachsende Kräuter abzustützen. Frühzeitig aufgestellte Stützen halten die Pflanzen aufrecht. Sie müssen sich dann nicht mit ihrer ganzen Kraft gegen den Wind behaupten. Die Stützen werden bald von den Blättern der Pflanzen verdeckt.

Dünne Reiser sind für Kräuter mit unregelmäßigem Wuchs wie Schafgarbe, Färberkamille, Schöllkraut und Stranddistel eine Stütze. Bambusstäbe sind langlebiger. Steife Drähte, die halbkreisförmig über einem Stiel gebogen werden, können selbst gemacht oder gekauft werden. Man steckt sie tief in den Boden und zieht sie mit dem Wachstum der Pflanzen allmählich immer höher. In sehr schwere Böden schlägt man Pfähle mit einem Vorschlaghammer ein, um feste Stützen zu erhalten.

MULCHEN

In Gegenden mit geringen Niederschlagsmengen und gut drainierten Böden können Wind und Verdunstung wäh-

Stützen für Kletterpflanzen

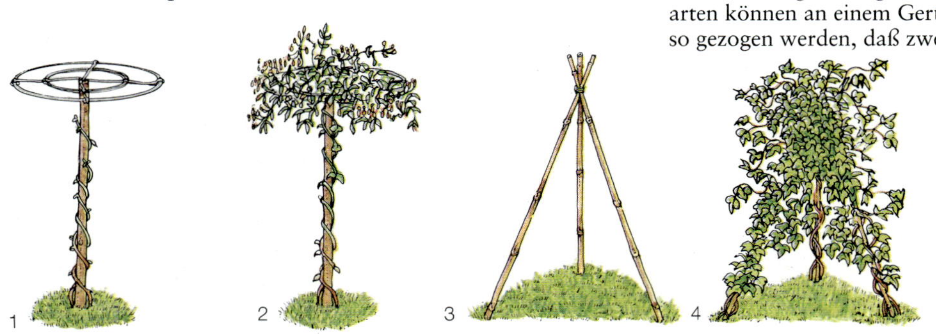

Raschwüchsige Waldgeißblattarten können an einem Gerüst so gezogen werden, daß zwei Triebe stammförmig an einem Pfosten emporklettern (1). Andere Ranken schneidet man ab. Die Kronentriebe formiert man kreisförmig um einen Drahtrahmen (2). In Zeltform zusammengestellte Pfosten ergeben ein stabiles Klettergerüst für Hopfen. Die langen Triebe wachsen im Frühling rasch aus der perennierenden Wurzel (4). Sie sterben im Herbst wieder ab.

Calamintha grandiflora, die Bergminze, gedeiht im Schatten hoher Kräuter. Sie ist besonders hübsch, wenn die großen, rosafarbenen Blüten erscheinen. Die gelbgrünen, gezähnten, paarig stehenden Blätter besitzen einen fruchtigen Duft. Die anderen Mitglieder der Familie lieben gut durchlässigen Boden und können Trockenheit vertragen. Rechts steht die Moschusmalve mit den tief geteilten Blättern.

rend des Sommers zu einem Problem werden. Mulchen schützt die Bodenoberfläche vor Austrocknung. Sie isoliert die Feuchtigkeit und unterdrückt das Keimen von Unkräutern. Man kann organisches und anorganisches Material zum Mulchen verwenden.

Mulchen mit organischen Stoffen

Mit organischem Material verbessert man durch Mulchen auch die Bodenstruktur und die Fruchtbarkeit und begünstigt die Entwicklung von Regenwürmern, die das Material in den Boden ziehen. Ungeeignet zum Mulchen ist schlecht drainierter, schwerer, verdichteter Boden, der stark verkrustet. Er muß mit organischem Material umgegraben werden, damit er durchlässiger wird (siehe S. 109), bevor man die Oberfläche mulcht.

Mulchen ist fester Bestandteil des »Nicht-Umgrabe-Systems«, besonders für schmale, intensiv genutzte Beete in einem Kräutergarten. Als Nebeneffekt werden auch die Blätter der Pflanzen während starker Regenfälle weniger mit Erde bespritzt, wenn die Pflanzen in einer Mulchpakkung stehen. Das erspart das Waschen vor der Verwendung der Blätter.

Die meisten Kräuter lieben organischen Mulch, besonders die ursprünglichen Waldbewohner und die auf nahrhaften Böden gedeihenden Minzen, Angelika und Eisenhut. Mulchen fördert auch das Wachstum von Salatkräutern wie Sauerampfer, Portulak, Löwenzahn und Feldsalat und fördert die Blattproduktion.

Das Mulchen kann vom Frühsommer an jederzeit durchgeführt werden, wenn die Erde sich aufgewärmt hat, besonders nach Regen und starkem Wässern. Die Mulche sollten um die eingewachsenen Pflanzen, vor allem aber um junge Sämlinge gepackt werden. Sie stellen auch einen ausgezeichneten Frostschutz für weniger ausdauernde Pflanzen wie die Zitronenmelisse dar, wenn sie im Herbst angebracht werden.

Man bedeckt den Boden ca. 8 cm hoch mit organischer, offenporiger Masse wie Gartenkompost, Pilzkompost, Zweige und Rinde, trockenes Farnkraut, Stroh oder Holzspäne. Rasenmähgut kann verwendet werden, wenn es einige Tage vor dem Mulchen trocknet. Man bringt es ca. 5 cm hoch auf. Zu dicke Packungen können Jungpflanzen zu stark erwärmen und schädigen. Torf sollte nur dünn ausgestreut werden, denn er nimmt viel Wasser auf, hält Regenwasser zurück oder entzieht dem Boden sogar Feuchtigkeit. Auf keinen Fall darf Mulchmaterial Wurzelunkräuter oder Grassamen enthalten.

Anorganische Mulche

Man kann auch durchlässiges Kiesmaterial oder Ziegelkleinschlag als Mulche für Kräuter verwenden, die von steinigem, trockenem Standort stammen wie Thymian, Lavendel, Rosmarin und Salbei. Der Isoliereffekt hält den Boden nachts warm und kühlt ihn während heißer Tage. Außerdem können sich Ausläufer von Thymian und Kamille über die feste Oberfläche ausbreiten.

KRÄUTERDÜNGER UND SCHÄDLINGSBEKÄMPFUNGSMITTEL

Wie man Kräuter als Schutz zwischen Gemüse pflanzt oder um das Wachstum zu fördern, ist auf Seite 53/54 beschrieben. Direkte Bekämpfungsmaßnahmen gegen Krankheiten und Schädlinge im Garten sind durch die gleichen Kräuter in frischem oder getrocknetem Zustand möglich, wenn man daraus starke, schützende und heilende Lösungen zum Gießen oder Spritzen herstellt.

Als Faustregel gilt: zwei Handvoll frischer oder zwei Teelöffel voll getrockneter Kräuter mit 1 l kochendem Wasser aufsetzen und ca. 15 Minuten bis einen Tag lang ziehen lassen. Ist diese Lösung abgekühlt, kann man sie innerhalb der nächsten fünf Tage anwenden und die Reste als Mulche unter die Pflanzen packen. Benutzt man das Mittel gegen Läuse oder Blattkrankheiten, sollte man einen Teelöffel voll Schmierseife oder ein mildes Waschmittel dazugeben. Sie wirken als Haftmittel an den Blättern. Um Bodenkrankheiten zu bekämpfen, benötigt man stärkere Lösungen, die direkt auf den Boden zu bringen sind.

Aromatische Lippenblütler (Mitglieder der Thymianfamilie) bewirken Schutz vor Insektenbefall. Sind stärkere Bekämpfungsmittel erforderlich, kann man eine gewisse Menge stärkerer Kräuter wie Rainfarn, Wermut oder Beifuß dazugeben. Ein leichter Kamillenaufguß oder ein Heuaufguß kräftigt junge Sämlinge und schützt sie vor Schimmelpilzen, die frisch gekeimte Pflanzen befallen können. Auszüge von Baldrianwurzeln sollen die Aktivität der Regenwürmer fördern.

Um Fäulniskrankheiten oder Insektenbefall zu verhindern, kann man auch Zwiebel- oder Knoblauchmittel verwenden. Entweder bereitet man die Brühe aus Zwiebel-

Kräuterdünger und Insektenschutzmittel

Man hängt ein Netz mit Blättern von Beinwell und Brennnesseln monatelang in einen Eimer mit Regenwasser (1). Die Flüssigkeit wird abgegossen und als Nährlösung für Jungpflanzen verwendet (2).

Man überbrüht Kräuter gegen Krankheiten, hier Thymian, Beifuß, Rainfarn (1), gießt die Flüssigkeit durch ein Sieb (2) und begießt damit die befallenen Pflanzen (3).

Kräutergarten der Autorin im Frühherbst. Im Vordergrund erkennt man die langen, gebogenen Resedafruchtstände. Ringelblumen, Fuchsschwanz, Knoblauch und rosafarbener Wegerich blühen noch, auch ein strauchiger Beifuß. Stranddisteln erkennt man links im Bild. Die Blätter von Angelika (Hintergrund) färben sich bereits gelb.

oder Knoblauchlaub oder aus Knoblauchzehen (vier Zehen auf 1 l Wasser), oder man setzt frisches Zwiebel- oder Knoblauchlaub mit kaltem Wasser auf, verdünnt die Lösung nach einigen Tagen und wendet sie direkt an.

Rhabarber oder Holunderlaub mit stark sauren Wirkstoffen liefern gute Spritzmittel gegen Läuse und andere Krankheiten. Man kann diese Mittel selbst in Mengen herstellen. Hierzu kocht man ca. 450 g Laub in 1,5 l Wasser 30 Minuten lang in einem zugedeckten Topf (alte Töpfe, keine Aluminiumtöpfe!) und verdünnt die Brühe mit weiteren 1,5 l. Dann läßt man sie abkühlen und kann sie eine Woche lang gebrauchen.

Beinwell enthält viel Kali, Brennesseln sind reich an Eisen. Beide enthalten zudem beachtliche Stickstoffmengen. Eine nahrhafte, kräftigende Lösung gewinnt man, wenn man die Blätter in einem Bottich voll Regenwasser drei Wochen lang stehen läßt, bis sich das Laub aufgelöst hat. Bei kleineren Mengen kann man einen Sack mit Blättern füllen und in ein Gefäß mit Wasser tauchen. Die braune Flüssigkeit kann man als Pflanzendünger (Tomatenpflanzen reagieren sehr gut auf Beinwell) und als Insektenschutzmittel verwenden. Verrottete Pflanzenteile ergeben einen nahrhaften Mulch. Jüngere Schößlinge eignen sich dafür besser als ältere und als die unteren Blätter der Brennesseln.

KOMPOSTIEREN MIT KRÄUTERN

Man ist immer froh, wenn man eine Menge lockeren, krümeligen Kompost im Garten zur Verfügung hat. Das Ausstreuen und Einarbeiten von Kompost verbessert die Struktur des Bodens und lockert ihn. Pflanzen können dann besser mit zusätzlichen Nährstoffen, Luft und Wasser versorgt werden. Wenn man dem Kompost Kräuter beimengt, werden zusätzlich Wirkstoffe aus den Kräutern zugesetzt. Sie beschleunigen den Umsetzungsprozeß im Komposthaufen.

Jedes organische Material zerfällt in einer normalen Umgebung. Ein Komposthaufen beschleunigt den Zersetzungsprozeß, weil seine Wärme eine bessere Ausgangsposition für Bakterien und Pilze schafft, die ihre Arbeit hier wirkungsvoller ausführen können. Bakterien benötigen Luft, Feuchtigkeit, Wärme und als Nahrung besonders Stickstoff und Phosphate.

Es ist wichtig, daß Kompostbehälter oder Stützmauern des Kompostlagers gut belüftet sind. Faseriges Material vieler Pflanzen bewirkt reichliche Lufträume im Haufen. Wenn Mengen von Feinmaterial wie gemähtes Gras dazukommen, sollte man den Haufen belüften, indem man zusätzlich Löcher hineinsticht. Pflanzenmaterial besitzt an und für sich ausreichend Feuchtigkeit für den Rotteprozeß, gelegentliches Wässern ist allerdings erforderlich, wenn der Haufen zu trocken wird. Frisches, grünes Pflanzenmaterial und frischer Dünger, der von kräftigen Aufgüssen wirkungsvoller Kompostkräuter wie Baldrian, Brennesseln, Beinwell und Schafgarbe stammt, beschleunigen die Erwärmung. Die Temperatur kann so weit ansteigen, daß die meisten Unkrautsamen zugrunde gehen und der Zersetzungsprozeß beschleunigt wird.

Die Anlage eines Komposthaufens

Man wählt einen vor austrocknenden Winden und schweren Regenfällen geschützten Platz und gräbt den Boden mit einer Grabgabel um. Der beste Platz liegt zwischen schützenden Stützmauern, Holzplanken oder gelochten Metallplatten (für die Belüftung). Ein Drahtbehälter ist auch möglich. Der Bodenbelag sollte aus gut verrottetem Kompost früherer Haufen bestehen oder aus frischem Stalldung. Man baut den Komposthaufen aus Küchenabfällen, jeder Art von organischer Masse, besonders aber aus einjährigen Unkräutern und dem Mähgut vom Rasen auf.

Eines der wertvollsten Kräuter für den Haufen ist Beinwell, das sich schnell zersetzt und stickstoffreiche Blätter mit viel Masse und Fasern enthält. Man läßt die Blätter etwa einen Tag lang welken und trocknen, bevor man sie in Lagen über den Haufen deckt. Wenn der Komposthaufen hoch genug ist, bedeckt man ihn mit Brettern, alten Teppichen oder alten Blechen, um den Rotteprozeß zu fördern. Die Zersetzung wird durch ein- oder zweimaliges Umsetzen beschleunigt. Bei dieser Gelegenheit wird das äußere Material in die wärmere Mitte gebracht.

DIE ERNTE

Üblicherweise beginnt die Ernte im Herbst, bei Kräutern allerdings bereits ab Sommer. Nur Samen und Wurzeln erntet man im Herbst.

Staudenkräuter wie Majoran kann man vom Frühling bis zum Herbst ernten, und Immergrüne wie Thymian erntet man während des ganzen Jahres. Aber Geschmack und Wirkungsweise sind jahreszeitlich sehr verschieden. Wenn Kräuter zum Trocknen oder Aufbewahren geerntet werden, soll man sie dann schneiden, wenn ihre wertvollen Inhaltstoffe die höchste Wirkung entfalten.

Blätter aromatischer Kräuter mit ätherischen Ölen erreichen diesen Zustand kurz vor der Blüte. Hierher gehören Basilikum, Thymian, Salbei, Minzen, Zitronenmelisse und andere Lippenblütler, Wermut, Liebstöckel und Sellerie. Wenn ganze Pflanzen oder die Triebspitzen (Blütenstände und obere Blätter der Pflanzen) benötigt werden, sammelt man sie, wenn sich die Blüten gerade öffnen. Viele Heilkräuter wie Johanniskraut, Goldrute, Schafgarbe und Odermennig sammelt man wegen ihrer Blütenspitzen. Man pflückt die Blütenköpfe vorsichtig, damit sie nicht verletzt werden. Sie sollen sich eben öffnen und nicht ausgeblüht oder beschädigt sein. Ganze Blüten sammelt man von Kamille, Safflor, Nelken und Königskerze. Von Rosen und Ringelblumen nimmt man lediglich die Blütenblätter. Lavendelblüten pflückt man mit langen Stielen.

KRÄUTERERNTE

Hier werden die idealen Erntezeiten für die besten Würz-, Heil- und Duftkräuter angegeben. Viele Kräuter können aber während des ganzen Jahres geerntet werden. Beste Erntevoraussetzungen ist ein sonniger Morgen, wenn der Tau getrocknet ist.

Spätfrühling	Gelbdolde *Blätter und Stengel,* Angelika *Stengel und Blätter,* Knöterich *Blätter und Stiele*, Borretsch *Blätter*, Kümmel *Blätter*, Kerbel *Blätter*, Fenchel *Blätter*, Rainfarn *Blätter*, Guter König Heinrich *Blätter und junge Blütenstände*, Gundelrebe *blühendes Kraut*, Echtes Labkraut *blühendes Kraut*, Senfrauke *Blätter*, Rosmarin *Blätter*, Wiesenknopf *Blätter*, Sauerampfer *Blätter*, Süßdolde *Blätter*, Waldmeister *blühendes Kraut.*
Frühsommer	Schafgarbe *Blätter*, Zwiebeln *Lauch und Zwiebeln*, Basilikum *Blätter*, Lorbeer *Blätter*, Katzenminze *Blätter*, Dill *Blätter*, Holunder *Blüten*, Hauswurz *Blätter*, Zitronenbalsam *Blätter, Zitronenverbene Blätter*, Liebstöckel *Blätter*, Mädesüß *Blätter*, Königskerze *Blätter und Blüten*, Brunnenkresse *Blätter*, Petersilie *Blätter*, Ringelblume *Blüten*, Rosen *Blütenblätter*, Salbei *Blätter*, Estragon *Blätter*, Thymian *Blätter und blühendes Kraut*, Veilchen *Blüten*, Waid *Blätter*, Waldsalbei *blühendes Kraut.*
Sommer	Odermennig *blühendes Kraut*, Angelika *Samen*, Anis *Blätter*, Kamillen *Blüten*, Bockshornklee *Blätter*, Goldrute *Blüten*, Lavendel *Blüten*, Linden *Blüten und Hochblätter*, Majoran *Blätter und blühendes Kraut*, Mädesüß *Blüten*, Steinklee *Blühendes Kraut*, Minzen *Blätter*, Herzgespann *blühendes Kraut*, Portulak *Blätter*, Johanniskraut *blühendes Kraut*, Sommerbohnenkraut *Blätter*, Süßdolde *Samen*, Reseda *blühendes Kraut*, Weißer Andorn *blühendes Kraut*, Schafgarbe *blühendes Kraut.*
Spätsommer	Bärentraube *Blätter*, Blaubeere *Beeren*, Kümmel *Samen*, Kerbel *Blätter*, Koriander *Samen*, Kreuzkümmel *Samen*, Dill *Samen*, Holunder *Beeren*, Fenchel *Samen*, Bockshornklee *Samen*, Knoblauch *Zehen*, Hopfen *Blüten*, Meerrettich *Wurzeln*, Wacholder *Beeren*, Liebstöckel *Samen.*
Frühherbst	Angelika *Wurzel*, Anis *Samen*, Knöterich *Wurzel*, Klette *Wurzel*, Löwenzahn *Wurzel*, Alant *Wurzel*, Lakritz *Wurzel*, Färberröte *Wurzel*, Malve *Wurzel*, Iris *Wurzel*, Stranddistel *Wurzel*, Salomonssiegel *Wurzel*, Süßdolde *Wurzel*, Kalmus *Wurzel*, Gelber Enzian *Wurzel.*
Spätherbst	Kerbel *Blätter*, Chicorrée *Wurzel*, Feldsalat *Blätter.*

Samen erntet man nur, wenn sie reif sind, kurz bevor sie ausfallen. Man schneidet die ganzen Stiele und hüllt die Samenstände in Papiertüten. Das gilt auch für solche Samen, die man für die Aussaat im nächsten Jahr oder als Würzkräuter aufbewahren möchte, z. B. Dill, Fenchel, Liebstöckel, Kümmel und Koriander.

Wurzeln erreichen ihre größte Wirksamkeit im Herbst, wenn sie die Nahrungsvorräte für den Winter gespeichert haben. Löwenzahn, Klette, Alant und Süßwurz zählen dazu.

Wurzeln lassen sich bei jeder Witterung ernten. Die anderen Kräuter werden besser an trockenen Tagen geerntet, am besten morgens, wenn der Tau verdunstet ist und die Sonne die Pflanzen noch nicht bescheint. Benötigt man nur kleine Mengen, sollte man nur Pflanzen einer Art gleichzeitig sammeln und zum Trocknen auslegen, bevor man die nächste Sorte erntet.

Man schneidet die Pflanzen mit Messer oder Schere vorsichtig ab und legt sie am besten in einen Korb, statt sie in einem Bündel zusammenzupressen. Die meisten Kräuter können in einer Wachstumsperiode mehrere Male geerntet werden. Weichstielige, ausdauernde, stark wachsende Kräuter kann man etwa um ein Drittel ihrer Länge zurückschneiden.

DAS AUFBEWAHREN DER KRÄUTER

Viele duftende, rauhblättrige Kräuter wie Salbei, Rosmarin, Thymian trocknen schnell, weil sie wenig Feuchtigkeit enthalten. Pflanzen mit fleischigeren Blättern wie Basilikum, Borretsch und Beinwell benötigen einige Zeit zum Trocknen. Dauert der Trockenprozeß zu lange, gehen viele Wirk- und Duftstoffe verloren. Deshalb sollte das Trocknen in kürzester Zeit durchgeführt werden, ohne daß die Kräuter zu warm oder beschädigt werden. Regelmäßige Luftzirkulation ist vorteilhaft. Am besten hängt man die Kräuter an einem warmen, luftigen, vor Sonnenlicht geschützten Platz auf.

Zubereitung

Langtriebige Kräuter wie Salbei, Rosmarin und Wermut bindet man zu losen Bunden mit zehn Stielen. Bunde von Minze und Zitronenmelisse mit den saftigeren Blättern enthalten nur fünf Stiele. Bei ganzen Pflanzen von Duftkräutern, Sommersalbei und Thymian, nimmt man nur zwei zusammen.

Weichtriebige Kräuter wie Waldmeister, Gundelrebe, echtes Labkraut und Liebstöckel und die ganzen Pflanzen von Augentrost und Petersilie, die Blütenschöpfe der Kamille, Blüten von Linden und Königskerzen sollten auf ein Trockenblech oder einen Karton gelegt werden. Kleine Mengen kann man auf Nessel oder Packpapier ausbreiten, die über ein Drahtgestell gespannt werden. Es geht auch anders, aber die Luft muß freien Zugang zu den Pflanzenteilen haben.

Samenstände oder Kapseln steckt man in Tüten und hebt sie ca. drei Wochen lang an einem luftigen (nicht künstlich beheizten) Platz auf, bis die Samen gut ausgereift und trocken sind und aus ihren Kapseln oder von den Samenständen fallen. Wurzeln benötigen zusätzliche Wärme, um richtig zu trocknen. Man wäscht und bürstet sie sauber. Dünne Wurzeln, zum Beispiel die der Malven, schneidet man in längere Stücke, größere Wurzeln in kurze. Man bindet sie zu kleinen Bündeln zusammen oder legt sie stückweise zum Trocknen aus.

Das Trocknen

Die Bunde und Trockenstellagen oder Bleche bringt man in einen gut belüfteten Raum, unter ein Terrassendach oder in die Nähe eines offenen Fensters in einem schattigen Raum. Auf keinen Fall trocknet man sie in feuchten Küchen oder gar Badezimmern. Um den Trockenvorgang zu beschleunigen, kann man die Pflanzen oder ihre Teile in einen belüfteten Trockenschrank hängen oder über einen Warmwasserbehälter. Am besten eignen sich Gestelle in einem leicht erwärmten Backofen, dessen Tür offen bleibt. Die Temperatur darf nicht über 33 °C ansteigen. Schnelles Trocknen erreicht man in einem Mikrowellenherd. Kleinblättrige Kräuter sind in einer Minute trocken, größere, saftigere in ca. drei Minuten.

Wenn man Kräuter in größeren Mengen braucht, lohnt sich der Bau oder die Anschaffung eines Trockenschrankes. Die Fächer können aus Holzrahmen bestehen, über die man Stoff spannt. Ein kleiner Elektroofen erzeugt die erforderliche Wärme. Bei größeren Mengen kann man auch einen dunklen Abstellraum zum Trocknen einrichten, in dem die erforderliche Wärme mit einem Ölofen erzeugt wird. Die

Regal zum Trocknen der Kräuter
Am besten trocknet man größere Mengen von Kräutern auf einem Trockenregal, auf dessen Böden die Kräuter lose aufgeschüttet werden. Ein Holz- oder Ölofen gibt die erforderliche kontinuierliche Wärme. Die Regalböden stellt man aus Rahmen mit Musselinbespannung her. Empfindlichere, weichtriebige oder großblättrige Kräuter, Blüten und Blütenblätter lassen sich darauf ausgezeichnet trocknen. Gröbere Pflanzen und Wurzeln kann man gebündelt aufhängen, zum Beispiel an Bambusstangen, die horizontal zwischen den Regalen angebracht werden. Die Luft muß frei um die Pflanzen zirkulieren können. Will man kleinere Mengen trocknen, genügen 1-2 Ablagen und ein Elektroöfchen.

Trockenregale stellt man an den Wänden auf. Gebündelte Kräuter läßt man von der Decke herabhängen.

Sobald die Kräuter sorgfältig getrocknet sind, kommen sie in Gläser und Dosen, damit sie nicht wieder Feuchtigkeit aufnehmen. Die Trocknung ist abgeschlossen, wenn das Kraut brüchig geworden ist. Entweder hebt man das ganze Kraut oder die abgestreiften Blätter auf, die nicht unnötig zerkrümelt werden sollen. Blüten sind trocken, wenn sie wie Papier rascheln. Wurzeln dürfen zwischen den Fingern nicht mehr biegsam sein. Die getrockneten Kräuter, Blätter, Blüten und Wurzeln packt man in luftdichte Gläser und Dosen; Glasbehälter stellt man an einen dunklen Platz. Zeigen Gläser durch Beschlagen noch Spuren von Feuchtigkeit, nimmt man die Kräuter heraus und trocknet sie nach.

Die Gefäße müssen mit Etiketten gekennzeichnet werden. Nach einer neuen Ernte wirft man alte Kräuter vom vergangenen Jahr auf den Komposthaufen. Kräuter mit feinen, zarten Blättern wie Fenchel, Basilikum, Schnittlauch und Kerbel kann man nicht gut trocknen, aber man kann sie einfrieren. Man versiegelt sie in kleinen Plastiktüten in handlichen Portionen und bringt sie in die Kühltruhe. Sie lassen sich auch zerkleinern und in einen Eisbehälter packen, den man mit Wasser auffüllt und dann einfriert. Kräftige Würzkräuter steckt man in Essig, Sirup, Öl oder Alko-

Aufbewahrung der Kräuter
Minze und Estragon hebt man in Gläsern auf. Basilikumblätter konserviert man in Öl, Kräuterblüten am besten in Sirup. Junge Triebe packt man in Plastiktüten, die man verschweißt und einfriert. Feingehackte Kräuter lassen sich in Eisbehältern einfrieren.

hol. Viele Heilkräuter werden auf diese Weise kalt konserviert. Basilikum hält sich mehrere Jahre in einem Steintopf, wenn man es mit Salz mischt und mit Olivenöl übergießt. Die Blätter werden eventuell dunkel, aber der Geschmack bleibt erhalten.

Estragon und Minze kann man in Olivenöl einlegen. Sie halten sich dann allerdings nicht sehr lange. Am besten eignet sich Essig. Man legt die Blätter in Steintöpfe und gießt einen guten Weinessig (natürlich ohne Salz) darüber. Man kann auch Kräutersprossen in eine Essigflasche geben. Schnittlauchblüten färben hellen Weinessig rosa.

Sirup kann man mit Kräuterblüten, z.B. mit Holunder- oder Nelkenblüten, mit Stielen von Angelika oder aromatischen Wurzeln von Kugeldisteln, Süßdolde oder Alant geschmacklich verändern, auch durch Zusätze von Zitronen- oder Orangensaft und Gewürzen wie Cardamom, Zimt, Gewürznelken oder Muskat. Im Kühlschrank halten sich Kräuter mehrere Wochen lang, noch länger in Einmachgläsern.

Kräuter kann man auch in Alkohol konservieren. Sie müssen gut bedeckt sein. Nach einem Monat ergibt die Mischung in kleinen Mengen ein verdauungsförderndes Mittel oder einen Magenlikör. Magenbitter erhält man aus Stücken von Enzianwurzeln mit Zucker, Dillsamen, Anis und Kümmel, die mit Alkohol aufgesetzt werden.

Zwiebelwürze aus Schnittlauch erhält man, wenn man Schnittlauch in kurze Stücke schneidet und zu gleichen Teilen mit Salz mischt. Die Mischung gibt man in einer dünnen Lage in eine Backform in einen schwach geheizten Backofen und läßt die Tür offen, bis der Schnittlauch absolut trocken ist. Nun hebt man ihn in verschlossenen Gläsern auf. Die starke, salzige Mischung kann zum Würzen von Eintopfgerichten, gebratenen Steaks und Omelettes verwendet werden.

VORBEREITUNG AUF DEN WINTER

Im Spätsommer oder frühen Herbst endet das Wachstum. Dann kommt die Zeit für ein letztes Formen und Schneiden der strauchigen Kräuter und Hecken. Sie benötigen nämlich noch einige frostfreie Wochen, um genügend Schutzgrün gegen die Winterkälte zu entwickeln. Wertvolle Kräuter können nun von ausgereiften Zweigen als Stecklinge vermehrt werden (s.S. 113). In kalten Gegenden muß man zarte, nicht winterharte Kräuter wie Zitronenverbenen, bestimmte Lavendelsorten, Majoran, kanarische Zitronenbüsche, Ananassalbei und Basilikum eintopfen und ins Haus, in ein Gewächshaus oder einen Wintergarten bringen.

In warmer, geschützter Lage können ausgereifte Pflanzen den Winter überstehen, wenn man die Wurzeln mit Stroh, trockenem Farnkraut oder Tannenreisig abdeckt. Andere Kräuter benötigen stärkeren Winterschutz, z.B. Estragon, Beifuß und die weniger harten Thymiane, besonders die buntblättrigen Varietäten. Lorbeer und Myrte gehören ins Haus oder ins Gewächshaus, denn sie sind bei uns nicht winterhart.

Damit man genügend Würzpflanzen für den Winter besitzt, bringt man Ableger von Minzen und einige Schnittlauchzwiebeln ins Gewächshaus oder ins Haus in einen Blumentopf. Man läßt sie noch einige Wochen draußen in Töpfen stehen, damit sie sich im zeitigen Herbst gut bewurzeln und kräftigen. Vor dem ersten Frost kommen sie dann ins Haus. Einige besondere Lavendelarten und Rosmarin überwintern in milden Lagen mit Winterschutz. Auch der gezähnte Lavendel, *Lavandula dentata*, der im Spätherbst blüht, muß im Haus überwintert werden, wo er gut mit Ananassalbei zusammenpaßt. Den blassen, wolligen Lavendel, *Lavandula lanata* und *Lavandula stoechas*, stellt man auf eine geschützte Veranda oder einen Balkon. Weiß und rosa blühender Rosmarin gehören ins Haus.

Pflanzenkultur in Containern

Eine große Anzahl von Pflanzen in jeder Form und Größe gedeiht auch auf dem Balkon, einem Dachgarten, in einem Patio oder Gartenhof in Containern. So erhält man viele Gestaltungs- und Gruppierungsmöglichkeiten. Einzelexemplare schönblühender Pflanzen können in Töpfen in einem größeren Garten jahreszeitlich bedingte Lücken in den Beeten füllen. Tröge, die mit einer Kräutermischung bepflanzt sind, bewirken in kleinen Gärten Höhenunterschiede und dienen als Blickfang. Container müssen regelmäßig gewässert werden.

Drainage ist genauso wichtig. Die Pflanzerde muß mit Kalk angereichert werden, besonders in der Stadt, wo der Boden zur Versauerung neigt.

Kräuterkulturen auf Balkonen und Dachgärten benötigen Winterschutz. Am besten baut man ein Gerüst, das mit Schlingerpflanzen wie dem Waldgeißblatt berankt wird. So werden vor allem Jungpflanzen geschützt. Das Gewicht der Container spielt eine große Rolle für die Statik! Möglichst leichte Töpfe und Kübel aus Plastik oder Holz verwenden und an den Enden des Daches in der Nähe der Mauern aufstellen. Man rechnet zuerst das Gewicht aus und prüft die Statik. Dann kann man mit der Pflanzung der Anlage auf dem Dach oder Balkon beginnen.

Kräuter in Kübeln und Töpfen
Gruppe verschiedener attraktiver Pflanzgefäße, die man auf einem Balkon oder einer Terrasse aufstellen kann. Sie enthalten saftige Kräuter: Zwiebeln, Zitronenmelisse, Thymian, Salbei und Majoran.

In einem Gartenhof, Patio oder auf einer Terrasse kann man Töpfe und Kübel aufstellen. Sie sind für viele Kräuter gut geeignet. Sie müssen nur groß genug sein. Wuchernde Pflanzen wie Minzen, Rainfarn oder Beinwell sollte man nur einzeln in ein Pflanzgefäß setzen. Gemischte Pflanzungen können hübsch aussehen. Man wählt dekorative Solitärkräuter für die Mitte und pflanzt niedrigere Arten darum. Zuletzt nimmt man Polsterpflanzen, die den Rand des Kübels überwachsen.

Man kann auch farbstarke Blüher dazwischenpflanzen. Ringelblumen, Monarden und Kapuzinerkresse gedeihen gut in Kübeln oder Trögen. Purpurfarbener Salbei, silberner Wermut, Raute und goldener Majoran passen mit ihren bunten Blättern auch schön zusammen.

Wer statt eines Gartens nur einen Balkon oder einen Platz auf der Fensterbank zur Verfügung hat, kann Kräuter in Töpfen oder auf Fensterbänken kultivieren. Wenn man die richtigen Sorten dafür auswählt, hat man das ganze Jahr über Würz-, Heil- und Duftkräuter und kann ihre Entwicklung tagtäglich beobachten, was im Garten nicht immer möglich ist.

Das Aufstellen der Container ist besonders wichtig. Die meisten Kräuter lieben wenigstens einen halben Tag lang Sonne und etwas Luftbewegung, aber keine Zugluft. Sie mögen auch keine plötzlichen Temperaturänderungen, Hitze, Kochschwaden in kleinen Küchen und keine warme, trockene Luft direkt über einem Heizkörper. Töpfe oder Kästen passen auf eine sonnige Fensterbank in einem luftigen, leicht feuchten Raum am besten. Ost- und Westlagen sind weniger gut geeignet.

Pflanzgefäße sollten für die Durchwurzelung tief genug sein (Mindesttiefe 20 cm). Wasserabzug ist wichtig, darum sollte der Boden der Behälter mit Topfscherben oder Ziegelsplitt bedeckt werden.

Boden für Topfkräuter sollte nährstoffreicher sein als normaler Gartenboden, denn den Kräutern steht nur eine begrenzte Menge zur Ernährung zur Verfügung, und die

Nährstoffe sind bald erschöpft. Am besten kauft man nahrhafte Blumenerde in Gartencentern oder beim Gärtner. Ich mische einen Teil Pilzkompost mit der gleichen Menge mürbem Lehm, Sand und Torf oder feinem Kies. Die Kräuter sind während des Wachstums möglichst alle sechs Wochen mit organischem Dünger zu düngen.

Zuviel Wasser ist bei Zimmerpflanzen gefährlich. Ein- oder zweimaliges Gießen in der Woche reicht aus. Am besten taucht man den Topf in leicht temperiertes Wasser, bis der gesamte Boden durchfeuchtet, aber nicht gesättigt ist. Danach stellt man den Topf oder Kübel auf einen Untersetzer aus Kies. Das überschüssige Wasser kann dann leicht abtropfen. Ist die Zimmerluft trocken, spritzt man die Blätter gelegentlich mit temperiertem Wasser ab.

Alle Zimmerpflanzen müssen sorgfältig behandelt werden. Äußere Triebe schneidet man für den Verbrauch ab. Es müssen aber immer genug kräftige Triebe an der Pflanze bleiben. Hochwachsende Pflanzen sind für Zimmerkultur nicht ratsam. Stauden haben im Zimmer ein kürzeres Leben, weil sie blühen. Viele Einjährige gedeihen im Zimmer bis zur Samenreife gut.

Von den Würzkräutern eignet sich besonders Basilikum fürs Zimmer. Koriander entwickelt breite Blätter, auch Curry und Salate. Die Samenstände entwickeln sich nicht so gut wie bei Freilandpflanzen. Fenchel ist eine Staude, er wird für Zimmerkultur zu hoch. Wenn man ihn wie eine einjährige Pflanze behandelt und in 15 bis 20 cm Höhe abschneidet, erhält man junges Grün mit feinem Anisgeschmack. Buschige Staudenwürzkräuter wie Bohnenkraut, Salbei und Rosmarin werden viele Jahre alt, wenn man sie schneidet und wenn sie in nährstoffreichem Boden wachsen.

Weichtriebige Stauden wie Minzen und Estragon können ziemlich feucht stehen, wenn sie reifen. Ein Vorrat an Jungpflanzen aus Stecklingen ist zweckmäßig, um ältere Pflanzen zu ersetzen. Verschiedene Minzenarten, auch die Pfefferminze, benötigen einen kühlen, hellen Standort, andernfalls werden sie geil und faulen.

Als Zwiebelwürze dienen einige winterharte Zwiebeln mit frosthartem Lauch, die den Winter gut überstehen.

Viele Pflanzen, die man für köstliche, nahrhafte Speisen benötigt, wachsen auch im Haus. Mein bevorzugtes Gewürz ist die Zitronenverbene mit den graziös überhängenden, verholzenden Trieben und den kräftigen, nach Zitronen duftenden Blättern. Sie benötigt einen Topf mit 25/30 cm Durchmesser. Es hat nichts zu bedeuten, wenn einige Blätter im Herbst abfallen, um so mehr kommen im Frühling wieder. Die Pfefferminze ist ein sehr nützliches Heilkraut, besonders gegen Erkältungskrankheiten im Winter. Sie wächst das ganze Jahr hindurch im Zimmer. Die Pflanze benötigt reichlich Nährstoffe, möglichst einmal im Monat. Außerdem muß sie gut feucht gehalten werden. Zu feuchter Boden begünstigt allerdings auch den Pilzbefall.

Viele Duftkräuter sind nicht winterhart. Man muß sie daher ins Haus nehmen. Sie fühlen sich sogar wohler, wenn sie das ganze Jahr über im Haus gehalten werden. Am leichtesten kann man die duftblättrigen Pelargonien kultivieren. Sie gedeihen leicht aus Stecklingen, benötigen während des Winters wenig Wasser, können in trockener Luft und selbst bei indirektem Licht wachsen und bilden kräftige, lockere Büsche. Die Blüten sind meist nicht besonders reizvoll, aber das duftende Laub kann gut zum Würzen von Süßspeisen und Fruchtgelees, Säften, Obstkonserven und Eierspeisen verwendet werden.

Auch einige starkduftende Salbeiarten wachsen im Zimmer zu großen, buschigen Pflanzen heran. Der Ananassalbei *(Salvia rutilans)* besitzt einen starken, fruchtigen Duft und leuchtendrote Blüten im Winter. Er kann leicht aus Stecklingen gezogen werden. Auch empfindliche Lavendelarten mit langen, herabhängenden Trieben sehen im Zimmer in einem Hängekorb oder großen Topf gut aus. Hierzu zählt der gezähnte Lavendel *(Lavandula dentata)* mit zahlreichen, blassen Blüten im Herbst. Die gezähnten Blätter verströmen einen starken Balsamduft.

Verschiedene Basilikumsorten ziehe ich eher wegen ihres Duftes, nicht als Würzpflanzen, obwohl sie nicht besonders dekorativ sind. *Ocimum sanctum,* die Weihrauchpflanze, besitzt ziemlich behaartes Laub und einen kräftigen Duft. Das Zitronenbasilikum *(Ocimum citriodorum)* duftet kräftig nach Zitronen.

Alle diese Stauden werden kräftiger und leben länger, wenn man sie eine Zeitlang im Sommer ins Freie stellen kann, besonders wenn sie in porösen Tontöpfen stehen, die in den Boden eingegraben werden.

Pflanzenlisten zur Kräuterauswahl

KRÄUTER FÜR SCHATTIGE STANDORTE

Ein schattiger Garten, ein Beet unter einem Baum, auch im dichten Schatten eines Hauses oder einer Mauer ist für eine Anzahl von Kräutern immer noch kulturfähig. Es gibt viele Waldkräuter, besonders Heilkräuter, die den Schatten tolerieren und gut wachsen. Es gibt sogar Kräuter, die tiefen Schatten besonders lieben. Pflanzen, die in den Wäldern gedeihen, müssen blühen, bevor sie von den Blättern darüberstehender Bäume beschattet werden. Sie blühen aber jahrelang nicht, wenn das Licht zu schwach ist.

Das bedeutet, daß Einjährige und solche, die sich durch Bestäubung vermehren, hier wenig Chancen haben. Daher sind die meisten Waldpflanzen in der Lage, sich auf vegetative Weise durch Sprossen, Ausläufer, Nebenzwiebeln oder Ranken fortzupflanzen. So gibt es an schattigen Stellen ganze Pflanzenkolonien von Günsel, Waldmeister, Gundelrebe, Poleyminze und dem hohen, blaßblütigen Baldrian.

Die Nährstoffversorgung spielt in einer neuen Umgebung für die Pflanzen eine große Rolle. Salomonssiegel und Maiglöckchen besitzen unterirdische Rhizome, mit denen sie sich ausbreiten und neue Pflanzen entwickeln. Hier werden auch die Nährstoffe gespeichert.

Stark beschattete Kräuterbeete sind für Waldstauden also gut geeignet. Sie kommen am besten vom Winterende bis zum Spätfrühling zur Geltung. Der Blüte der ersten Schneerosen, dem Lungenkraut, dem Waldmeister und Veilchen folgen Walderdbeeren, Salomonssiegel und Maiglöckchen.

Wenige andere Kräuter blühen später und vertragen daher nur geringeren Schatten: Angelika und Eisenhut im Frühsommer, das seltsame Scharbockskraut und der kriechende Salbei mit den langen, gewundenen Blütenständen und den gelbgrünen Blüten.

Eine große Auswahl von Bodendeckern steht zur Verfügung. Günsel und Wiesenknöterich muß man kurz halten, da sie wuchern. Einige größere Stauden wie die Schneerose, Baldrian, Eisenhut und Angelika oder die Jakobsleiter, die Süßdolde oder die Alraune kann man ihnen zugesellen. Viele Bodendecker besitzen hübsches Laub, das dann an Bedeutung gewinnt, wenn die Blüte vorbei ist.

Kräuter für dichten Schatten

Ajuga reptans, Günsel
Allium ursinum, Bärenlauch
Atropa belladonna, Tollkirsche
Convallaria majalis, Maiglöckchen
Galium odoratum, Echtes Labkraut
Helleborus, ssp., verschiedene Schneerosenarten, Christrosen
Hydrastis canadensis, Goldsiegel
Mandragora officinarum, Alraune
Mentha pulegium, Poleyminze
Oenothera biennis, zweijährige Nachtkerze
Polygonatum multiflorum, Salomonssiegel
Polygonum bistorta, Wiesenknöterich
Pulmonaria officinalis, Lungenkraut
Valeriana officinalis, Baldrian
Viola odorata, Duftveilchen

Kräuter für leichten Schatten

Aconitum napellus, Eisenhut
Alchemilla vulgaris, Frauenmantel
Angelica archangelica, Engelwurz, Angelika
Chelidonium majus, Schöllkraut
Digitalis purpurea, Fingerhut
Fragaria vesca, Walderdbeere
Gaultheria procumbens, Scheinbeere
Geum urbanum, Waldnelkenwurz
Glechoma hederacea, Gundelrebe
Meum athamanticum, Meum
Myrrhis odorata, Süßdolde
Polemonium caeruleum, Jakobsleiter
Polemonium reptans, kriechende Jakobsleiter
Scrophularia nodosa, knotige Braunwurz
Teucrium scorodonia, Salbei-Gamander
Trillium erectum, Dreiblatt

Kräuter, die Schatten ertragen können

Allium schoenoprasum, Schnittlauch
Althaea officinalis, Stockrose, Malve
Anthriscus cerefolium, Kümmel
Apium graveolens, Sellerie
Arctium lappa, Klette
Ballota nigra, Schwarznessel, Stinkandorn
Chenopodium bonus-henricus, Guter Heinrich
Colchicum autumnale, Herbstzeitlose
Digitalis purpurea, Fingerhut
Dipsacus fullonum, Kardendistel
Eruca sativa, Feldsalat
Filipendula ulmaria, Mädesüß
Galega officinalis, Geißraute
Galium verum, Echtes Labkraut
Hyoscyamus niger, Bilsenkraut
Hypericum perforatum, Johanniskraut
Lonicera periclymenum, Waldgeißblatt
Malva moschata, Moschusmalve
Melissa officinalis, Zitronenmelisse
Mentha, Minzen
Parietaria officinalis, Glaskraut
Petroselinum, Petersilie
Phytolacca americana, Kermesbeere
Portulaca oleracea, Portulak
Primula vulgaris, Primel, Schlüsselblume
Rubia tinctorum, Färberröte
Rumex acetosa, Sauerampfer
Smyrnium olusatrum, Gelbdolde
Symphytum officinale, Beinwell

PFLANZEN FÜR FEUCHTEN STANDORT UND TEICHE

Pflanzen, die an Bachufern oder in Feuchtwiesen gedeihen, benötigen einen bestimmten Standort. Meistens sind es Stauden. Im Gegensatz zu Waldkräutern werden sie ziemlich hoch. Sie blühen ab Frühsommer. Die Blütenfarben sind ausgeprägt, sie locken damit Insekten an.

Nur wenige dieser Kräuter benötigen einen feuchten oder sumpfigen Standort im Garten. Man kann sie an einem vor austrocknenden Winden geschützten Platz in feuchten Boden pflanzen. Die meisten wachsen gut in leichtem Schatten und breiten sich dort zu dichten Horsten oder Kolonien aus. Da viele von ihnen stark wuchern, sollte man wenigstens einmal im Jahr die Wurzeln abstechen. Es gibt unter ihnen nur wenige schönblühende Kräuter, die meisten besitzen aber Heilstoffe für den Hausgebrauch. Einige kann man auch als Salat zubereiten.

Drei Kräuter eignen sich besonders für schattige Kräutergärten. Sie sollten sorgfältig in Sumpfbeete gepflanzt und mit Steinen verankert werden. Kalmus ist wegen seines süßen Duftes beliebt. Die gelbe Schwertlilie zeigt die eleganten Blüten im Frühsommer. Der Fieberklee blüht gleichzeitig. Diese kleine Pflanze mit dem bitter schmeckenden Laub wurde früher als Stärkungsmittel verwendet. Die weißen Blüten besitzen gefranste Blättchen. Vor dunklem, beschattetem Hintergrund macht sich diese Pflanze auch gut in Einzelstellung, zum Beispiel in alten Kupfertöpfen vor einer dunklen Natursteinmauer. In schweren, feuchten Lehm pflanzt man Beinwell und Alant. Diese Stauden sind sehr anpassungsfähig. Sie werden hoch und breiten sich durch Horste aus. Feuchten, sauren Boden liebt auch der Gagelstrauch mit den bitter-aromatischen Blättern.

Von den Uferpflanzen sind besonders die Ruhrwurz, das Schildkraut, die Sumpfschafgarbe und die Wasserbraunwurz zu nennen. Diese Stauden werden bis zu 75 cm hoch. Seifenkraut mit den rosafarbenen Blüten, der dichten Belaubung und dem aufrechten Wuchs wird sehr buschig. Das Gipskraut *(Lycopus europaeus)* wurde in der Vergangenheit als Färberpflanze und Heilkraut verwendet. Es ist im Garten eine Seuche. Seine geschwollenen, blaßroten Schößlinge breiten sich wie ein Feuerwerk aus. Größere Kräuter von flachgründigen Marschböden und aus Tümpeln sind Mädesüß, Odermennig und Baldrian mit den duftenden Blüten, die im Frühsommer erscheinen. Auch der später blühende Wasserdost gehört dazu.

Wiesenknöterich und Süßdolde sind wegen des frühen Austriebs als Salatkräuter besonders begehrt. Beide stammen von feuchten Wiesenstandorten. Die breiten, fleischigen Blätter und rosa Blütenähren des Knöterichs sind eine gute Ergänzung zum feinfiedrigen Laub und den cremefarbenen Blüten der Süßdolde. Beide lieben lichten Schatten unter Bäumen, z.B. in einem Obstgarten.

Pflanzenliste
Achillea decolorans, Sumpfschafgarbe
Achillea ptarmica, Sumpfschafgarbe
Acorus calamus, Kalmus
Althaea officinalis, Malve, Stockrose
Angelica archangelica, Engelwurz
Eupatorium cannabinum, Wasserdost
Eupatorium purpureum, Roter Wasserdost
Filipendula ulmaria, Mädesüß
Hydrastis canadensis, Goldsiegel
Inula helenium, Alant
Mentha aquatica, Wasserminze
Menyanthes trifoliata, Fieberklee
Myrica gale, Gagelstrauch
Myrrhis odorata, Duftende Süßdolde
Nasturtium officinale, Brunnenkresse
Polemonium caeruleum, Jakobsleiter
Polygonum bistorta, Wiesenknöterich
Pulicaria dysenterica, Ruhrwurz
Rumex acetosa, Sauerampfer
Sanguinaria canadensis, Blutwurz
Saponaria officinalis, Seifenkraut
Scrophularia aquatica, Wasserbraunwurz
Scutellaria, Schildkraut
Symphytum officinale, Beinwell
Trillium erectum, Dreiblatt
Valeriana officinalis, Baldrian

KRÄUTER FÜR TROCKENEN STANDORT

Ein Steingarten ist der beste Standort für die meisten aromatischen Würzkräuter, die in der freien Natur an warmen Trockenhängen des Mittelmeeres und aus dem Macchia-Gebiet stammen. Dort, unter sengender Sonne und heißen, trockenen Winden gedeihen Wilder Thymian, Rosmarin und Majoran, Salbei und Bohnenkraut und entwickeln ihre gehaltvollen Öle und starken Düfte. Die Öle treten bei starker Hitze aus den Blättern und bilden einen Duftschutz, mit dem sich die Pflanzen gegen Schädlingsbefall schützen. Die rauhe, behaarte Oberfläche der Blätter ist wirksamer Verdunstungsschutz gegen Sonne und Wind.

Wenn man solche Kräuter im Garten zieht, muß man die Standortansprüche berücksichtigen. In gut drainiertem, magerem Boden können die Wurzeln nicht faulen, und die Pflanzen bleiben gedrungen. Man muß ihre natürliche Umgebung in einem steinigen, gut drainierten Beet in sonniger Lage nachbauen. Alle zwei Jahre kann man den Boden mit einer Kompostgabe verbessern. Gut drainierte Gartenböschungen aus Bauschutt sind besonders geeignet, auch dicke Lagen aus Kies.

Viele Kräuter gedeihen in der freien Natur auf nährstoffarmen Böden und Wegrainen: Wegerich, Gemeiner Beifuß, Königskerze, Spezies der Malven und Schafgarbe. Auf trokkenem Standort findet man außerdem Karde, Natternkopf, Nachtkerze und die Vertreter der Gänsefußfamilie.

Kräuter für trockenen Standort besitzen meist lange Pfahlwurzeln, um an die tiefliegende Feuchtigkeit zu gelangen. Hierzu gehören Küchenschelle, Kornblume, Blutwurz, Wiesenknopf, Fingerhut und Bibernelle. Das Echte Labkraut, die Poleyminze, Wilder Majoran bilden stattdessen Ausläufer. Zwischen Felsen und über Mauern wuchern Goldlack und Glaskraut, die ihre langen, feinen Wurzeln tief in die Spalten senken, um Feuchtigkeit und Nahrung zu erhalten. Hauslauch und Mauerpfeffer speichern Wasser in ihren dicken, sukkulenten Blättern. Sie alle gedeihen auf armen, stark drainierten Böden oder auf Mauern und Felspartien.

Aromatische Sträucher für trokkenen, sonnigen Standort
Artemisia, Beifußgewächse
Helichrysum angustifolium, Currykraut
Hyssopus officinalis, Ysop
Lavandula sp., Lavendelsorten
Phlomis fruticosa, Brandkraut
Rosmarinus officinalis, Rosmarin
Salvia, Salbeiarten
Santolina, Heiligenblume
Satureja montana, Bohnenkraut
Thymus, Thymianarten

Kräuter für trockene Standorte
Artemisia vulgaris, Beifuß
Balsamita vulgaris tanacetoides, Kampferpflanze, Frauenminze
Calamintha, Bergminze
Chamaemelum nobile, Römische Kamille
Chamomilla recutita, Echte Kamille
Cheiranthus cheiri, Goldlack
Cytisus scoparius, Besenginster
Dianthus, Nelkenarten
Digitalis purpurea, Fingerhut
Dipsacus fullonum, Karde
Echium vulgare, Natterkopf
Eryngium maritimum, Stranddistel
Foeniculum vulgare, Fenchel
Galium verum, Echtes Labkraut
Genista tinctoria, Färberginster
Hypericum perforatum, Johanniskraut
Inula conyza, Dürrwurz
Isatis tinctoria, Färberwaid
Juniperus communis, Gemeiner Wacholder
Malva moschata, Moschusmalve
Marrubium vulgare, Weißer Andorn
Melilotus officinalis, Steinklee
Nepeta ssp., Katzenminze
Oenothera biennis, Nachtkerze
Origanum sp., Dostarten
Parietaria officinalis, Glaskraut
Pimpinella saxifraga, Bibernell
Plantago, Wegericharten
Reseda luteola, Resede
Ruta graveolens, Weinraute
Salvia pratensis, Wiesensalbei
Sambucus nigra, Schwarzer Holunder
Sanguisorba minor, Wiesenknopf
Scrophularia nodosa, Nickende Braunwurz
Sedum rosea, Mauerpfeffer
Sempervivum tectorum, Dachwurz
Stachys officinalis, Ziest
Tanacetum parthenium, Mutterkraut
Tanacetum vulgare, Rainfarn
Verbascum thapsus, Königskerze
Verbena officinalis, Eisenkraut

Kräuter für Felspartien
Alchemilla alpina, Frauenmantel
Centaurum erythrea, Flockenblume
Hyssopus officinalis, Ysop
Pimpinella saxifraga, Bibernell
Primula veris, Frühlingsprimel
Pulsatilla vulgaris, Küchenschelle

KRÄUTER NACH FARBEN

Blütenfarben sind ebenso wichtig wie die Blattstruktur. Ich habe die Pflanzen nach Farben aufgelistet, um bei der Planung von Einfassungen oder eines ganzen Gartens aus verschiedenen oder einzelnen Farben behilflich zu sein. Falls nicht anders vermerkt, handelt es sich bei den Farbangaben um Blütenfarben.

Rot
Adonis annua, Einjähriges Adonis
Amaranthus hypochondriacus, Fuchsschwanz
Cynoglossum officinale, Hundszunge
Dianthus caryophyllus, Nelke
Monarda didyma, Indianernessel
Paeonia officinalis, Pfingstrose
Rosa gallica, officinalis, Essigrose
Salvia rutilans, Ananassalbei

Blau
Alcanna tinctoria, Alcanna
Borago officinalis, Borretsch
Cichorium intybus, Wegwarte, Zichorie
Eryngium maritimum, Stranddistel
Isatis tinctoria, Färberwaid
Linum usitatissimum, Flachs
Lobelia inflata, Lobelie
Polemonium caeruleum, Jakobsleiter
Rosmarinus officinalis, Rosmarin
Ruta graveolens, Weinraute
Salvia uliginosa, Moorsalbei
Scutellaria lateriflora, Schildkraut

Blauviolett, malvenfarben
Aconitum napellus, Eisenhut
Ajuga reptans, Günsel
Aquilegia vulgaris, Akelei
Echium vulgare, Natterkopf
Glechoma hederacea, Gundelrebe

Hyssopus officinalis, Ysop
Lavandula species, Lavendelarten
Nepeta fasseni, Katzenminze
Pulmonaria officinalis, Lungenkraut
Salvia pratensis, Wiesensalbei
Symphytum officinale, Beinwell
Thymus vulgaris, Thymian
Viola odorata, Duftveilchen
Viola tricolor, Stiefmütterchen

Rosa
Agastache anethiodora, Anis
Allium schoenoprasum, Schnittlauch
Althaea officinalis, Malve, Stockrose
Calamintha officinalis, Bergminze
Centaurium erythraea, Tausendgüldenkraut
Colchicum autumnale, Herbstzeitlose
Crocus sativus, Herbstkrokus, Safran
Daphne mezereum, Seidelbast
Digitalis purpurea, Fingerhut
Eupatorium cannabinum, Wasserdost, Kunigundenkraut
Malva moschata, Moschusmalve
Menyanthes trifoliata, Fieberklee
Origanum species, Dostarten, Majoran
Papaver somniferum, Schlafmohn
Phytolacca americana, Kermesbeere
Polygonum bistorta, Wiesenknöterich
Saponaria officinalis, Seifenkraut
Teucrium chamaedrys, Gamander
Thymus drucei, Thymian

Gelbgrün
Alchemilla vulgaris, Frauenmantel
Foeniculum vulgare, Fenchel
Galium verum, Echtes Labkraut
Helleborus, Nieswurz, Christrose, Schneerose
Levisticum officinale, Liebstöckel
Reseda luteola, Resede
Ruta graveolens, Weinraute
Smyrnium olusatrum, Gelbdolde
Teucrium scorodonia, Gamander
Veratrum viride, Weißer Germer

Gelb
Acorus calamus, Kalmus
Anthemis tinctoria, Färberkamille
Arnica montana, Arnika
Carthamus tinctorius, Färbergoldlack
Cheiranthus cheiri, Goldlack
Chelidonium majus, Schöllkraut
Cytisus scoparius, Besenginster
Filipendula ulmaria, Mädesüß
Galium verum, Echtes Labkraut
Genista tinctoria, Färberginster
Gentiana lutea, Gelber Enzian
Hamamelis virginiana, Virginische Zaubernuß
Helianthus annuus, Sonnenblume
Helichrysum angustifolium, Currykraut
Hypericum perforatum, Johanniskraut
Inula helenium, Alant
Isatis tinctoria, Färberwaid
Laurus nobilis aurea, gelbblättriger Lorbeer
Melilotus officinalis, Steinklee
Melissa officinalis, Zitronenmelisse
Oenothera biennis, Nachtkerze
Origanum vulgare 'Aureum', gelbblättriger Dost
Primula veris, Frühlingsprimel
Primula vulgaris, Hohe Schlüsselblume
Pulicaria dysenterica, Ruhrwurz
Salvia glutinosa, Salbei
Salvia officinalis, Wiesensalbei
Sambucus nigra 'Aurea', gelbblättriger Holunder
Santolina ssp., Heiligenblume
Sedum rosea, Mauerpfeffer
Solidago virgaurea, Goldrute
Tanacetum parthenium 'Aureum', gelber Rainfarn
Tanacetum vulgare, gewöhnlicher Rainfarn
Taraxacum officinale, Löwenzahn
Thymus drucei coccineus, Thymian
Verbascum thapsus, kleinblütige Königskerze

Weiß und cremefarben
Allium tuberosum, Winterzwiebel
Allium ursinum, Bärlauch
Chamaemelum nobile, Römische Kamille
Convallaria majalis, Maiglöckchen
Dictamnus albus, Weißer Diptam
Digitalis purpurea, weißer Fingerhut
Eupatorium purpureum, roter Wasserdost
Filipendula ulmaria, Mädesüß
Galega officinalis, Geißraute
Galium odoratum, Waldmeister
Gaultheria procumbens, Scheinbeere
Glycyrrhiza glabra, Süßwurz
Iris florentina, Florentinische Schwertlilie
Lilium candidum, Madonnenlilie
Malva moschata, Moschusmalve
Myrrhis odorata, Duftende Süßdolde
Polygonatum multiflorum, Salomonssiegel
Sambucus nigra, Schwarzer Holunder
Symphytum officinale, Beinwell
Tanacetum parthenium, Rainfarn, Mutterkraut
Thymus drucei 'Albus', Thymiansorte
Valeriana officinalis, Baldrian
Viburnum opulus, Wasserschneeball

Purpurfarben
Ajuga reptans 'Atropurpurea', Dunkelrotblättriger Günsel
Amaranthus hypochondriacus, Fuchsschwanz
Atriplex hortensis, Melde
Digitalis purpurea, Fingerhut
Echinacea angustifolia, rotblühende Rudbeckie
Foeniculum vulgare, Fenchel
Liatris odoratissima, Prachtscharte
Mentha piperita, Pfefferminze
Mentha raripila rubra, Minzenart
Ocimum basilicum, Basilikum
Plantago major, Breitblättriger Wegerich
Salvia officinalis, Salbei
Serratula tinctoria, Färberscharte
Stachys officinalis, Ziest
Thymus drucei, Thymian

Orange
Calendula officinalis, Ringelblume
Coreopsis tinctoria, Schöngesicht
Tagetes lucida, Tagetes
Tropaeolum majus, Kapuzinerkresse

Buntblättrig
Ajuga reptans 'Multicolor', Günsel
Buxus sempervirens 'Elegantissima', buntblättriger Buchsbaum
Buxus sempervirens 'Latifolia Maculata'
Melissa officinalis 'Aurea', gelbblättrige Melisse
Mentha gentilis 'Variegata', buntblättrige Minze
Mentha suaveolens 'Variegata', buntblättrige Ananasminze
Myrtus communis 'Variegata', buntblättrige Myrte
Pelargonium crispum 'Variegatum', buntblättrige Geranie
Pelargonium graveolens 'Lady Plymouth', buntblättrige Geranie

Rumex sanguineum, Sauerampfer
Ruta graveolens 'Variegata', buntblättrige Weinraute
Salvia officinalis 'Tricolor', Bunter Salbei
Salvia officinalis 'Icterina', buntblättriger Salbei
Sambucus nigra 'Aurea-variegata', buntblättriger Holunder
Scrophularia aquatica 'Variegata', buntblättriger Wasserbraunwurz
Silybium marianum, Mariendistel
Thymus citriodoros 'Aureus', Goldthymian

Silber- und graublättrig
Althaea officinalis, Malve, Stockrose
Artemisia absinthium, Wermut
Artemisia borealis, Wermut
Artemisia lactiflora, weißer Wermut
Artemisia maritima, Strandwermut
Artemisia schmidtiana, A. stelleriana, A. pontica, *Beifußarten*
Balsamita vulgaris tanacetoides, Balsam, Frauenminze
Balsamita tomentosum, Kampferpflanze
Dianthus caryophyllus, Gartennelke
Eryngium maritimum, Stranddistel
Helichrysum angustifolium, Currykraut, Strohblume
Lavandula speciosa, Lavendel
Marrubium vulgare, Andorn
Nepeta fassenii, Katzenminze
Origanum dictamnus, Dost
Papaver somniferum, Schlafmohn
Phlomis fruticosa, Brandkraut
Salvia officinalis, Salbei
Salvia sclarea, Salbei
Santolina chamaecyparissus, Heiligenblume, Santoline
Santolina neapolitana, Heiligenblume, Santoline
Sedum rosea, Mauerpfeffer
Thymus drucei coccineus, Thymian
Thymus drucei coccineus lanuginosus, Thymian
Thymus fragrantissimum, Thymian
Verbascum thapsus, Kleinblütige Königskerze

HOHE KRÄUTER

Die Pflanzenhöhe ist für die Planung eines Kräutergartens wichtig. Hohe Kräuter können in einem kleinen Garten zum Blickfang werden, Ecken, Stufen, Sitzplätze einfassen oder Teil einer Windschutzpflanzung darstellen. Kleine Solitärgehölze in einem mittelgroßen Garten dienen als Schutz für Frühlingsblüher. Immergrüne Gehölze sehen das ganze Jahr hindurch schön aus. Man kann auch eine Rabatte aus großen Kräutern zusammenstellen.

Die nachfolgende Liste ist eine Hilfe bei der Gartenplanung. Ich habe Holunder dazugenommen, weil er so nützlich ist. Sämtliche Teile enthalten medizinische Wirkstoffe. Er wächst allerdings rasch und neigt dazu, andere Pflanzen zu unterdrücken. Daher ist er für kleinere Gärten nicht geeignet. Die Pflanzen sind nach der Größe aufgelistet. Die größten stehen oben.

Solitärbäume und Sträucher
Tilia cordata, Winterlinde, 11 m
Sambucus nigra, Schwarzer Holunder, 8 m
Viburnum opulus, Wasserschneeball, 4 m
Euonymus europaeus, Pfaffenhütchen, 3 m
Hamamelis virginia, Virginische Zaubernuß, 3 m

Kleine immergrüne Bäume und Sträucher
Laurus nobilis, Lorbeer 7 m, frostfrei überwintern!
Myrica cerifera, Gagelstrauch, 4 m
Myrtus communis, Myrte, 3 m, nur im Haus überwintern
Juniperus communis, Heidewacholder, 3 m
Buxus sempervirens, Buchsbaum, 3 m
Rosmarinus officinalis, Rosmarin, 2 m, nur mit starkem Winterschutz
Cytisus scoparius, Besenginster, 1,50 m
Lavandula angustifolia, Lavendel, 1,20 m, Winterschutz!
Rosa gallica officinalis, Essigrose, 1,20 m
Phlomis fruticosa, Brandkraut, 1,20 m, Winterschutz!
Artemisia absinthium, Wermut, 1 m
Artemisia abrotanum, Beifuß, 0,90 m
Santolina, Heiligenblume, 0,70 m
Salvia officinalis, Salbei, 0,70 m

Hohe Staudenkräuter
Phytolacca americana, Kermesbeere, 3 m
Eupatorium purpureum, Purpurwasserdost, 2,50 m
Inula helenium, Alant, 2 m
Levisticum officinale, Liebstökkel, 2 m
Galega officinalis, Geißraute, 1,50 m
Myrrhis odorata, Duftende Süßdolde, 1,50 m
Valeriana officinalis, Baldrian, 1,50 m
Symphytum officinale, Beinwell, 1,50 m
Artemisia vulgaris, Beifuß, 1,50 m
Gentiana lutea, Gelber Enzian, 1,50 m
Veratrum viride, Germer, 1,50 m
Tanacetum vulgare, Rainfarn, 1,50 m
Nepeta cataria, Katzenmelisse, 1,40 m
Glycyrrhiza glabra, Süßwurz, 1,20 m
Eupatorium cannabinum, Wasserdost, 1,20 m
Filipendula ulmaria, Mädesüß, 1 m
Foeniculum vulgare, Fenchel, 1 m
Althaea officinalis, Malve, 1 m
Allium cepa, Kronenzwiebel, 1 m
Eryngium maritimum, Stranddistel, 0,60 m

Hohe einjährige Kräuter
Helianthus annuus, Sonnenblume, bis 4 m
Anethum graveolens, Dill, 1,50 m
Atriplex hortensis rubra, Rote Melde, 1,50 m
Melilotus officinalis, Steinklee, 1,30 m
Salvia sclarea, Salbei, 1,20 m
Cynoglossum officinale, Hundszunge, 1 m
Oenothera biennis, Nachtkerze, 1 m

Hohe einjährige Kräuter
Helianthus annuus, Sonnenblume, bis 4 m
Anethum graveolens, Dill, 1,50 m
Atriplex hortensis rubra, Rote Melde, 1,50 m
Melilotus officinalis, Steinklee, 1,30 m

Beschreibung der Kräuterarten

Falls nicht anders vermerkt, sollte der Samen im Frühling gesät und die Wurzeln im Frühling oder Herbst geteilt werden. Details über Vermehrung und Ernte auf den Seiten 114 und 123.

Achtung! Die in den Heilkräutern erwähnten Wirkstoffe und ihre Anwendung sind nur als Empfehlung aufzufassen, nicht als erprobte Heilmittel!

ACHILLEA millefolium

Schafgarbe, *Korbblütler*
Wächst an Wegrainen und auf Ödland. Widerstandsfähige Staude, die ca. 60 cm hoch wird und lange, schmale, aromatische, vielfach gefiederte Blätter und flache Blütendolden mit weißen und rosafarbenen Blüten besitzt. Sie blühen fast das ganze Jahr hindurch.
Vermehrung: Aussaat oder Wurzelteilung. Verträgt die meisten Böden, liebt Sonne.
Verwendung: Junge Blätter sind eßbar und nahrhaft. Können als Salat gegessen werden. Altbekanntes Heilkraut. Blätter dienen als Breiumschlag für Wunden oder für heilende Waschungen. Kräuteraufguß wird gegen Fieber- und Schüttelfrost getrunken. Magisches Kraut für Weissagungen. Gut zur Aktivierung und Düngung des Komposthaufens.

A. ptarmica

A. *ptarmica* sieht ähnlich aus. Kulturansprüche wie *A. millefolium,* liebt feuchten, sauren Boden. Die Blätter sind klein, feingesägt und duften. Blüten nicht so zahlreich und größer als bei der gemeinen Schafgarbe.
Verwendung: Wie Schafgarbe. Kräutertee wurde früher als Kopfschmerzmittel getrunken. Varietäten mit gefüllten Blüten und größeren Blütenblättern.

ACONITUM napellus

Eisenhut, *Hahnenfußgewächs*
Heimisch in Berggebieten Europas und Asiens. *A. napellus* ist eine bekannte Gartenstaude. Wird ca. 1 m hoch.
Kultur: Aussaat oder Wurzelteilung. Wächst am liebsten in feuchter, schattiger Lage.
Verwendung: Sämtliche Teile stark giftig! Früher als schmerzstillendes Mittel und starkes Beruhigungsmittel angewendet. Heute homöopathisches Heilmittel gegen Asthma und Beklemmungen.

ACORUS calamus

Kalmus, *Aronstabgewächs*
Staude, die bei uns heimisch ist. Gedeiht am besten im Flachwasser und an feuchten Stellen, ca. 1 m hoch, schwertähnliche Blätter, Blütenstand bogig mit winzigen, grünen Blüten.
Kultur: Rhizomteilung. Liebt nassen Boden.
Verwendung: Pflanze wurde früher als aromatische Streu verwendet. Heute kaut man die Wurzeln oder trinkt den Tee gegen Verstopfung.

ADONIS annua

Einjähriges Adonis, Teufelsauge, *Hahnenfußgewächs*
Einjähriges Kraut, das auf Feldern und offenen Böden gedeiht. Höhe ca. 30 cm. Feingefiederte Blätter, prächtige rote Hahnenfußblüten mit dunkler Mitte im Sommer.
Kultur: Aussaat an sonniger Stelle.
Verwendung: Sämtliche Teile sind giftig: Starkes Herzgift. Auch die Staude *A. vernalis* ist giftig!

AGASTACHE anethiodora

Anis, *Lippenblütler*
Stammt aus Nordamerika. Sieht der Minze ähnlich und wird 2 m hoch. Rosafarbene Blütenähren erscheinen im Sommer.
Kultur: Aussaat oder Abtrennen der Ausläufer. Liebt sonnigen Standort.
Verwendung: Tee mit minzenähnlichen Eigenschaften aus den Blättern. Gute Bienenweide.

AGRIMONIA eupatoria

Odermennig, *Rosengewächs*
Duftende heimische Staude aus Wiesen und offenen Lagen. Wird ca. 60 cm hoch. Laub grobstrukturiert. Ähre mit kleinen, gelben Blüten.
Kultur: Aussaat oder Wurzelteilung. Liebt gut drainierten, sonnigen Standort.
Verwendung: Kräutertee mit zusammenziehenden Eigenschaften. Gurgelmittel bei Halsentzündungen, für Wundenwaschungen.

AJUGA reptans

Günsel, *Lippenblütler*
Heimische Pflanze aus lichten Wäldern und Feuchtwiesen. Kriechende Staude mit dunkler Belaubung, ovalen Blättern und aufrechten Blütenständen. Blaue Blüten im Frühsommer.
Kultur: Aussaat oder Ableger. Als Bodendecker und auf Wegen zu pflanzen. Schattenverträglich.
Verwendung: Herkömmliches Wundkraut. Abgekochte Blätter als Breiumschlag oder als Wundwaschmittel. Viele Varietäten und Sorten mit unterschiedlichen Laubfarben mit ähnlicher Wirkung.

ALCHEMILLA vulgaris

Frauenmantel, *Rosengewächs*
Wiesenstaude von ca. 30 cm Höhe mit rundlichen, gesägten, grundständigen Blättern und gelbgrünen Blütenbüscheln im Spätfrühling.
Kultur: Aussaat oder Wurzelteilung. Liebt leichten Schatten und Sonne.
Verwendung: Zusammenziehende Eigenschaften, blutstillend, Kräftigungsmittel. Teeaufguß von Blättern oder Wurzeln benutzt man gegen Menstruationsblutungen und gegen Durchfall. Äußerlich als Mittel zur Waschung und Reinigung von Wunden und Geschwüren.Ähnliche Eigenschaften: *A. alpina,* Alpenfrauenmantel, *A. mollis,* Kulturform, Selbstaussaat.

ALCANA tinctoria

Alkanna, *Borretschgewächs*
Heimat Südeuropa, verbreitete Staude von ca. 30 cm Höhe mit langen, rauhbehaarten Blättern und kleinen, leuchtendblauen Blüten, die im Frühling erscheinen.
Kultur: Aussaat oder Wurzelteilung. Gedeiht in jedem Boden in sonniger Lage oder lichtem Sand. Sät sich selbst aus.
Verwendung: Wurzeln wurden früher als Wundkraut verwen-

det. Heute interessant zur Gewinnung des roten Farbstoffes als Färbemittel aus Mischungen mit Öl oder Alkohol.

ALLIUM

Lauch, Zwiebel, *Liliengewächse*
Große Gruppe von Zwiebelgewächsen, seit Jahrtausenden in Kultur. Die aufgelisteten Arten sind ausdauernd und besitzen langen, starkriechenden Lauch und kugelige Blütenstände.
Kultur: Sie gedeihen am besten in tiefgründigen, nahrhaften Böden auf sonnigem Stand.
Verwendung: Sie enthalten in unterschiedlicher Menge bedeutende Vitamine, Mineralien, Spurenelemente und Schwefel und besitzen darüber hinaus antiseptische und blutreinigende Eigenschaften. Sie werden als Topf- und Würzkräuter verwendet. Äußerliche Anwendung als Brei bei Verbrennungen und Insektenstichen.

A. cepa 'Proliferum'

Die Zwiebel, ägyptische Zwiebel
Eine Varietät der bekannten Gartenzwiebel, wird ca. 1 m hoch. Sie besitzt dicke, hohe Stiele, Blätter und zahlreiche Zwiebelchen, die im Sommer auf die Erde fallen und zu neuen Pflanzen heranwachsen.
Kultur: Kann auch wie Schalotten oder Knoblauch durch Teilung der Elternzwiebel erfolgen.
Verwendung: Lauch als grünes Zwiebellauch zum Würzen. Zwiebelchen für Suppen und Mixed Pickles.

A. fistulosum

Winterheckenzwiebel
Ist immergrün. Sie wächst wie Schnittlauch in Gruppen zusammen, allerdings besitzt sie stärkeren, hohlen Lauch, ca. 60 cm hoch. Gelegentlich erscheinen im Spätfrühling weiße, kugelige Blütenstände.
Kultur: Aussaat oder Teilung der Mutterzwiebeln.
Verwendung: Speisewürze mit Zwiebelgeschmack wie Schnittlauch.

A. perutile

Immergrüne Zwiebel
Besitzt ähnliche Eigenschaften wie *A. fistulosum*. Sie blüht nicht.

A. sativum

Knoblauch
Besitzt flachen, etwa 30 cm hohen Lauch. Blütenfarbe weiß oder rosa. Die Blüten erscheinen im Sommer des zweiten Jahres.
Kultur: Teilung der Zehen. Auspflanzung im zeitigen Frühjahr in nahrhaftem, geschütztem Boden. Zwiebelernte im zeitigen Herbst, wenn sich das Laub gelb färbt.
Verwendung: Wichtiges, stark riechendes Würzmittel für viele Gerichte, besonders Fleischgerichte. Starkes Antiseptikum und desinfizierendes Mittel. Kann innerlich zur Verhütung oder Behandlung von Infektionen, äußerlich als Wundmittel gegen Stiche etc. angewendet werden.

A. schoenoprasum

Schnittlauch
Wird ca. 30 cm hoch. Lauch hohl, Blüten rosa bis rosalila. Die papierartigen Blütchen erscheinen im Sommer. Vermehrt sich stark in dichten Horsten.
Kultur: Aussaat oder Teilung der Zwiebelhorste. Gut feucht halten und alljährlich mit Kompost düngen.
Verwendung: Lauch (Zwiebelgeschmack) frisch zu Suppen, Soßen, Salaten und Eierspeisen. Weißer Weinessig auf Blüten aufgesetzt ergibt rosafarbenen Essig. Lauch mit Salz im warmen Backofen trocknen und als Schnittlauchsalz zum Würzen verwenden.

A. *schoenoprasum* 'Sibiricum' wird etwas höher und würzt ebenfalls gut.

A. tuberosum

Knoblauchschnittlauch
Besitzt schmallaubigen Lauch, wird ca. 60 cm hoch. Weiße Blütenstände mit sternenförmigen Blüten im Spätsommer.
Kultur: Aussaat oder Teilung der Zwiebelhorste.
Verwendung: Würzmittel zu Speisen.

A. ursinum

Bärlauch, Bärenlauch
Gedeiht in feuchten, schattigen Wäldern. Er besitzt breites Laub. Die sternförmigen weißen Blüten erscheinen im Frühling.
Kultur: Aussaat oder Teilung kriechender Wurzelstöcke. Gedeiht in feuchter, schattiger Lage. Guter Bodendecker. Vermehrt sich stark.
Verwendung: Würzkraut wie Knoblauch.

ALTHAEA officinalis

Malve, Stockrose, *Malvengewächs*
Hohe Staude des Marschlandes und der Meeresküsten. Wird über 1 m hoch. Grundständige, dichte Blattrosette. Die kleinen, blaßrosa Blüten erscheinen im Spätsommer.
Kultur: Aussaat oder Wurzelteilung. Liebt lichten, feuchten Standort.

Achillea millefolium

Achillea ptarmica

Achillea decolorans

Angelica archangelica

Artemisia abrotanum

Artemisia absinthium

Verwendung: Genießbar, doch schwacher Geschmack. Wurzelstücke werden zur Linderung von Husten und Bronchitis verwendet. Mildes Abführ- und harntreibendes Mittel. Frische zerstoßene Blätter oder Wurzeln auch für Umschläge gegen Entzündungen. Andere Malvenspezies besitzen ähnliche Eigenschaften.

AMARANTHUS hypochondriacus

Fuchsschwanz, *Amaranthusgewächs*
Stammt aus Zentralamerika. Diese Einjährige wird bis zu 1,5 m hoch und besitzt längliche, gepunktete Blätter und dichte, aufrechtstehende, dunkelrote Blütenstände, die im Sommer erscheinen.
Kultur: Aussaat in nährstoffreichem Boden und sonniger Lage. Für viele Sorten Aussaat unter Glas und Auspflanzung nach den Eisheiligen.
Verwendung: Aufguß von Blättern als Heilmittel für Waschungen von Geschwüren und als Kompresse bei Schwellungen.

ANETHUM graveolens

Dill, *Doldengewächs*
Häufig kultivierte Einjährige, die ca. 1,5 m hoch wird. Sie besitzt fein gefiedertes Laub und große, dekorative, gelbe Blütenstände im Frühsommer. Die Samen sind aromatisch.
Kultur: Aussaat in sonniger, geschützter Lage in gutem, leichtem Boden.
Verwendung: Laub besitzt erfrischend säuerlichen Geschmack. Gut zu Fisch, Mixed Pickles, Salaten und Gemüsen. Samen scharf, kräftiger Geschmack. Zum Würzen von Gemüsegerichten, Essiggemüsen und Bonbons, gutes Verdauungsmittel und wirkungsvoll gegen Blähungen.

ANGELICA archangelica

Angelika, Engelwurz, *Doldenblütler*
Heimat Nordeuropa und Rußland, gedeiht überall als riesige Zweijährige. Wird ca. 2 m hoch. Stiel gerade, hohl, Blätter fleischig. Stengelverdichtungen an der Basis. Große Blütenstände mit gelbgrünen Blüten im Frühsommer. Alle Teile duften stark.
Kultur: Aussaat im Herbst oder durch Ableger. Pflanze liebt lichten Schatten. Kann viele Jahre weiterwachsen, wenn man die Blütenstiele entfernt.
Verwendung: Kandierte Jungtriebe als Kuchendekor oder frisch zum Würzen von Obstsalat. Samen zum Würzen von alkoholischen Getränken. Alle Teile als aromatisches Stärkungsmittel zu verwenden. Anregend und verdauungsfördernd. Früher als Schutz gegen Infektionen verwendet. *A. silvestris,* die Wilde Angelika, ist kleiner, nicht so dekorativ und besitzt schwächere Wirkstoffe.

ANTHEMIS tinctoria

Färberkamille, *Korbblütler*
Dekorative Staude, ca. 1 m hoch, mit gelben, margeritenähnlichen Blüten im Sommer und aromatischen, gezähnten Blättern.
Kultur: Aussaat oder Wurzelteilung. Wächst in sonniger Lage.
Verwendung: Gelbe Farbe aus den Blüten. Früher als Stärkungsmittel verwendet.

ANTHRISCUS cerefolium

Kerbel, *Doldengewächs*
In Asien und Europa heimisch, einjährig. Wird ca. 60 cm hoch und besitzt feines, nach Anis duftendes Laub und weiße Blütenstände im Frühsommer.
Kultur: Aussaat im Frühling oder Spätsommer. Liebt wechselnden Schatten und feuchten, nahrhaften, leichten Boden. Starke Selbstaussaat.
Verwendung: Frisch zum Würzen von Eierspeisen und anderen leichten Speisen. Im Frühling Tee als Blutreinigungsmittel. Verdauungsfördernd.

APHANES arvensis

Ackersinau, *Rosengewächs*
Verbreitete, kleine, widerstandsfähige Einjährige von unterschiedlichem Wuchs. Liebt trokkenen, steinigen Standort. Eng anliegende Blattrosetten und winzige, gelbe Blüten im Frühsommer.
Kultur: Aussaat in steinigem, magerem Boden.
Verwendung: Bekanntes Heilmittel gegen Blasen- und Nierensteine. Tee harntreibend und gegen Nierenleiden.

APIUM graveolens

Sellerie, *Doldengewächs*
Zweijährige Pflanze aus Küstengegenden. Blätter und kräftige Stiele verströmen starken Selleriegeruch. Die weißen Blütenschöpfe erscheinen im Sommer des zweiten Jahres.
Kultur: Aussaat in feuchtem Boden. Verträgt Schatten.
Verwendung: Pflanze und Samen schmecken leicht bitter. Sie gelten als appetitanregend und allgemeine Kräftigungsmittel. Blätter für Suppen, Soßen und Speisewürze.

AQUILEGIA vulgaris

Akelei, *Hahnenfußgewächs*
Heimisch in Europa. Bekannte, hübsche, ca. 60 cm hohe Staude mit dreiteiligen Blättern und

zahlreichen rosa, blauen oder weißen Blüten im Frühsommer.
Kultur: Aussaat im Frühling oder Herbst an Ort und Stelle oder Wurzelteilung. Liebt gut drainierten, feuchten Lehmboden. Verträgt viel Schatten.
Verwendung: Sämtliche Teile sind stark giftig! Ähnlich Eisenhut. Pflanzen wurden früher als Antiseptikum und Beruhigungsmittel verwendet.

ARCTIUM lappa

Klette, *Korbblütler*
Großblättrige bekannte, ca. 1 m hohe Staude mit kleinen, purpurfarbenen Blüten im Spätsommer und den bekannten Klebfrüchten.
Kultur: Frischen Samen im Herbst an sonniger Stelle aussäen. Liebt nahrhaften Boden.
Verwendung: Blätter wurden zur Bierherstellung verwendet, Wurzelstücke und Blätter zu Umschlägen gegen Hautausschläge und Schuppen.

ARCTOSTAPHYLOS uva-ursi

Bärentraube, *Heidekrautgewächs*
Immergrüne Staude oder Halbstrauch aus Nordeuropa und Nordamerika. Ledrige Blätter, nickende, rosa Blüten, kleine, rote Beeren. Liebt sonnige bis halbschattige Lage auf feuchtem Boden.
Kultur: Vermehrung durch holzige Stecklinge oder Senker. Blatternte im Spätsommer.
Verwendung: Laub als zusammenziehendes Antiseptikum. Enthält Tannin zur Behandlung von Nieren- und Blasenleiden.

ARMORATIA rusticana

Meerrettich, *Kreuzblütler*
Großblättrige, ca. 1 m hohe Staude. Blütenstand mit einzelnen weißen Blüten erscheint im Sommer. Lange Wurzeln.
Kultur: Wurzelschnittlinge im Frühling. Liebt sonnigen bis halbschattigen Standort. Einmal gepflanzt, läßt er sich schwer wieder beseitigen.
Verwendung: Geraspelte Wurzeln für scharfe Soßen mit verdauungsfördernder Wirkung.

ARNICA montana

Arnika, Bergwohlverleih, *Korbblütler*
Diese Staude wird ca. 30–40 cm hoch. Sie stammt aus den Berggebieten Mitteleuropas. Blütenstiele tragen gelbe, margeritenähnliche Blüten über Blattrosetten aus schmallanzettlichen Blättern im Sommer.
Kultur: Sonniger Standort und lehmiger, schwach saurer Boden.
Verwendung: Sämtliche Teile giftig! Getrocknete Blüten und Wurzeln für Salben oder Tinktur gegen Verstauchungen und Quetschungen. Homöopathisches Heilmittel gegen Quetschungen und Erschöpfungszustände. Amerikanische Arten haben die gleiche Wirkung und Anwendung.

ARTEMISIA

Beifuß, Wermut, *Korbblütler*
Große, weitverzweigte Familie mit starkduftendem, dekorativem Laub. Die nachfolgend aufgeführten Pflanzen sind Stauden. Sie lieben Sonne und leichten, nahrhaften Boden. Viele sind ungenießbar, mit Ausnahme von Artemisia dracunculus, des Estragons.

A. abrotanum

Eberraute
Höhe ca. 90 cm, holziger Stiel und feingeteilte, kräftig duftende Blätter. Kleine, gelbliche Blüten erscheinen im Sommer bis Spätsommer in wärmeren Gegenden.
Kultur: Vermehrung durch krautige oder halbholzige Stecklinge. Im Frühling scharf zurückschneiden.
Verwendung: Absud äußerlich als Hautreinigungsmittel. Starke Aufgüsse dienen als Schädlingsbekämpfungsmittel. Laub vertreibt Motten.

A. absinthium

Wermut
Ca. 1 m hoch mit tief eingeschnittenen, bitter schmeckenden, unterseits wolligen Blättern. Die Blütenstände bestehen aus kleinen, gelben Blüten.
Kultur: Krautige oder halbholzige Stecklinge, Aussaat oder Wurzelteilung. Im Frühjahr scharf zurückschneiden.
Verwendung: Laub und Blüten frisch oder als Aufguß zur Schädlingsbekämpfung.
Varietäten: Artemisia absinthium 'Lambrook Silver'.

A. *borealis,* Feldbeifuß, ca. 50 cm hoch mit aromatischen, blaßgrauen Blättern.

A. *camphorata,* Kampferbeifuß, ähnlich der Eberraute, doch mit kleineren Blättchen und Kampferduft.

A. dracunculus

A. *dracunculus,* Estragon, wird ca. 1 m hoch, besitzt stark duftende Blätter. Die weichen Stiele sterben im Winter ab. Blüten selten. Nicht mit dem robusten, schwach duftenden *A. dracunculus* 'Inodora', dem russischen Estragon, verwechseln.
Kultur: Liebt gut drainierten Boden und Sonne. Vermehrung durch Stecklinge oder Wurzelteilung. Benötigt Winterschutz

Artemisia dracunculus

Artemisia pontica

Artemisia vulgaris

und Schutz vor Feuchtigkeit.
Verwendung: Wichtiges Würzkraut für Geflügel, Fisch, Kartoffeln und Buttersoßen.

A. maritima

Strandbeifuß
Niedrige, strauchige Pflanze mit stark duftenden, feingeteilten, silbrigen Blättern.
Verwendung: Wie Wermut.

A. pontica

Römischer Wermut
Kleiner als Wermut. Filigranartiges, silbriges Laub und zarter Duft. Macht Wurzelausläufer.

A. vulgaris

Gemeiner Beifuß
Ist ein bekanntes Unkraut von Wegrainen. Wird ca. 120 cm hoch und besitzt dunkelgrüne, tief eingeschnittene Blätter, die unterseits wollig behaart sind. Die kleinen, rostgelben Blütenbüschel erscheinen im Sommer.
Kultur: Aussaat oder Wurzelteilung. Liebt sonnige bis halbschattige Lage und lockeren Boden. Kann wuchern.
Verwendung: Laub schmeckt bitter. Früher zum Bierbrauen und als appetitanregendes Mittel verwendet.

ASARUM europaeum

Haselwurz, *Pfeifenwindengewächs*
Niedrige, bodendeckende, ausdauernde Staude aus Europa und Asien. Nierenförmige, ledrige Blätter und behaarte Stiele entwickeln sich aus den kriechenden Wurzelstöcken. Die stumpf purpurfarbenen Blüten erscheinen im Sommer.
Kultur: Wurzelteilung. Liebt nahrhaften Boden, schattigen Standort.
Verwendung: Die aromatischen Wurzeln werden frisch oder getrocknet wie Ingwer gebraucht.

ATRIPLEX hortensis 'Rubra'

Rote Gartenmelde, *Gänsefußgewächs*
Kulturform unbekannter Herkunft. Wird bis 1,5 m hoch. Sichelförmige, rote Blätter mit drüsigen Stielen und purpurfarbenem Blütenstand mit winzigen Blüten, die im Spätfrühling erscheinen.
Kultur: Am besten durch Aussaat in nahrhaftem Boden. Vermehrt sich durch Selbstaussaat.
Verwendung: Junge, mild schmeckende Blätter zu Salaten oder als Spinat.

ATROPA belladonna

Tollkirsche, *Nachtschattengewächs*
Buschige Staude, die bis zu 2 m hoch werden kann. Heimisch in Europa. Oval gepunktete Blätter, stumpfpurpurfarbene, glokkige Blüten und schimmernde, schwarze Beeren.
Kultur: Aussaat oder Wurzelteilung. Liebt halbschattige Lage und lehmigen Boden. Junge Pflanzen lieben Düngung. Frostschutz!
Verwendung: Sämtliche Teile sind stark giftig! Starke Alkaloide, Hyoscyamine, Amine und Atropine gewinnt man aus Blättern und Wurzeln der Pflanze. Homöopathisches Mittel gegen Krämpfe.

BALSAMITA vulgaris
B. tomentosum

Frauenminze, *Kampferpflanze*
Aus dem Fernen Osten stammende Stauden, die wegen ihres Kampferduftes beliebt sind. Die weißen, margeritenähnlichen Blüten erscheinen im Sommer. Sie lieben sonnige bis halbschattige Lage.
Kultur: Wurzelteilung.
Verwendung: Duftkissen, leichter, stimulierender Tee, Haarwaschmittel. Auch als Insektenschutzmittel zu verwenden und gegen Insektenstiche.

BORAGO

Borretsch, *Rauhblattgewächs*
Staude aus Südeuropa mit unterschiedlicher Höhe bis 1 m, große, rauhe, borstige Blätter. Im Spätfrühling erscheinen sternförmige, blaue Blüten. Gedrungener, kräftiger Stengel.
Kultur: Aussaat oder reichliche Selbstaussaat. Verträgt sämtliche Bodenarten und etwas Schatten.
Verwendung: Von jungen Blättern erhält man einen angenehm frisch schmeckenden Salat. Die Blüten dienen zum Verzieren von Salaten und Getränken.

BRASSICA nigra

Schwarzer Senf, *Kreuzblütler*
Früher häufig angebaut. Neue Sorten lassen sich besser maschinell verarbeiten. Einjährige, bis 2,5 m hohe Pflanze mit borstigen, gelappten Blättern und gelben Blüten im Sommer. Früchte: Lange Schoten mit schwarzen Samen.
Kultur: Aussaat auf nahrhaften Böden in sonniger Lage. Man erntet die trockenen, reifen Schoten.
Verwendung: Kräftig schmekkende, scharfe Samen dienen zur Senfherstellung. Äußerlich ein Hautrötungsmittel. Nicht für zarte Haut geeignet.

BRYONIA dioica

Zaunrübe, *Kürbisgewächse*
Ausdauernde Kletterpflanze aus Europa, ca. 4 m hoch mit weinlaubähnlichen Blättern, kleinen, blaßgrünen Blüten und roten Beeren. Die Wurzeln bestehen aus einem dicken, rübenähnlichen Wurzelstock.
Kultur: Aussaat frischer Beeren oder Wurzelteilung. Liebt sonnigen bis halbschattigen Standort und lehmigen Boden. Ausläufertreibend!
Verwendung: Die scharfen Wurzeln wurden früher gegen Lepra, als Abführmittel und irrtümlicherweise auch als Ersatz für Alraunenwurzeln verwendet.

BUXUS sempervirens

Buchsbaum, *Buchsbaumgewächs*
Ausdauernder Strauch oder kleiner Baum, bis zu 3 m hoch, mit kleinen, glänzenden, duftenden Blättern und winzigen, grüngelben Blüten im Spätfrühling.
Kultur: Stecklinge im Frühling oder Herbst. Liebt Sonne und Halbschatten, bevorzugt lehmigen Boden. Wächst langsam, läßt sich aber gut schneiden und formen. Gut als Heckenpflanze geeignet.
Verwendung: Aus Blättern und Holz gewann man früher ein Narkotikum und Mittel gegen Würmer. Das feste, harte Holz eignet sich gut zum Drechseln (Schachfiguren). Es gibt viele Sorten mit silbergerandeten oder gelbpanaschierten Blättern.
B. sempervirens suffruticosa ist eine zwergwüchsige Form, die besonders gut für Einfassungen verwendet werden kann.

CALAMINTHA officinalis

Bergminze, *Lippenblütler*
Stark wuchernde Staude, wird ca. 30 cm hoch und gedeiht an sonnigen Ufern und Wegrainen. Sie besitzt weiche, duftende, gegenständige Blätter und thymianähnliche, rosa Blüten, die

im Sommer erscheinen.
Kultur: Aussaat oder Wurzelteilung. Bevorzugt sonnigen, lichten Standort.
Verwendung: Erfrischender Tee aus den aromatischen Blättern. Viele *Calamintha*-Arten sind für Bankbeete oder als Polster zwischen Plattenfugen geeignet.

C. *grandiflora* besitzt größere, purpurrosa Blätter.

C. *nepetoides* blüht weiß mit kleinen Blüten. Sie wächst schwächer.

CALENDULA officinalis

Ringelblume, *Korbblütler*
Einjährige aus Südeuropa, die ca. 50 cm hoch wird. Die blassen Blätter sind lanzettlich, die margaritenähnlichen Blüten orangegelb. Sie erscheinen bereits im Spätfrühling. Pflanze wird im Schatten geil.
Kultur: Liebt sonnigen Standort und gedeiht auf jedem Boden. Aussaat und Selbstaussaat.
Verwendung: Blütenblätter zum Würzen von Suppen und Salaten, als Antiseptikum, als Beruhigungsmittel und als schweißtreibendes Mittel. Es gibt viele Hybriden mit geringerem medizinischem Wert.

CARTHAMUS tinctorius

Färbersafflor, *Korbblütler*
Die einjährige Pflanze wird ca. 1 m hoch, Herkunft unbekannt, stachelige, distelähnliche Blätter und scheckige, orangegelbe Blüten.
Kultur: Wächst auf offenen Böden in sonniger Lage. Vermehrung durch Aussaat. Verträgt Verpflanzen nicht gut.
Verwendung: Nur Blütenblätter als Medizin, sonst hauptsächlich wegen der gelben Farbe angebaut.

CARUM carvi

Kümmel, *Doldengewächs*
Heimisch in Asien und Teilen Europas. Zweijährige Pflanze, die etwa 1 m hoch wird. Sieht aus wie eine Möhre mit starker Pfahlwurzel und feingefiedertem Laub. Im zweiten Jahr erscheinen die weißen Blüten.
Kultur: Aussaat im Frühling oder Spätsommer. Liebt nahrhaften Boden in sonniger Lage. Man erntet den frischen Samen.
Verwendung: Frisches Laub für Salate, Suppen. Getrockneter Samen zum Würzen von Kuchen, Brot, Spirituosen etc. Die fleischigen Wurzeln sind eßbar und können wie Möhren gekocht werden. Der Samen fördert die Verdauung und vertreibt Blähungen.

CEDRONELLA canariensis

Balsampflanze, *Lippenblütler*
Stammt von den Kanarischen Inseln und Madeira. Nichtwinterharte Staude, etwa 1 m hoch, mit stark duftenden Blättern und blassen, malvenfarbenen Blüten im Sommer.
Kultur: Aussaat oder Stecklinge. Überwinterung am besten im Haus. Muß in Töpfen gezogen werden.
Verwendung: Duftendes Laub für Duftkissen.

CENTAURIUM erythraea

Tausendgüldenkraut, *Enziangewächs*
Einjährige oder zweijährige Pflanze aus Europa, die ca. 30 cm hoch wird. Aus der Blattrosette entwickelt sich der Blütenstiel mit zahlreichen rosafarbenen, fünfzähligen Blüten im Sommer.
Kultur: Aussaat im Frühling oder Herbst in trockener, sonniger Lage.
Verwendung: Tee als anregendes und verdauungsförderndes Mittel.

CHAMAEMELUM nobile

Römische Kamille, *Korbblütler*
Kriechende Staude, bis 25 cm hoch, mit feingefiederten, fruchtig duftenden Blättern und gänseblümchenähnlichen Blüten, die den ganzen Sommer hindurch erscheinen.
Kultur: Aussaat im Frühling oder Stecklinge im Frühling oder Herbst. Verträgt saure Böden und leichten Schatten. Die Blüten sind zu entfernen, wenn man einen dichten Wuchs oder Rasen erhalten will. Ersatzweise kann man die nichtblühende Sorte *Ch. nobile* 'Treneague' pflanzen. Es gibt auch eine gefülltblühende Form.
Verwendung: Getrocknete Blüten werden als Absud gegen Schmerzen und als Beruhigungsmittel oder als antiseptisches Reinigungsmittel verwendet. Auch zur Haarwäsche oder für schmerzlindernde Umschläge geeignet. Im Garten beschleunigen sie die Kompostbereitung.

CHAMOMILLA recutita

Echte Kamille, *Korbblütler*
Wie oben, aber einjährig. Höhe bis ca. 50 cm. Aufrechter Wuchs. Weiße Blütenblätter hängen von den hohlen, gelben Blütenköpfchen herab. Ähnliche Anwendung wie Chamaemelum.

CHEIRANTHUS cheiri

Goldlack, *Kreuzblütler*
Staude aus Europa, die zwischen Steinen und in Mauern gedeiht. Besitzt feine Blättchen und süßduftende, vierzählige Blüten im Frühling. Dichte Wuchsform, ca. 45 cm hoch.

Chamaemelum nobile

Chamomilla recutita

Chenopodium album

Chenopodium bonus-henricus

Kultur: Aussaat im Frühling oder Herbst oder durch Stecklinge im Frühsommer. Gedeiht in leichtem Boden an sonniger Stelle.
Verwendung: Früher als Heilkraut Goldlacköl Cheirinum, wurde gegen Pickel und Geschwüre äußerlich angewendet.

CHELIDONIUM majus

Schöllkraut, *Mohngewächs*
Heimische Staude, Gartenflüchtling, verbreitet. Gedeiht auf Ödland, an Wegrainen und auf Mauern. Wird bis zu 90 cm hoch, besitzt dekorative, gelappte Blättchen und gelbe Blütchen im Sommer. Abgepflückte Pflanzenteile sondern einen gelben Saft ab.
Kultur: Aussaat oder Wurzelteilung. Liebt armen Boden und Halbschatten.
Verwendung: Alle Teile sind giftig! Saft wurde früher gegen Augenkrankheiten verwendet. Dient heute als Warzenmittel.

CHENOPODIUM

Gänsefuß, *Gänsefußgewächs*
Eine Familie mit vielen Einjährigen und ausbreitungsfreudigen Unkräutern mit unbedeutenden Blüten, aber eßbaren Blättern und Samen.
Kultur: Aussaat auf nahrhaften Böden ergibt zarte Blätter. *Ch. album,* weißer Gänsefuß, wird ca. 1 m hoch. Die Blätter sind lanzettlich, die Blüten grün.
Verwendung: Sämtliche Teile für Suppen, Zusatz zu Salaten.

Ch. ambrosioides

Wohlriechender Gänsefuß
Wird ca. 1,2 m hoch und besitzt breite, ungezähnte Blätter und hohe Blütenähren mit grünen Blättern, die im Sommer leuchtendrot werden.
Verwendung: Die fleischigen frischen Blätter geben mexikanischen Bohnengerichten und Tortillas einen typischen Geschmack. Samen sollten nicht gegessen werden. Man gewinnt daraus ein starkes Mittel gegen Würmer und ein vorbeugendes Schädlingsbekämpfungsmittel.

Ch. bonus henricus

Guter Heinrich
Staude mit bogenförmigen Blättern und grünen Blütenähren im Frühling.
Kultur: Aussaat oder Wurzelteilung. Liebt nahrhaften Boden. Erträgt Halbschatten. Blätter können als Spinatersatz gegessen werden. Junge Blütenstände kann man dämpfen. *Ch. botrys,* der klebrige Gänsefuß, wird nur ca. 60 cm hoch. Die Blätter besitzen einen welligen Rand. Die kräftigen grünen Blütenstände erscheinen im Sommer.
Verwendung: Pflanze riecht stark und eignet sich für Trokkenblumengebinde oder für Duftkränze.

CICHORIUM intybus

Zichorie, *Korbblütler*
Kultivierte Staude, die bis 1,5 m hoch wird und große, gezähnte Blätter besitzt. Die Blütenstiele sind sparrig, die Blüten himmelblau. Sie erscheinen im Sommer aus einer dicken Pfahlwurzel.
Kultur: Aussaat auf nahrhaftem Boden im Spätfrühling. Ab Herbst kann man die Wurzeln herausnehmen, das Laub auf 2 cm Länge kürzen und neuen Austrieb in einer Kiste mit Sand in einem dunklen Raum anregen. Bei vielen Sorten braucht man die Triebe nicht zu bleichen. Sie sind allerdings ziemlich bitter.
Verwendung: Salat. Die bitteren Wurzeln der Sorten 'Magdeburg', 'Braunschweig' oder 'Witlof' können getrocknet und als Kaffee-Ersatz verwendet werden.

CLEMATIS vitalba

Waldrebe, *Hahnenfußgewächs*
Ausdauerndes Gehölz aus Europa, das meterlange Ranken bildet. Die Blätter sind gefiedert, die blaßgrünen Blüten duften. Die Früchte stehen in Köpfchen mit behaarten Grannen zusammen.
Kultur: Stecklinge aus halbharten Schnittlingen, Ableger oder Aussaat. Liebt sonnigen oder halbschattigen Standort, Rankgerüst. Andere Sorten besitzen ähnliche Eigenschaften und können bis zu einem gewissen Grad giftig sein. Sie besitzen allerdings einen sehr hohen Zierwert, wie z.B. *C. flammula,* die ganze Büschel süßduftender, weißer Blüten im Herbst hervorbringt und bis zu 3 m hoch wird. Winterschutz!
C. recta, die Aufrechte Waldrebe, besitzt besonders starke Wirkstoffe. Sie wächst als Staude, wird nur 1 m hoch und bringt weiße Blüten hervor.

CNICUS benedictus

Benediktenkraut, *Korbblütler*
Diese Einjährige stammt aus dem Mittelmeergebiet. Der ästige Stiel mit den rauhen, stacheligen, gelben Blütenschöpfen, die im Sommer erscheinen, wird etwa 60 cm hoch. Die Blätter sind dunkelgrün und von weißen Blattnerven gezeichnet.
Kultur: Aussaat im Herbst oder Frühjahr in sonniger Lage. Sät sich selbst stark aus.
Verwendung: Aus Blüten gewann man früher eine bekannte Medizin als Anregungsmittel für stillende Mütter. In stärkeren Dosen Brechmittel. Junge Blät-

ter können als Salat gegessen werden.

COLCHICUM autumnale

Herbstzeitlose, *Liliengewächs*
Ausdauerndes Zwiebelgewächs mit lilarosa Blüten im Herbst nach dem Laubsterben.
Kultur: Aussaat oder Pflanzung der Zwiebeln an feuchtem, halbschattigem Platz.
Verwendung: Zwiebeln und Samen sind äußerst giftig! Sie enthalten starke Alkaloide wie das Colchicin. Früher als Mittel gegen Rheumatismus äußerlich angewendet. Es gibt zahlreiche Sorten in Weiß bis Rosa und gefüllte Formen.

CONVALLARIA majalis

Maiglöckchen, *Liliengewächs*
Bekannte Gartenstaude mit paarigen, breiten Blättern. Wird ca. 30 cm hoch. Weiße, duftende Glöckchen erscheinen im Mai.
Kultur: Aussaat oder Teilung der kriechenden Wurzelstöcke im Herbst. Liebt nahrhaften, feuchten Boden in leicht schattiger Lage.
Verwendung: Alle Teile sind sehr giftig. Sie werden als starke Droge zur Regulierung des Herzschlages verwendet und als Duftstoff für Parfüms.

COREOPSIS tinctoria

Färber-Schöngesicht, *Korbblütler*
Diese Einjährige stammt aus Nordamerika und wird ca. 75 cm hoch. Sie besitzt tief eingeschnittene Blättchen und viele margeritenähnliche, orangefarbene und braungezeichnete Blüten im Spätsommer.
Kultur: Aussaat im Frühling an sonniger Stelle.
Verwendung: Blüten ergeben eine gute gelborange Farbe.

CORIANDRUM sativum

Koriander, *Doldengewächs*
Diese Einjährige aus Südosteuropa wird ca. 60 cm hoch. Die unteren Blätter sind breiter als die an den Blütenstielen. Rosafarbene Blütendolden erscheinen im Sommer, aus ihnen entwikkeln sich die runden Samen. Die ganze Pflanze duftet stark. Getrocknetes Laub riecht nach Orangenschalen.
Kultur: Aussaat im Frühling in nahrhaftem Boden an sonniger Stelle. Gut feucht halten, dann werden die Blattrosetten größer. Die Samen erntet man im Herbst.
Verwendung: Frisches Laub wird zu Curry- und Chili-Gerichten verwendet, auch als Beigabe zu Joghurt. Mit den Samen würzt man Marinaden, Eintöpfe, Bonbons. Sie sind ein gutes Verdauungsmittel. Die Wurzeln verwendet man mit Knoblauch in typischen thailändischen Gerichten.

CROCUS sativus

Herbstkrokus, Safran, *Schwertliliengewächs*
Der Wilde Safran ist in Südosteuropa und Asien heimisch. Die Kulturform besitzt große, rotstielige, dunkelpurpurne Blüten und drei Staubgefäße. Damit unterscheidet sie sich von der Herbstzeitlose mit den rosa Blüten und sechs Staubgefäßen.
Kultur: Aussaat benötigt viele Jahre bis zur Blüte. Daher pflanzt man Zwiebeln in leichtem, durchlässigem Boden in sonniger Lage. Die orangefarbenen Staubgefäße und Stempel der offenen Blüten werden gesammelt (35 000 Blüten ergeben 225 g Safran).
Verwendung: Zum Würzen von Reis und Fleischgerichten, Suppen und Eintöpfen. Absud wurde früher gegen Fieber und zur Einleitung der Menstruation verwendet. Man hält es außerdem für ein Aphrodisiakum. Die starke gelbe Farbe ist löslich.

CUMINUM

Kumin, Kreuzkümmel, *Doldengewächs*
Die zarte einjährige Pflanze wird etwa 30 cm hoch. Sie stammt aus Mittelmeerländern. Die Blätter sind fadendünn. Einzelne blasse Blüten erscheinen im Sommer. Die Samen sind stark aromatisch.
Kultur: Aussaat im Spätfrühling in geschützter, sonniger Lage. Man erntet die frischen Samen.
Verwendung: Stark würzende Samen für typische indische und mittelöstliche Speisen, besonders in Verbindung mit Curry, Lammfleisch und Joghurt. Verdauungsfördernd und wirksam gegen Blähungen (wie Dill und Kümmel).

CYNOGLOSSUM officinale

Hundszunge, *Rauhblattgewächs*
Eine europäische zweijährige Küstenpflanze mit langen, breiten, gepunkteten Blättern. Die kastanienroten Blüten sind klein.
Kultur: Aussaat im Frühling oder Herbst in sonniger Lage in nahrhaftem Boden.
Verwendung: Absud von Blättern oder Wurzeln wird äußerlich gegen schmerzhafte Entzündungen und gegen Hämorrhoiden angewandt.

CYTISUS scoparius

Besenginster, *Schmetterlingsblütler*
Verbreiteter bekannter Strauch auf Sandböden, der ca. 1,5 m hoch wird. Er besitzt peitschenförmige grüne Zweige und winzige, dreizählige Blätter und leuchtendgelbe, erbsenähnliche Blüten im Frühsommer. Es gibt viele Gartenformen.
Kultur: Aussaat im Frühling oder Stecklinge im Spätsommer.
Verwendung: Blühende Spitzen enthalten narkotisierende Gifte. Früher als Kräftigungs- und Fiebermittel verwendet.

DAPHNE mezereum

Seidelbast, *Seidelbastgewächs*
Der Strauch ist in Europa und in Westasien heimisch. Er wird ca. 1,5 m hoch. Die rosafarbenen, stark duftenden Blüten erscheinen im zeitigen Frühling an kahlen Zweigen. Später entwickeln sich die lanzettlichen Blätter, im Herbst die scharlachroten Beeren.
Kultur: Stecklinge im Spätsommer, in geschützter, sonniger Lage.
Verwendung: Sämtliche Teile der Pflanze sind stark giftig! Rinde und Wurzeln verwendete man früher gegen Hautausschläge, Geschwüre und als Abführmittel. Es gibt weißblühende Spielarten.

DATURA stramonium

Stechapfel, *Nachtschattengewächs*
Dieses einjährige Kraut ist aus dem Nahen Osten eingeführt worden. Es wird bis 1,2 m hoch und besitzt unangenehm riechende, gezähnte Blätter. Im Sommer erscheinen einzelne weiße, trompetenförmige Blüten, die stark duften. Die Früchte sind bestachelt.
Kultur: Aussaat unter Glas im Frühling, in Töpfe pflanzen oder an geschützter Stelle in nahrhaftem Boden nach den Eisheiligen auspflanzen.
Verwendung: Sämtliche Teile sind stark giftig! Sie enthalten

Datura stramonium

narkotisierende Bestandteile und Alkaloide. Früher rauchte man getrocknetes Kraut als Mittel gegen Asthma und Lungenerkrankungen.

DIANTHUS caryophyllus

Nelke, *Nelkengewächs*
Die aus Südeuropa stammende Nelke ist der Ahnherr vieler ausdauernder Gartennelken. Die Staude besitzt lange, schmale, graubereifte Blätter und duftende, leuchtendrosa Blüten, die im Sommer erscheinen.
Kultur: Aussaat im Frühling und Ableger im Spätsommer. Man pflanzt sie an sonnigem, gut durchlässigem Standort.
Verwendung: Die bitteren Blütenblätter benutzt man zum Würzen für Salate, Sirup, eingemachte Früchte und als Zusatz zu Duftkissen. Seit vielen Jahren ein Kraut, an dem man sich erfreut.

DICTAMNUS albus

Weißer Diptam, Brennender Busch, *Rautengewächs*
Diese Staude stammt aus Asien und Südeuropa. Sie wird bis 1 m hoch, besitzt dunkle, saftige Blätter und im Sommer Blütenähren mit weißen oder rosafarbenen, stark duftenden, orchideenähnlichen Blüten. Die gesamte Pflanze duftet stark nach ätherischem Öl, das man an windstillen Abenden entzünden kann.
Kultur: Aussaat im Spätsommer. Es vergehen viele Jahre von der Aussaat bis zur Blüte. Die Pflanze liebt sonnigen, durchlässigen Lehmboden. Die Wurzeln dürfen nicht gestört werden.
Verwendung: Früher gegen Pest und Infektionen. Die Sorte *D. albus* 'Purpureus' besitzt dunkelgestreifte, rosafarbene Blüten.

DIGITALIS purpurea

Fingerhut, *Rauhblattgewächs*
Heimisch in Westeuropa. Die zweijährige Pflanze kann auch ausdauern. Sie wird ca. 1,6 m hoch und besitzt einen Blütenstand mit rosa oder weißen Glockenblüten, die zeitig im Sommer erscheinen. Die Blätter sind groß, weich und runzelig. Es gibt viele hübsche *Digitalis*-Varietäten.
Kultur: Aussaat im Frühling oder Spätsommer in durchlässigem Boden. Sät sich selbst gut aus.
Verwendung: Sämtliche Teile sind stark giftig! Wirksame Glykoside zur Herzstärkung werden aus den Blättern gewonnen. Ohne medizinische Kontrolle auf keinen Fall anwendbar. Andere Arten mit Heilwirkung sind u.a.: *D. lutea,* der gelbe Fingerhut, Wirkung und Giftigkeit ebenso.

DIPSACUS fullonum

Karde, *Kardengewächs*
Verbreitete zweijährige Pflanze, die ca. 1,5 m hoch wird. Die stacheligen Blütenstiele mit den zylindrischen, blassen, malvenfarbenen Blütenständen entwickeln sich aus einer großblättrigen Blattrosette im Sommer des zweiten Jahres.
Kultur: Aussaat im Herbst oder Frühling in sonniger Lage auf durchlässigem Boden. Sät sich selbst gut aus.
Verwendung: Wurzelschnittlinge wurden als Reinigungs- und Beruhigungsmittel verwendet. Regenwasser aus den muldenförmigen Blattachseln galt als traditionelles Hautreinigungsmittel. Die Fruchtstände mit den borstigen Brakteen wurden früher zum Auskämmen der Wolle benutzt und zum Entfernen von Noppen aus Tuchen.

ECHINACEA angustifolia

Rote Rudbeckie, *Korbblütler*
Diese Staude aus Nordamerika wird ca. 60 cm hoch. Sie besitzt schmale, lange Blätter. Im Spätsommer erscheinen die purpurfarbenen Blüten mit dem hochgewölbten Blütenboden.
Kultur: Aussaat am besten im Frühling oder Wurzelteilung ebenfalls im Frühling oder im Herbst.
Verwendung: Wurzelabsud wurde als starkes Antiseptikum verwendet.

ECHIUM vulgare

Natterkopf, *Rauhblattgewächs*
Verbreitete zweijährige oder kurzlebige Staude mit merkwürdigem Aussehen. Sie wird etwa 60 cm hoch. Die Blütenstände mit den lanzettlichen Blättern sind dunkel gefleckt. Im Sommer öffnen sich daran die rosafarbenen Blüten, die sich später blau färben.
Kultur: Aussaat im Spätsommer in gut durchlässigem Boden in sonniger Lage oder Wurzelteilung. Natterkopf sät sich selbst stark aus.
Verwendung: Blattaufguß wirkt als kühlendes Kräftigungsmittel. Wurde früher gegen Schlangenbiß angewendet.

ERUCA sativa

Senfrauke, *Kreuzblütler*
Diese Staude stammt aus Südeuropa. Im Sommer erscheinen gezähnte Blätter und blaßgelbe, rotstielige Blüten.
Kultur: Aussaat im Spätsommer in gut feuchtem, nahrhaftem Boden. In Abständen pflanzen ab Frühling, um ständig einen Blattvorrat zu besitzen. Man knipst die Blüten aus, um das Wachstum saftiger Blätter zu fördern.

ERYNGIUM maritimum

Stranddistel, *Doldengewächs*
Verbreitet in Küstengebieten. Die Staude besitzt lange, verzweigte Wurzeln. Sie wird ca. 45 cm hoch und entwickelt stachelige, distelähnliche Blätter. Im Sommer erscheinen die stahlblauen Blüten zwischen den Hochblättern. Es gibt viele Kulturformen mit Zierwert.
Kultur: Aussaat im Herbst oder Frühling oder Wurzelteilung im Herbst. Die Pflanze liebt leichten, gut durchlässigen Boden in sonniger Lage. Die Wurzeln erntet man im Herbst.
Kultur: Man kocht und zuckert die aromatischen Wurzeln. Sie dienen als Hustenmittel, zur Nervenstärkung und gegen Blasenleiden.

E. *campestre*, die Feldstranddistel, besitzt kleinere Blütenköpfe und ähnliche Eigenschaften wie *E. maritimum*.

EUONYMUS europaea

Pfaffenhütchen, *Baumwürgergewächs*
Das Pfaffenhütchen ist in Europa und Westasien heimisch. Der kleine, zierliche Solitärbaum oder Strauch wird bis 3 m hoch. Kleine, grünliche Blüten erscheinen im Spätsommer und im Herbst die dekorativen, vierzähligen, rosafarbenen Kapseln mit den orangefarbenen Samen.
Kultur: Frische, langsam keimende Samen sät man im Herbst, oder man macht holzige Stecklinge in sonniger oder halbschattiger Lage.
Verwendung: Sämtliche Teile sind giftig! Die getrocknete Rinde verwendete man früher äußerlich gegen Hautkrankheiten. Das Holz wurde früher für Wurstspeiler und Spindeln verwendet.

EUPATORIUM cannabinum

Wasserdost, Kunigundenkraut, *Korbblütler*
Diese heimische Staude gedeiht an Tümpeln und Feuchtstellen überall in Europa. Sie wird etwa 1,2 m hoch und besitzt schmale Blätter und rundliche Blütendolden mit rosalila Blüten, die im Sommer erscheinen. Alle Teile duften rosinenähnlich.
Kultur: Wurzelteilung. Pflanze liebt nahrhaften Boden und halbschattige Lage.
Verwendung: Das gesamte Kraut wirkt in stärkeren Dosen als Brechmittel, in kleineren Mengen als bitteres Kräftigungs- und Abführmittel.

E. *perfoliatum* ist mit Wasserdost verwandt. Diese Pflanze aus Nordamerika besitzt ähnliche Eigenschaften. Kräutertee wirkt in schwachen Dosen als Mittel gegen Fieber und Schüttelfrost.

E. *cannabium* 'Purpureum' ist eine rote Spielart. Alle Doste ziehen Schmetterlinge an.

EUPHRASIA

Augentrost, *Rauhblattgewächs*
Kurzstielige einjährige Pflanze aus den Wiesen in gemäßigten Klimazonen. Sie wird bis zu 20 cm hoch. Die Pflanze besitzt gesägte Blätter und im Sommer Blütenstände mit blassen, gelbgefleckten Blüten.
Kultur: Schwierig zu kultivieren, denn sie gedeiht als Halbparasit auf Gräsern.
Verwendung: Das Kraut wird als mildes Beruhigungsmittel und zur Augenwäsche verwendet.

FILIPENDULA ulmaria

Mädesüß, *Rosengewächs*
Bekannte heimische Staude, die auf Feuchtwiesen gedeiht. Sie wird ca. 1 m hoch und besitzt kräftige, rötliche Blütenstiele mit stark duftenden, cremefarbenen Blütenrispen, die im Sommer erscheinen. Die Blätter sind dunkel, gezähnt. Sie riechen nach Desinfektionsmittel, wenn man sie zerreibt.
Kultur: Aussaat oder Wurzelteilung. Liebt feuchten, halbschattigen Standort.
Verwendung: Blütentee gegen Fieber, Übersäuerung und Herzklopfen. Blättertee gegen Durchfälle. Starke Auszüge der zusammenziehenden Wurzeln werden äußerlich zum Waschen von Wunden und Geschwüren verwendet. Es gibt auch hübsche gefüllte und buntblättrige Spielarten.

FOENICULUM vulgare

Fenchel, *Doldengewächs*
Stammt aus Mittelmeerländern, bei uns naturalisiert. Die Staude wird ca. 2 m hoch. Sie besitzt feingefiederte Blättchen und einen gelben Blütenstand, der im Sommer erscheint.
Kultur: Aussaat im Frühling in sonniger Lage oder Vermehrung durch Stecklinge. Sät sich selbst aus.
Verwendung: Gutes, aromatisches Würzkraut. Man verwendet die Blätter roh zum Würzen, die Blütenstiele gekocht zu Fisch und Geflügel. Mit den kräftig schmeckenden Samen würzt man Brot, Eintopfgerichte, Spirituosen. Sie wirken verdauungsfördernd. Es gibt auch interessante bronzeblättrige Formen und den einjährigen Florentiner Fenchel, *F. vulgare* 'Azoricum', dessen dicker Blattstielgrund ein schmackhaftes Gemüse abgibt.

Eupatorium cannabinum

Eupatorium perfoliatum

Eupatorium purpureum

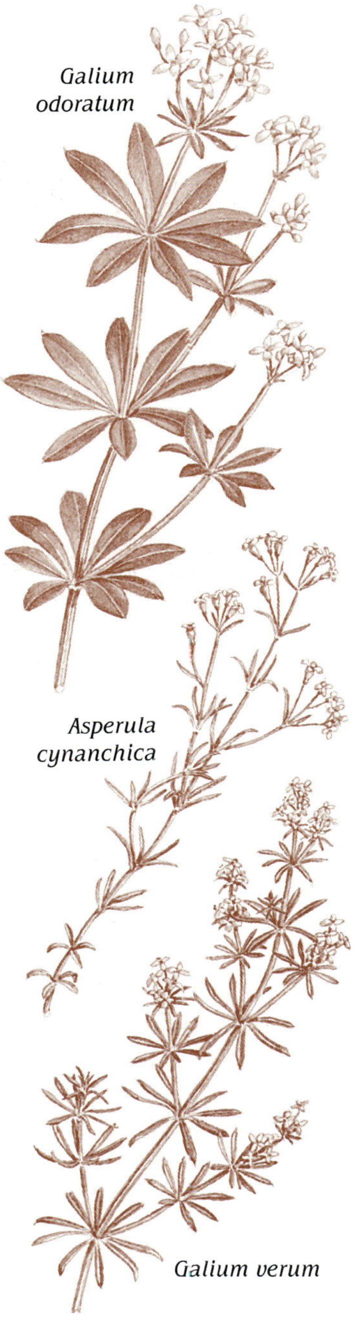

FRAGARIA vesca

Walderdbeere, *Rosengewächs*
Diese Waldpflanze ist heimisch. Sie wächst schwach. Die Staude besitzt seidige, eiförmige, gezähnte Blätter und weiße Blüten im Frühling. Die saftigen, roten Beeren bilden sich im Sommer. Die Blätter riechen nach Moschus.
Kultur: Ableger, die man in halbschattiger, feuchter Lage pflanzt.
Verwendung: Die Früchte sind sehr lecker. Blätter- oder Wurzeltee wirkt als bitteres Anregungsmittel. Er hat zusammenziehende Wirkung. Wirksam gegen Durchfall.

GALEGA officinalis

Geißraute, *Schmetterlingsblütler*
Die Geißraute stammt aus den Steppen Kleinasiens und Südeuropas. Die Staude mit dem ungleichmäßigen Wuchs wird etwa 1,5 m hoch. Sie besitzt feine Blättchen mit weißen oder blaßlila Blüten, die im Sommer erscheinen.
Kultur: Aussaat oder Wurzelteilung. Liebt feuchten, halbschattigen Standort. Bestockt sich gut.
Verwendung: Die Blätter verfütterte man an Kühe, um die Milchproduktion zu erhöhen. Die schwachsauren Blüten dienten als Gerinnungsmittel bei der Käsezubereitung.

GALIUM

Labkraut, *Rötegewächs*
Leicht zu erkennen an den langen, schwachen Stielen und den quirlständigen Blättern. Die meisten Pflanzen sind Stauden und werden als Wundkräuter verwendet. Roter Farbstoff von den Wurzeln dient zum Färben von Stoffen.
G. *odoratum,* der Waldmeister, ist bei uns heimisch. Die Stiele werden selten höher als 30 cm. Die Blätter sind vergleichsweise breit und saftig. Leuchtendweiße, sternförmige Blütchen im Frühling. Die ganze Pflanze duftet stark. Der Duft wird beim Trocknungsprozeß noch gesteigert.
Kultur: Aussaat frischen Samens im Sommer oder Teilung der kriechenden Wurzeln. Liebt schattigen Standort und lehmigen Boden.
Verwendung: Nach Heu duftendes Trockenkraut wird als Tee gegen Magenschmerzen verwendet. Bekannt zum Würzen der Maibowle und eine ausgezeichnete Zugabe zu Duftkissen. Im Mittelalter benutzte man es für Duftkränze.
G. tinctoria mit den feineren Blättern verwendet man zum Färben von Stoffen. Die nahe Verwandte *G. cynanchica* ist ein bewährtes Mittel gegen Erkältungskrankheiten und rauhen Hals.

G. verum

Labkraut, Echtes Labkraut, *Rötegewächs*
Diese Pflanze findet man auf Wiesen in Mitteleuropa. Die rankenden Triebe können bis 1 m hoch werden. Die quirlständigen Blätter duften fein. Die Blüten stehen in gelben Köpfchen zusammen. Sie erscheinen im Sommer.
Kultur: Aussaat oder leichter durch Wurzelteilung. Liebt durchlässigen Boden und sonnige Lage.
Verwendung: Kräutertee wirkt als mildes Wundmittel und harntreibend. Früher zum Gerinnen der Milch verwendet. Der Duft nimmt beim Trocknen zu. Früher auch als Kissen- und Matratzenfutter üblich.

GAULTHERIA procumbens

Scheinbeere, *Heidekrautgewächs*
Dieser Kleinstrauch aus Nordamerika besitzt dunkelgrüne Blätter. Im Sommer erscheinen die kleinen, weißen, glockenförmigen Blüten und im Herbst die scharlachroten Beeren.
Kultur: Aussaat, Stecklinge oder Ableger im Frühling oder Frühherbst. Pflanze liebt sauren Boden und halbschattige Lage.
Verwendung: Tee der stark duftenden Blätter wirkt als Gurgelmittel gegen Halsentzündungen. Halsumschläge aus starkem Absud, ätherisches Öl aus den Blättern dienen zur Behandlung von Entzündungen und Rheumatismus. Geschmacksmittel für Zahnpasten.

GENISTA tinctoria

Färberginster, *Schmetterlingsblütler*
Dieser dekorative Strauch wird ca. 1 m hoch. Heimisch auf Grasflächen in Ländern mit gemäßigtem Klima. Die kleinen, dunkelgrünen Blättchen glänzen. Die leuchtendgelben, erbsenähnlichen Blüten erscheinen im Sommer.
Kultur: Aussaat im Frühling oder Stecklinge im Spätsommer. Liebt durchlässigen Boden und sonnige Lage.
Verwendung: Ähnlich giftig wie gewöhnlicher Besenginster. Früher als Brechmittel und harntreibendes Mittel verwendet. Die Blüten ergeben eine gute gelbe Farbe für Färbezwecke.

GENTIANA lutea

Gelber Enzian, *Enziangewächs*
Heimisch auf den Bergwiesen Europas und Asiens. Die Staude wird etwa 1,5 m hoch und besitzt große, parallelnervige Blät-

ter. Die Ähren mit den hübschen gelben Blüten erscheinen im Spätsommer.
Kultur: Aussaat dauert sehr lange. Daher besser Vermehrung durch Wurzelabschnitte im Spätherbst. Liebt nahrhaften, feuchten Boden in geschützter, sonniger Lage.
Verwendung: Große, fleischige Wurzeln enthalten bittere Wirkstoffe wie viele Mitglieder dieser Familie. In kleinen Mengen zum Würzen von Aperitifs, als Stärkungstonikum und Verdauungsmittel. Wurzeln und Blätter eignen sich zur antiseptischen Wundbehandlung.

GEUM urbanum

Nelkenwurz, *Rosengewächs*
Diese Staude stammt aus Bergländern und von schattigen Böschungen. Sie wird ca. 60 cm hoch, besitzt eingeschnittene, gezähnte Blätter und zahllose gelbe Blüten, die im Sommer erscheinen. Die Wurzeln duften schwach aromatisch.
Kultur: Aussaat oder Wurzelteilung. Liebt halbschattigen Standort und sät sich selbst aus.
Verwendung: Blättertee als mildes Antiseptikum. Die Wurzeln können als Tonikum gegen Halsschmerzen, Fieber oder als erfrischender Badewasserzusatz verwendet werden. Früher gegen Infektionen angewendet.

GLECHOMA hederacea

Gundelrebe, Gundermann, *Lippenblütler*
Diese Staude ist ein bekannter Bodendecker mit nierenförmigen, gekerbten Blättern und kriechenden Ausläufern. Die blau- oder lilafarbenen Blüten erscheinen im Spätfrühling und während des Sommers.
Kultur: Leicht aus bewurzelten Trieben zu vermehren. Liebt durchlässigen, halbschattigen Standort.
Verwendung: Angenehmer, leicht bitterer, aromatischer Tee aus Blättern oder der ganzen Pflanze wirkt als Tonikum gegen Erkältungen, Husten, Nierenleiden und Menstruationsbeschwerden. Frisches Kraut wird in Breiform gegen Verbrennungen angewandt. Wurde früher als Bierwürze verwendet.

GLYCYRRHIZA glabra

Süßwurz, *Schmetterlingsblütler*
Strauchige Pflanze aus Südeuropa und Asien, die bis 1,2 m hoch wird. Auffällig sind die blaßblauweißen Blütchen im Sommer und die langen Hülsen mit den harten Samenkörnern.
Kultur: Wurzelteilung im Herbst. Gedeiht in sonniger, geschützter Lage in tiefgründigem Boden. Die reifen Wurzeln werden im Herbst geerntet.
Verwendung: Die süß schmeckenden Wurzeln werden als Konfekt gegessen. Wirkung gegen Bronchitis und Magengeschwüre. Seit mindestens 5000 Jahren als Heilkraut bekannt.

GRATIOLA officinalis

Gnadenkraut, *Rauhblattgewächs*
Diese Staude liebt feuchten Boden. Sie wird nur 30 cm hoch und ist daher leicht zu übersehen. Typisch sind die gegenständigen, lanzettlichen Blätter und einzelne blaßrosa Blüten, die im Spätsommer erscheinen.
Kultur: Aussaat oder Wurzelteilung. Auspflanzen in feuchtem Boden in halbschattiger Lage.
Verwendung: Alle Teile giftig!

HAMAMELIS virginiana

Virginische Zaubernuß, *Zaubernußgewächs*
Zierlicher Solitärstrauch. Im Herbst erscheinen die duftenden, gelben Blüten mit den ausgerollten, bandartigen Blütenblättern.
Kultur: Ableger im Herbst. Gedeiht in feuchtem Lehm und lichtem Schatten. Auszüge aus der Rinde und den Blättern besitzen zusammenziehende Wirkung. Äußerlich gegen Verbrennungen, Entzündungen, Krampfadern und Verstauchungen anzuwenden. Extrakte sind im Handel erhältlich. Ähnlich ist *H. mollis*, die chinesische Zaubernuß, die im zeitigen Frühjahr an den kahlen Zweigen blüht. Sie liebt sonnige Lage. Keine Heilpflanze.

HELIANTHUS annuus

Sonnenblume, *Korbblütler*
Diese Einjährige aus Nordamerika gehört zu den bekanntesten Gartenpflanzen. Kann bis zu 5 m hoch werden. Die Blätter sind breit, rauh. Die großen Blütenstände entfalten sich im Sommer zu sonnenradähnlichen Scheiben.
Kultur: Aussaat in sonniger Lage in gutem, nahrhaftem Boden.
Verwendung: Eßbare, sehr nahrhafte Samen, die auch ein sehr gutes Speiseöl ergeben. Früher auch gegen Husten angewendet.

HELICHRYSUM angustifolium

Currykraut, Strohblume, *Korbblütler*
Der Halbstrauch stammt aus Südeuropa. Er besitzt immergrüne Blätter und wird bis zu 60 cm hoch. Die silbrigen Blätter duften besonders bei Regen stark nach Pfeffer. Die senfgelben Blüten erscheinen im Sommer.
Kultur: Aussaat im Frühling oder Stecklinge im Spätfrühling

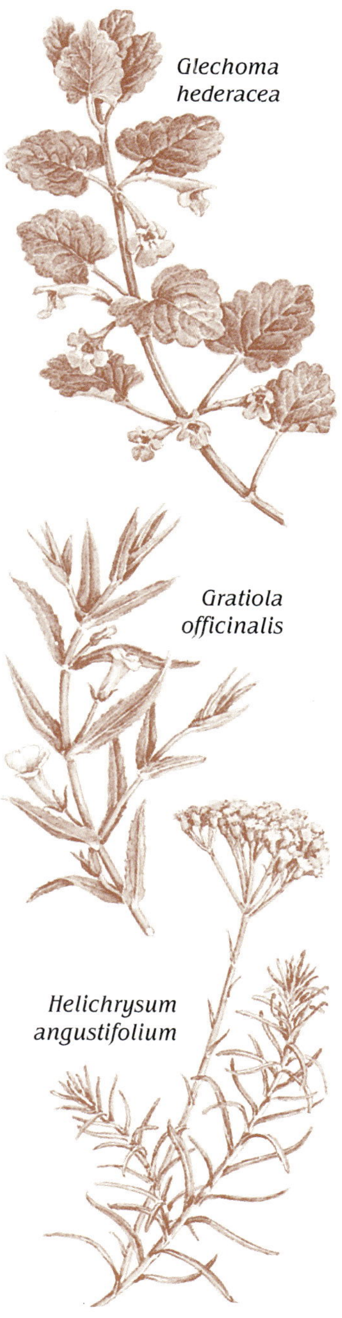

Humulus lupulus

Hyoscyamus niger

oder Sommer. Wächst auf durchlässigen Böden in sonniger Lage. Im Spätfrühling sollte man die Pflanze zurückschneiden, um sparrigen Wuchs zu verhindern. Die Wurzeln benötigen Winterschutz.
Verwendung: Die Blätter werden für Duftkissen und Trokkenblumensträuße verwendet.

HELLEBORUS

Nieswurz, Christrose, Schneerose, *Hahnenfußgewächs*
Die Staude blüht im Winter oder zeitigen Frühling.
Kultur: Frische Samen im Sommer auf lehmigem Boden aussäen, liebt schattige Lage.
Verwendung: Sämtliche Teile sind stark giftig! Die Wurzeln wurden seit Jahrtausenden als Abführ- und Beruhigungsmittel verwendet.

H. *foetidus,* die Stinkende Nieswurz, wird bis 75 cm hoch und besitzt dunkle, tief eingeschnittene Blätter. Die grünen Blüten stehen in Büscheln zusammen. Sie sind bisweilen rot gerandet.

H. *niger,* die Christrose, wird etwa 45 cm hoch und besitzt lange, gelappte Blätter. Die weißen, schalenförmigen Blüten erscheinen sehr früh.

HUMULUS lupulus

Hopfen, *Hopfengewächs*
Die Pflanze ist winterhart. Sehr raschwüchsige Kletterpflanze mit rauhen, weinlaubähnlichen Blättern, die als Staude wächst. Männliche und weibliche Blüten entwickeln sich an verschiedenen Pflanzen. Von weiblichen Individuen erhält man die aromatischen, papierenen, zapfenähnlichen Blüten.
Kultur: Vermehrung durch Stecklinge oder Senker. Pflanze liebt tiefgründigen Boden und offene, sonnige Lage.
Verwendung: Die bitteren jungen Blätter und Schößlinge sind eßbar. Der pulvrige Überzug auf den weiblichen Blüten enthält einen bitteren Wirkstoff. Die Blütenstände verwendet man bei der Bierherstellung. Blüten- und Blätterdrogen sind Grundlage für Kräftigungsmittel und sanfte Beruhigungs- und Verdauungsmittel. Aus den Blüten stellt man beruhigende Breiumschläge her. Gegen Schlaflosigkeit stopft man getrocknete Blüten in Kissen.

HYOSCYAMUS niger

Bilsenkraut, *Nachtschattengewächs*
Verbreitet vor allem auf Ödland. Die ein- oder zweijährige Pflanze kann bis zu 1 m hoch werden. Alle Teile sind leicht behaart und stinken. Die Blätter sind gezähnt. Die blaßgelben, feingezeichneten Blüten erscheinen im Sommer. Dann folgen die seltsamen, aufgereihten Samenkapseln.
Kultur: Aussaat im Frühling oder Herbst. Die Pflanze liebt durchlässigen Boden in sonniger Lage. Unregelmäßige Keimung!
Verwendung: Sämtliche Teile sind stark giftig! Sie enthalten starke Alkaloide einschließlich des Hyoscyamins, das man aus den Blättern gewinnt. Heute noch als Betäubungsmittel üblich. Früher wurde es gegen Zahnschmerzen gekaut. Brei aus Blättern verwendet man zu Umschlägen gegen Rheumatismus.

HYPERICUM

Johanniskraut, *Johanniskrautgewächs*
Staude, die bis 1 m hoch werden kann. Sie besitzt kleine, sternförmige, gelbe Blüten, die im Sommer erscheinen. Die paarigen Blätter sind gefleckt.
Kultur: Teilung der faserigen Wurzeln im Herbst, Pflanzung in halbschattiger Lage.
Verwendung: Blütenblätter und Blätter werden gesammelt. Das rote Öl aus der Pflanze wirkt zusammenziehend und antibiotisch bei Wunden, Entzündungen und schmerzenden Stellen. Schwache Tees wirken gegen Husten und Schlaflosigkeit. Die Blütenblättchen ergeben eine ausgezeichnete orange Stoffarbe.

HYSSOPUS officinalis

Ysop, *Lippenblütler*
Ysop stammt aus Südeuropa. Es handelt sich um eine buschige, immergrüne Staude, die ca. 90 cm hoch wird. Sie besitzt feine, aromatische Blättchen und leuchtend dunkelblaue Blüten im Sommer. Es gibt auch rosa- und weißblühende Formen.
Kultur: Samen keimen langsam. Sie werden im Frühling ausgesät. Man kann auch die Wurzeln teilen oder Stecklinge machen. Die Pflanze gedeiht am besten in leichtem Boden in sonniger Lage. Im Spätfrühling schneidet man sie zurück, um sie dicht zu halten. Gute Hekkenpflanze für niedrige Hecken, benötigt allerdings Winterschutz und sollte daher im Haus überwintert werden.
Verwendung: Kleine Mengen der bitteren Blätter eignen sich zum Würzen fetter Speisen, für Soßen und dergleichen. Wirkt verdauungsfördernd. Mit den Blüten werden Spirituosen verfeinert. Absud von Blüten und Blättern wirkt antiseptisch und reinigend sowie gegen Halsbeschwerden, äußerlich zum Waschen von Wunden. Die Pflanze ist eine gute Bienenweide. *H. officinalis* 'Aristatus', der Felsenysop, ist eine dichte Zwergform.

INULA conyza

Alant, *Korbblütler*
Staude, die auf lehmigen, trockenen Böden gedeiht. Sie wird ca. 1 m hoch und besitzt schmale, gepunktete Blätter. Die Blüten stehen in unregelmäßigen Büscheln zusammen. Sie sind gelb und erscheinen im Sommer.
Kultur: Aussaat oder Wurzelteilung. Erträgt sogar Schatten.
Verwendung: Die ganze Pflanze duftet schwach, besonders die Wurzel, die früher als antiseptisches Mittel, als Räuchermittel und zur Schädlingsbekämpfung verwendet wurde.

I. helenium

Alant
In Europa und Asien heimisch. Wird bis zu 2 m hoch und hat meterlange, grundständige Blätter. Die gelben Strahlenblüten der Staude erscheinen im Sommer.
Kultur: Aussaat im Frühling oder Wurzelteilung. Liebt feuchte, halbschattige Lage. Man erntet die aromatischen Wurzeln im Herbst.
Verwendung: Die durchdringend schmeckenden, bitteren Wurzeln wurden früher als Würzmittel verwendet. Sie enthalten ein stark antiseptisches Öl und dienten auch als Mittel gegen Erkältungen und Husten. Der Sud wurde darüber hinaus zur Behandlung von Hautkrankheiten, Akne etc. verwendet.

IRIS florentina

Florentinische Iris, *Schwertliliengewächs*
Heimisch in Südeuropa. Eine der ältesten Stauden, die sich in Kultur befinden. Schwertlilienblätter und weiße, violett geaderte Blüten, die im Frühsommer erscheinen. Ca. 75 cm hoch.
Kultur: Wurzelteilung im Spätfrühling. Liebt nahrhaften Boden und sonnige Lage. Möchte ungestört wachsen.
Verwendung: Früher als Abführmittel. Die stark duftende Wurzel wird in der Parfümindustrie als Duftspender verwendet. Diente auch zur Parfümierung von Zimmern. Pulverisierte Wurzeln benutzte man zum Pudern von Perücken und Kleidern. *I. pseudacorus,* die gelbe Wasserschwertlilie, und *I. versicolor,* die blaue Iris, besitzen starke, saure Rhizome, die früher als Abführmittel dienten.

JUNIPERUS communis

Heidewacholder, *Zypressengewächs*
Bekannter Strauch aus der Heide und den Bergwäldern. Wird bis zu 3 m hoch. Besitzt kleine, stachelige Blättchen und winzige, grüne Blüten, die im Frühsommer erscheinen. Die fleischigen Beeren benötigen mehrere Jahre zur Reife. Sie sind stark aromatisch. Viele Varietäten einschließlich kleiner, kriechender Formen.
Kultur: Aussaat frischer Samen oder leichter aus Stecklingen im Herbst. Liebt sonnigen oder halbschattigen Standort.
Verwendung: Wenige Beeren mit rosinenähnlichem Geschmack für Marinaden, Eintopf etc. und für den bekannten Wacholderschnaps. Zweige dienten als Räuchermittel. Holzgeschmack, angenehm bei gegrilltem Fleisch und Fisch. Stark antiseptisch. Beerenauszug als Mittel gegen Blasenleiden. Sollte aber nur unter ärztlicher Kontrolle erfolgen.

LAURUS nobilis

Lorbeer, *Lorbeergewächs*
In Südeuropa heimischer, immergrüner Strauch oder Baum. Wird ca. 7 m hoch. Dunkelgrüne, aromatische Belaubung. Kleine, leuchtendgelbe Blüten und schwarze Beeren.
Kultur: Vermehrung durch Stecklinge im Spätsommer. Liebt geschützte, sonnige Lage und durchlässigen Boden. Die Pflanzen sind bei uns nicht winterhart. Sie benötigen starken Winterschutz und werden daher am besten im Haus oder Gewächshaus überwintert. Lorbeer läßt sich gut ein- bis zweimal jährlich schneiden.
Verwendung: Die würzigen Blätter nimmt man zu Eintopfgerichten, Pasteten, Marinaden, Fleischsoßen etc., auch in Milch und für Puddings. Vorsicht, sparsam verwenden. Blätter und Beeren besitzen starke antiseptische Wirkung und leicht betäubenden Effekt. Öl daraus dient als Mittel gegen Rheumatismus und gegen Verbrennungen. Blätter und Zweige werden als Räucher- und Schädlingsbekämpfungsmittel verwendet. Die Form 'Aurea' besitzt goldgelbes Laub.

LAVANDULA

Lavendel, *Lippenblütler*
Es gibt über 20 Arten stark duftender, immergrüner Lavendel, die aus Südeuropa stammen. Sie haben winzige Blättchen und blaue, duftende Blütenähren.
Kultur: Aussaat dauert sehr lange, besser durch Stecklinge im Spätsommer. Sie lieben sonnigen, gut drainierten Boden. Pflanzen lassen sich gut schneiden und formen und sind ideale Heckenpflanzen. Blätter können zum Würzen von Fleisch und Marinaden sparsam verwendet werden. Blüten gibt man an Obstkonserven und Gelees. Lavendelöl aus den Blüten und Pflanzenteilen wirkt stark antiseptisch, kann äußerlich bei Wunden, Verbrennungen und als Schmerzlinderungsmittel sowie bei Insektenstichen und Kopfschmerzen verwendet werden. Man benutzt die getrockneten Blüten für Duftkissen und als Duftmittel gegen Insekten, u.a. in Kleiderschränken.

L. angustifolia

L. *angustifolia,* der schmalblättrige Lavendel, ist die bekannteste und höchste Pflanze unter den Lavendelarten. Sie wird bis 1,2 m hoch und besitzt blaßgraues Laub und malvenfarbene Blüten im Spätsommer. 'Hidcote Giant' heißt eine Spielart mit dunkelpurpurfarbenen Blüten. Zwergwüchsige Formen sind 'Munstead' und 'Hidcote'. Sie werden etwa 45 cm hoch. *L. dentata, L. lanata* und *L. stoechas* haben die gleichen Wirkstoffe wie die oben erwähnten Arten. Auch sie benötigen in ungeschützten Lagen Winterschutz.

LEONURUS cardiata

Löwenschwanz, Herzgespann, *Lippenblütler*
Gedeiht auf Ödland in Europa. Widerstandsfähige Staude, die ca. 1,5 cm hoch wird. Die Blätter sind palmähnlich, starknervig, oberseits dunkelgrün, unterseits flaumig behaart. Die mehligen, purpurfarbenen Blüten erscheinen im Sommer.
Kultur: Aussaat oder Wurzelteilung. Liebt offene, sonnige Lage. Sät sich selbst aus.
Verwendung: Ganze Kräuter wirken als leicht zusammenziehendes Mittel und als Beruhigungstee. Der Name besagt schon, daß es sch um ein Herzberuhigungsmittel handelt.

LEVISTICUM

Liebstöckel, *Doldengewächs*
Staude, die bis zu 2 m hoch werden kann, stark aromatische Blätter und gelbe Blütendolden besitzt.
Kultur: Aussaat frischer Samen oder Wurzelteilung. Liebt lehmigen Boden und bevorzugt sonnige Lage.
Verwendung: Die Blätter besitzen einen starken erdigen, sellerieähnlichen Geschmack und werden zu Suppen, Salaten, Fleisch und Gemüsegerichten verwendet. Die Samen sind aromatisch und können als Würze für Fleischgerichte, Suppen, Brot und Käsegerichte verwendet werden. Sie enthalten ein Öl mit verdauungsfördernder, antiseptischer und blutreinigender Wirkung und dienen in der Naturheilpraxis auch als Hausmittel gegen Katarrh und Halsbeschwerden.

LILIUM candidum

Weiße Lilie, Madonnenlilie, *Liliengewächs*
Wird seit alters her im Garten kultiviert. Höhe ca. 1,5 m. Die weißen Blüten duften stark. Sie erscheinen im Sommer. Die Blätter sind durchscheinend hellgrün.
Kultur: Man pflanzt die Zwiebeln im Frühherbst nicht zu tief in guten Boden und sonnige Lage. Jungzwiebeln sollten nach dem Verpflanzen etwas beschattet und möglichst nicht im Wachstum gestört werden. Man erntet die Zwiebeln im Spätsommer.
Verwendung: Die Zwiebeln enthalten einen schleimigen Saft, der leicht zusammenziehend wirkt. Anwendung äußerlich bei Verbrühungen oder Brandwunden, Geschwüren, Pickeln und Entzündungen.

LINUM usitatissimum

Lein, Flachs, *Leingewächs*
Prächtige, häufig kultivierte, einjährige Pflanze, die etwa 50 cm hoch wird, winzige Blättchen und blaue Blüten im Sommer hervorbringt.
Kultur: Aussaat im Frühling in offener, sonniger Lage.
Verwendung: Samen wird innerlich als Reizmittel und nur noch in der Tiermedizin angewendet. Äußerlich dienen Breiumschläge als Mittel gegen Entzündungen und Verbrennungen. Das Öl benutzt man zum Malen und für Anstriche. Die Stengel ergeben Leinenfasern.

LIPPIA triphylla

Zitronenverbene, *Verbenengewächs*
Dieses Gehölz stammt aus Amerika. Es wird ca. 1,5 m hoch, ist bei uns aber leider nicht winterhart. Die zierlichen, punktierten, stark nach Zitrone duftenden Blätter sind besonders begehrt. Im Sommer erscheinen die blassen, malvenfarbenen Blüten.
Kultur: Stecklinge im Sommer, die im Winter unter Glas gehalten werden. Man pflanzt sie nach den Eisheiligen an sonniger, geschützter Stelle am besten vor einer nach Süden gerichteten Mauer aus. Die Pflanze muß im Winter ins Haus.
Verwendung: Die Blätter benutzt man als Kuchengewürz und zum Würzen von Obstsalat. Frische oder getrocknete Blätter lassen sich zu einem aromatischen Zitronentee aufgießen, der als leichtes Beruhigungsmittel und gegen Blähungen wirkt.

LOBELIA inflata

Lobelie, Männertreu, *Rauhblattgewächs*
Die einjährige Lobelie stammt aus Amerika. Sie wird ca. 60 cm hoch und bringt eine Fülle blaßblauer Blüten im Sommer hervor und hat gezähnte Blätter.
Kultur: Aussaat im Frühling oder Herbst in sonniger Lage.
Verwendung: Aus dem Kraut gewinnt man ein Mittel gegen Asthma und Husten. Es darf jedoch wegen seiner starken Wirkung nur unter ärztlicher Aufsicht eingenommen werden.
L. syphilitica ist eine Staude mit hübscheren Blüten. Die Wurzeln verwendete man früher gegen Ruhr und Syphilis. Heute hat die Pflanze homöopathischen Wert.

LONICERA periclymenum

Waldgeißblatt, *Geißblattgewächs*
Diese in Europa und Asien heimische Kletterpflanze ist ein Gehölz. Sie besitzt ovale Blätter und duftende, blaßgelbe, rosa angehauchte Trichterblüten, aus denen sich im Herbst rote Beeren entwickeln. Kann bis zu 6 m hoch klettern.
Kultur: Aussaat frischer Samen, Stecklinge oder Ableger. Gedeiht am besten in nahrhaftem Boden und lichtem Schatten. Altes Holz schneidet man zurück oder lichtet es bei Bedarf im Frühling aus. Kann auch als Stämmchen gezogen werden.
Verwendung: Die Beeren sind stark giftig! Aufgüsse der Blätter und Blüten wurden früher gegen Nervenleiden und Kopfschmerzen angewendet, doch die Heilwirkung ist nicht nachgewiesen. Die antiseptischen und zusammenziehenden Blüten wendet man nur äußerlich gegen Hautinfektionen an.

MALVA moschata

Moschusmalve, *Malvengewächs*
Wildform, die auf trockenen

Wegrainen und Böschungen zu finden ist. Die hübschen, duftenden Blüten der bis 80 cm hohen Pflanze erscheinen im Sommer. Die grundständigen Blätter sind nierenförmig, die oberen tief geteilt. Blütenfarbe Rosa bis Weiß.
Kultur: Aussaat oder Stecklinge im Frühling. Die Pflanze liebt durchlässigen, leichten Boden in sonniger oder halbschattiger Lage.
Verwendung: Alle Malvenarten besitzen eßbare Blätter und Samen, die besonders wertvoll wegen ihrer beruhigenden Wirkung sind (Breiumschläge). Die Wurzeln verwendet man vor allem gegen Husten und Bronchitis. Sie wirken außerdem leicht abführend.

MANDRAGORA officinarum

Alraune, *Nachtschattengewächs*
Sie stammt aus Südeuropa. Die Staude besitzt eine Rosette aus runzeligen Blättern und wird ca. 65 cm hoch. Einzelne gelbe Glockenblumen erscheinen im Spätfrühling, später die sehr großen, gelben Früchte.
Kultur: Aussaat frischer Samen an geschützter, sonniger Stelle aus oder Wurzelteilung. Halbschatten wird toleriert.
Verwendung: Sämtliche Teile sind stark giftig! Sie wurde früher als Betäubungsmittel verwendet. Die Wurzel enthält starke Wirkstoffe. Auszüge der Blätter sind wichtiger Bestandteil für bestimmte Salben und Arzneien gegen Geschwüre. Mancher Aberglaube rankt sich um die Verwendung der Wurzeln.

MARRUBIUM vulgare

Weißer Andorn, *Lippenblütler*
Heimisch in Europa. Eine aromatische Staude, die auf Ödland heimisch ist und ca. 75 cm hoch wird. Sie besitzt runzelige, blaßgrüne, haarige Blätter und quirlständige, weiße Blüten, die sich im Sommer entfalten.
Kultur: Aussaat oder Wurzelteilung. Liebt durchlässigen Boden in sonniger Lage.
Verwendung: Tee der Blüten oder Blätter ist klebrig und wirkt zusammenziehend. Altes Hustenmittel, leicht abführend. Wurde früher auch gegen Bronchitis und Lungenleiden verwendet. Stark bitter, wird mit Honig auch als Hustenbonbon hergestellt.
Der Schwarze Andorn, *M. nigra,* besitzt ähnliche Wirkstoffe. Er liebt ähnlichen Standort und besitzt kleinere, purpurfarbene Blüten, dunkleres Laub und riecht schlecht. Früher als Mittel gegen Brechreiz und als Beruhigungsmittel angewendet.

MELILOTUS officinalis

Steinklee, *Schmetterlingsblütler*
Diente früher als Futterpflanze. Wächst heute an Wegrainen und auf Ödland. Die Pflanze wird einjährig oder zweijährig kultiviert und erreicht eine Höhe von 1,2 m. Sie ist stark verästelt, besitzt winzige Blättchen und gelbe Blütenstände, die im Sommer erscheinen. Sie duftet süß, besonders in getrocknetem Zustand.
Kultur: Aussaat im Herbst oder Frühling. Gedeiht am besten in sonniger Lage. Man erntet die Blütenstände.
Verwendung: Blütentee ist ein mildes verdauungsförderndes Mittel und Antiseptikum. Eines der besten Bienenkräuter. *M. alba* ist eine weißblühende Form.

MELISSA officinalis

Melisse, *Lippenblütler*
Diese Staude ist in Europa heimisch. Sie kann bis zu 1 m hoch werden. Besitzt delikate, nach Zitronen duftende Blätter und weiße Blüten, die im Sommer erscheinen.
Kultur: Aussaat oder Wurzelteilung. Leicht zu ziehen. Liebt sonnige Lage und sät sich selbst aus. Man entfernt die Blütenstiele, um das Blattwachstum anzuregen.
Verwendung: Aus frischen Blättern gewinnt man einen nach Zitrone schmeckenden Tee. Die Blätter verwendet man auch zum Würzen von Obstsalaten und Süßspeisen. Der Tee wirkt gegen Fieber, Schüttelfrost, Magenverstimmung und Schwindel. Früher wurde mit den Blättern das Waschwasser parfümiert. Frische Blätter kühlen Insektenstiche und wirken leicht antiseptisch. Die Sorte 'Aurea' ist gelbblättrig.

MENTHA

Minze, *Lippenblütler*
Stark duftende Stauden mit kantigen Stielen, gefleckten Blättern und quirlförmigen Blütenständen, die sich im Sommer entfalten. Sie bastardieren leicht.
Kultur: Einfach durch Teilen der kriechenden Wurzel zu vermehren. Sehr anpassungsfähig. Gedeiht am besten in nahrhaftem, feuchtem Boden und lichtem Schatten. Wuchert häufig und muß daher in Kästen gezogen werden oder zwischen Kies und Steinen. Die Blütenstiele entfernt man, um das Blattwachstum anzuregen. Die Blätter lassen sich leicht trocknen.
Verwendung: Schmackhafte, erfrischende Würzkräuter, die man frisch oder getrocknet verwendet. Auch zu Gemüse, Joghurt, Lammfleisch, zu Getränken paßt die Minze; als duftender Tee mit verdauungsfördernden und antiseptischen Eigenschaften kommt sie ebenfalls zur Anwendung.

M. *aquatica,* Wasserminze, wächst auf feuchten Wiesen. Die purpurn gemaserten Blätter schmecken scharf.

M. *arvensis,* die Ackerminze, liebt dagegen trockeneren Standort. Sie gedeiht auf Äckern und Wiesen. Sie ist leicht behaart und besitzt stark duftendes Laub. Sie verhindert das Gerinnen der Milch.

M. *gentilis* 'Variegata', die Ingwerminze, hat leuchtend gelbgrün panaschierte Blätter und würzigen Duft.

M. piperita

M. *piperita,* die schwarze Pfefferminze, hat lange, purpurfarbene Blätter. Sie wird sehr hoch und besitzt einen kräftigen Pfefferminzduft.
Verwendung: Ausgezeichneter nervenberuhigender Tee, der auch gegen Erkältungen getrunken wird. Pfefferminzöl ist antiseptisch. Das Kauen von Blättern hilft gegen Zahnschmerzen. Bewährtes Hausmittel gegen Kopfschmerzen. Weitere Verwendungsmöglichkeiten: Würzen von Zahnpasta, Bonbons, Kaugummi etc.

M. pulegium

M. *pulegium,* die Poleyminze, ist eine kriechende Art mit kleinen, runden, durchscheinenden Blättern und starkem Pfefferminzgeruch. Die Blütenstiele mit den malvenfarbenen Blüten stehen aufrecht. Sie liebt feuchten Boden und leicht schattigen Standort. Ideal als Bodendecker zwischen Kies und Steinen und als Teppichpflanze. Frische Blätter dienen als Insektenbekämpfungsmittel. Das getrocknete Laub benutzte man früher zum Auffrischen des Wassers bei langen Seereisen.

M. spicata

M. *spicata,* Pfefferminze, ist eine bekannte Würzminze mit punktierten, stark duftenden Blättern. Sie wird insbesondere für Pilzgerichte verwendet. Bei größeren Anbauflächen verbrennt man die abgestorbenen Teile der Pflanzen im Herbst, um die Ausbreitung von Rostpilzen zu verhindern, die sich auf den Blättern ansiedeln. Das Laub läßt sich gut trocknen.

M. *suaveolens,* die rundblättrige oder Apfelminze, duftet fruchtig. Sie besitzt rundliche, kleine, haarige Blättchen. Die kleinere Kulturform *M. suaveolens* 'Variegata', die Ananasminze, besitzt einen fruchtigen Duft und kleine, weißgrüne Blättchen.

MENYANTHES trifoliata

Fieberklee, *Fieberkleegewächs*
Kriechende, untergetauchte Wurzelstöcke, dreizählige Blätter und rosafarbene, gefranste Blüten, die im Spätfrühling erscheinen, kennzeichnen diese ausdauernde Wasserpflanze.
Kultur: Wurzelteilung im Frühling oder Herbst. Man pflanzt sie in Teiche oder an feuchten Standort.
Verwendung: Tee der getrockneten Blätter wurde in kleinen Mengen als appetitanregendes Mittel, als bitteres Blutreinigungsmittel und als Hautreinigungsmittel im Frühling verwendet. Die abgekochten Blätter dienen heute äußerlich zu Umschlägen gegen Entzündungen.

MEUM athamanticum

Bärwurz, *Doldengewächs*
Diese Staude wird etwa 50 cm hoch und besitzt gefiederte, aromatisch duftende Blätter und weiße, purpurn gerandete Doldenblüten, die im Sommer erscheinen.
Kultur: Aussaat oder Wurzelteilung. Man pflanzt sie in gut drainierte Böden in sonniger oder leicht schattiger Lage.
Verwendung: Das gesamte Kraut, besonders die Wurzeln. Schmeckt angenehm aromatisch. Die Wurzeln werden als verdauungsförderndes und stimulierendes Mittel verwendet.

MONARDA didyma

Indianernessel, *Lippenblütler*
Diese Staude aus Nordamerika wird etwa 1 m hoch, besitzt breite, nesselähnliche Blätter und quirlständige, rote Lippenblüten, die den Sommer hindurch blühen. Es gibt verschiedene Varietäten mit unterschiedlichen Farben.
Kultur: Aussaat oder Wurzelteilung. Liebt feuchten Boden und sonnige Lage.
Verwendung: Die süß duftenden, getrockneten Blätter werden Getränken oder schwarzem Tee beigemischt. Als Tee ergeben sie ein erfrischendes Getränk gegen Blähungen, Seekrankheit und Menstruationsbeschwerden. Sie werden auch als duftender Zusatz zum Badewasser verwendet.

MYRICA cerifera

Gagelstrauch, *Gagelstrauchgewächs*
Dieser aus Nordamerika stammende, immergrüne oder halbimmergrüne Strauch kann bis zu 4 m hoch werden. Er besitzt kleine, ledrige, scharf riechende Blätter, kleine, blaßgrüne Blüten, die im Spätfrühling erscheinen, und kleine, graue, Nüßchen im Spätsommer.
Kultur: Aussaat oder Ableger. Man pflanzt ihn in feuchten, kalkfreien, sauren Boden.
Verwendung: Blatt- oder Rindenauszüge wurden als Gurgelmittel gegen Halsschmerzen oder in winzigen Dosen als Tonikum gegen Durchfall benutzt. Die Nüßchen überbrüht man und verwendet das Wachs für Duftkerzen.
M. *gale,* der europäische Gagelstrauch, ist ähnlich. Seine Blättchen benutzt man zum Würzen von »Gagelbier«.

MYRRHIS odorata

Duftende *Süßdolde*
Heimisch in Europa und der Sowjetunion. Wird ca. 2,5 m hoch. Sie besitzt filzige, feingeschlitzte Blätter und duftet nach Salmiak oder Anis. Die cremefarbenen Blüten erscheinen im Frühling, später die langen, dunklen, öligen Früchte.
Kultur: Aussaat frischer Samen im Herbst oder Wurzelteilung. Sie liebt schattige, feuchte Lagen.
Verwendung: Frische Blätter besitzen einen süßen Anisgeschmack. Sie schmecken gut zu Salaten, zu Obsttorten. Mit unreifen Früchten kann man Cremes und Süßspeisen verfeinern. Die großen, fleischigen Wurzeln werden gedämpft als Gemüse gegessen. Ein angenehmes Kraut, dessen starke Öle einen stimulierenden, verdauungsfördernden Tee ergeben, der eine milde, antiseptische Wirkung besitzt. Man bereitet den Tee aus Blättern oder Wurzeln.

MYRTUS communis

Myrte, *Myrtengewächs*
Obwohl sie aus Westasien stammt, ist die immergrüne Myrte heute in den Mittelmeerländern heimisch. Sie wird dort bis 3 m hoch. Sie entfaltet glänzende, dunkle, duftende Blätter

und im Sommer die bekannten weißen Blütchen, aus denen sich die blauschwarzen Beeren entwickeln.
Kultur: Kann durch Aussaat oder von Ablegern und Stecklingen im Sommer gezogen werden. Liebt sonnigen, geschützten Standort und wird in unseren Breiten als Kübelpflanze gezogen, die man im Haus überwintert. Kann geschnitten und geformt werden.
Verwendung: Die würzigen, getrockneten Blütenstände und Beeren werden für Fleisch- und Eintopfgerichte verwendet. Blätter und Rinde können den Geschmack von Wildgerichten verfeinern. Myrtenöl wirkt stark antiseptisch. Früher verwendete man es gegen Bronchitis. Getrocknete Blüten dienten zum Füllen von Duftkissen. Die Sorte *M. communis* 'Variegata' ist bunt panaschiert.

NASTURTIUM officinale

Brunnenkresse
Bekannte, wasserliebende Pflanze, die lehmigen Boden benötigt. Sie besitzt glänzende, feine, gefiederte Blätter und zeigt den ganzen Sommer hindurch ihre weißen Blüten.
Kultur: Aussaat oder Wurzelteilung im Sommer. Man pflanzt sie in feuchte Kompost- oder Sumpfbeete oder im Zimmer in poröse Töpfe, die in Blumentellern mit Wasser stehen.
Verwendung: Man verwendet feingehackte, frische Blätter zu Salaten oder Suppen. Reich an Vitamin C. Ein gutes Kräftigungsmittel. Brei gekochter Blätter wird zur Reinigung und Erfrischung der Haut benutzt.

NEPETA cataria

Katzenminze, *Lippenblütler*
Heimisch in Europa und Asien. Die Staude erreicht eine Höhe von 1,4 m. Die Form der zarten, wolligen Blätter erinnert an Brennesseln. Die weißen Blüten erscheinen im Spätsommer.
Kultur: Aussaat oder Wurzelteilung. Liebt feuchten Boden und offene Lage. Verträgt Halbschatten.
Verwendung: Blätter ergeben aromatischen, milden, verdauungsfördernden Tee, auch als Hustentee und schweißtreibender Tee anzuwenden.

N. mussinii

Gewöhnliche Garten-Katzenminze
Wird allgemein durch die Hybride *N. fassenii* ersetzt. Diese kleinere, ungefähr 60 cm hohe Staude mit kleineren, runzeligen, duftenden Blättern und dekorativen, blauen Blütenähren besitzt ähnliche Eigenschaften.

OCIMUM

Basilienkraut, *Lippenblütler*
Eine subtropische Pflanze, die bei uns als Einjährige kultiviert wird. Sämtliche Teile sind stark aromatisch. Entwickelt duftende Blätter und Blütenähren mit Lippenblüten.
Kultur: Aussaat von Frühling bis Sommer in frostfreier Lage. Pflanzung an geschütztem, sonnigem, gut drainiertem Standort. Gute Ergebnisse erzielt man durch Unterglaskulturen oder im Gewächshaus. Man entfernt die Blütenstiele, um das Blattwachstum zu fördern und größere Blätter zu erhalten.
Verwendung: Gehört zu den besten Würzkräutern. Besonders zu Tomaten, Gemüse, italienischen und spanischen Reisgerichten empfohlen. Der Geschmack ändert sich bei getrockneten Blättern sehr nachteilig. Man konserviert sie am besten in Öl oder tiefgefroren. Das Öl der Blätter wirkt antiseptisch, anregend und verdauungsfördernd.

O. *basilicum,* das Basilienkraut, wird ca. 20 cm hoch. Es besitzt weiße Blüten und feinwürzige, große, gezähnte, fleischige Blätter.

O. citriodorum

Zitronenbasilienkraut
Ist etwas kleiner, besitzt gepunktete Blätter und einen buschigen Habitus. Der Zitronenduft ist ausgeprägt.

O. *crispum,* das Salatblatt-Basilienkraut, besitzt sehr große, krause Blätter und ähnelt im Geschmack dem gewöhnlichen Basilienkraut.

O. *minimum,* das Kleine Basilienkraut, wird 25 cm hoch. Es fällt auf durch seinen dichten Wuchs und kleine Blättchen, im Geschmack ähnlich dem Würzkraut. Läßt sich gut in Töpfen ziehen.

O. *sanctum,* das Heilige Basilienkraut, wird ca. 40 cm hoch und ist an Blättern und Stielen behaart. Der Kleeduft ist sehr würzig. Es dient als Weihrauchkraut bei religiösen Feiern der Hindus.

ORIGANUM

Dost, *Lippenblütler*
Eine verbreitete Familie, die meist aus Stauden besteht, die stark duftendes Laub und Blütendolden besitzen, die im Sommer blühen.
Kultur: Aussaat oder Wurzelteilung. Liebt gut drainierten Boden und sonnige Lage.
Verwendung: Wertvolle Würzkräuter, die man leicht trocknen kann. Die Blätter behalten ihre starke Würzkraft und ein ange-

Ocimum basilicum

Ocimum basilicum 'Dark Opal'

Ocimum citriodorum

Ocimum minimum

Ocimum sanctum

Origanum majorana

Origanum vulgare

Origanum vulgare 'compactum'

nehm duftendes Öl. Viele werden zu Suppen, Fleischgerichten, Eintöpfen etc. verwendet. Medizinisch wirken sie als Antiseptikum, als kräftigende und verdauungsfördernde Mittel, die beruhigen und den Magen entlasten. Ausgezeichnete Schmetterlings- und Bienenweide.

ORIGANUM heracleoticum

Wintermajoran
Ist eine zarte Staude aus Zypern. Sie besitzt einen kriechenden Wuchs, ist wollig behaart und hat zart duftende Blätter, weiße Blüten und aufrecht stehende Blütenstände.

O. majorana

O. *majorana,* der Majoran, ist ein bekanntes Gewürz, das in unserem Klima nur einjährig kultiviert wird. Höhe ca. 50 cm. Die stark duftenden Blätter sind rundlich, die Blüten blaß. Sie erheben sich aus den Hochblättern.
Verwendung: Blätter ergeben gute Würze für leichte Gerichte, Soßen und Füllungen. Man kann daraus auch ein angenehmes, duftendes Kräftigungsmittel herstellen. Starker Absud wird als Badewasserzusatz verwendet.
O. *onitis,* der Topfmajoran, eine wuchernde Staude, die 60 cm hoch werden kann. Sie hat stark würzende Blätter und rosafarbene oder weiße Blüten.

O. vulgare

O. *vulgare,* der Origanum, wird als Staude ca. 60 cm hoch. Er besitzt paarig gefiederte Blättchen und rosafarbene Blüten. Der Geschmack hängt stark vom Klima und Standort ab. Am besten pflanzt man ihn auf steinigem Boden in sonniger Lage.
Kultur: Im Sommer stark zurückschneiden, um das Blattwachstum anzuregen. Die Sorte *O. vulgare* 'Aureum' besitzt leuchtendgelbe Blätter, die in trockenen Sommern leicht braun werden können. Es gibt auch eine gelbbunte Form, *O. vulgare* 'Compactum', mit kleinen, dichtstehenden, würzigen Blättchen, die selten blüht.

PAEONIA officinalis

Pfingstrose, *Hahnenfußgewächs*
Diese bekannte, langlebige Staude stammt aus Süd- und Westeuropa. Sie wird bis 1 m hoch und besitzt gelappte, in Abschnitte unterteilte Blätter und einzelne, leuchtendrote Blüten mit gelben Staubgefäßen, die zeitig im Sommer erscheinen. Es gibte viele hübsche Sorten.
Kultur: Aussaat im Frühling oder Wurzelteilung im Frühsommer. Liebt stark lehmigen Boden. Verträgt etwas Schatten. Möglichst nicht im Wachstum stören.
Verwendung: Sämtliche Blüten und Wurzeln sind stark giftig. Die Wurzel wurde früher als Beruhigungsmittel gegen Epilepsie und Nervenkrankheiten und gegen Wahnsinn verwendet. Samen dienten im Mittelalter als Pfefferersatz.

PANAX pseudoginseng

Chinesischer Ginseng, *Araliengewächs*
Diese Staude gedeiht in den Bergen Chinas und Koreas. Sie besitzt große, dicke Wurzeln und etwa 60 cm hohe Blütenstiele mit palmähnlichen Blättern. Die Dolden mit den grünlichgelben Blüten sind klein. Sie erscheinen im Sommer.
Kultur: Aussaat in nahrhaftem, schattigem Boden. Benötigt zur Entwicklung viele Jahre.
Verwendung: Den Abkochungen der Wurzeln wurden seit Tausenden von Jahren mythische Kräfte nachgesagt. Die Pflanze besitzt komplexe Wirkstoffe, die auf verschiedene Körperunzulänglichkeiten zu reagieren scheinen. Der amerikanische Ginseng *P. quinquefolius* besitzt ähnliche Eigenschaften.

PAPAVER somniferum

Schlafmohn, *Mohngewächs*
Wird seit Jahrtausenden als einjährige Pflanze kultiviert und erreicht eine Höhe von ca. 1,2 m. Die Blüten sind weiß, blaßrosa oder malvenfarben und erscheinen während des Sommers.
Kultur: Aussaat an sonniger Stelle.
Verwendung: Samen dieser und anderer Arten werden als Würzmittel für Kuchen, Brot usw. verwendet. Dicker Saft aus den Samenkapseln enthält ein gefährliches Gift, das Opium, aus dem wertvolle medizinische Drogen wie Morphium gewonnen werden. Der Anbau ist in Deutschland verboten!

PARIETARIA officinalis

Glaskraut
Dieses in Europa überall heimische Kraut findet man vornehmlich in Mauerspalten und auf steinigem Ödland. Es wird ca. 75 cm hoch, besitzt rötliche Stiele, glänzende, gepunktete Blätter, die mit zunehmendem Alter dunkler werden, und winzige grünliche Blüten, die im Sommer erscheinen.
Kultur: Aussaat oder Wurzelteilung. Wenn es einmal im Garten ist, kann man es schlecht wieder loswerden.
Verwendung: Aufgüsse von blühenden Pflanzen wurden gegen Blatternarben, Cystitis und dgl. verwendet. Abführmittel.

PELARGONIUM

Geranie, Pelargonie, *Storchschnabelgewächs*
Eine große Familie mit zarten, strauchigen und immergrünen Stauden und den bekannten Arten mit duftendem Laub. Einige davon sind hier aufgeführt.
Kultur: Üblicherweise im Zimmer in Töpfen. Benötigt samt und sonders starken Winterschutz. Kann von Sämlingen, besser aber aus Stecklingen gezogen werden, die im Spätsommer gemacht werden. Die Blüten sind meist unbedeutend. Man sollte sie ausknipsen, um das Blattwachstum anzuregen.
Verwendung: Die gelappten Blätter besitzen ein unterschiedliches Aroma. Sie können zum Würzen von Eierspeisen, Cremes und Fruchtsalaten verwendet werden. Getrocknet stopft man sie in Duftkissen.

P. *crispum* besitzt kleine, am Rand gekrauste und nach Balsam duftende Blätter. *P. crispum* 'Variegatum' hat cremeweiß gerandete Blätter.

P. *graveolens* ist eine gewöhnliche, stark wachsende Art mit rauhen, nach Rosen und Zitronen duftenden Blättern. *P. graveolens* 'Lady Plymouth' gehört zu den buntblättrigen Formen.

P. *tomentosum* besitzt breite, weiche, filzige Blätter, die nach Pfefferminze duften, wenn man sie zerreibt.

PETROSELINUM

Petersilie, *Doldengewächs*
Herkunft unbekannt, denn es ist seit langer Zeit in Kultur. Alle Spezies sind zweijährig. Der Blütenstiel kann bis zu 1 m hoch werden. Die Blätter sind tief eingeschnitten. Die Blüten erscheinen im Sommer und stehen in gelbgrünen Dolden zusammen. Später erscheinen die dunklen Samen. Die Pflanze besitzt eine tiefreichende Pfahlwurzel.
Kultur: Reichliche Selbstaussaat. Um die Keimung zu beschleunigen, kann man das Saatbeet mit kochendem Wasser überbrühen, den Samen ausbringen und nur leicht mit Boden überdecken. Liebt Sonne oder leichten Schatten. Das Ausknipsen der Blüten erhöht die Blattproduktion.
Verwendung: Wichtiges Würzkraut. Wird frisch für Fleisch, Suppen und Eintopfgerichte verwendet. Enthält viel Vitamin A, B, C und Mineralien. Es ist ein anregendes und verdauungsförderndes Mittel.

P. crispum

P. *crispum,* die bekannte krause Petersilie, besitzt leuchtendgrüne, mooskrause Blätter und wird gern zum Garnieren verwendet. *P. crispum* 'Tuberosum', die glatte Petersilie, ist die ausdauerndste Art. Sie besitzt große, eßbare, gut schmeckende Wurzeln, die nach Pastinakenart zubereitet werden. Die Hundspetersilie *(Cryptotaenia japonica)* hat ähnliches, aber schwach duftendes Laub und breite, blasse, dreizählige Blätter.
Aethusa cynapium, die falsche Petersilie, ist ein Unkraut, das sehr ähnlich aussieht, aber sehr giftig ist! Es kann leicht mit Petersilie oder Sellerie verwechselt werden. Man erkennt es an den geruchlosen Blättern und an den schmalen Blättchen, die unterhalb der Blütendolden hängen.

PHYTOLACCA americana

Kermesbeere, *Kermesbeerengewächs*
Diese Staude aus Nordamerika kann über 3 m hoch werden und bringt viele hohle, purpurfarbene Stiele hervor, an denen die blassen, eiförmigen Blätter und die langen Blütenähren mit den rosaweißen Blüten im Spätsommer erscheinen. Ihnen folgen glänzende, schwarze Beeren.
Kultur: Aussaat oder Wurzelteilung. Liebt sonnigen Standort oder leichten Schatten und tiefgründigen, nahrhaften Boden.
Verwendung: Sämtliche Teile sind giftig! Die Wurzeln und bisweilen auch die Beeren werden von Indianern als Brechmittel oder als Heilmittel gegen Venenerkrankungen verwendet. Die stark wirksamen Inhaltsstoffe,Alkaloide, werden noch untersucht.

PIMPINELLA anisum

Anis, *Doldengewächs*
Eine zarte, einjährige Pflanze, die etwa 50 cm hoch wird und aus Mittelmeergebieten stammt. Sie besitzt breite Grundblätter. Die höher stehenden Blätter sind feingeschnitten. Die kleinen, weißen Blüten erscheinen im Sommer. Die gebogenen Samen werden in unserem Klima nicht reif.
Kultur: Aussaat im Spätfrühling in leichtem Boden, an sonniger, geschützter Stelle. Nicht verpflanzen!
Verwendung: Die duftenden Blätter nimmt man frisch zu Salaten und leichten Gerichten. Mit dem stark aromatischen Samen würzt man Fisch, Sahnesoßen, Kuchen, Bisquits, Obstsalate und verschiedene Spirituosen. Sie wirken verdauungsfördernd, antiseptisch und anregend. Anisöl ist in Hustensäften und Hustenbonbons enthalten. Ähnliche Arten sind *P. saxifraga* mit feingefiederten Blättern und weißen Blütendolden. Absud der scharfen Wurzeln wurde früher als Antiseptikum und Beruhigungsmittel verwendet, zum

Petroselinum crispum

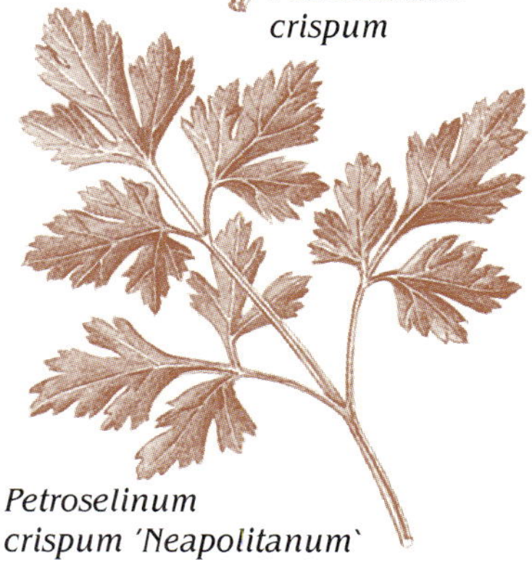
Petroselinum crispum 'Neapolitanum'

Cryptotaenia japonica

Aethusa cynapium

Gurgeln und zur Behandlung offener Wunden.

PLANTAGO major

Breitblättriger Wegerich, *Wegerichgewächs*
Ein ausdauerndes Unkraut, das überall in Europa gedeiht. Die breiten, gerippten Blätter sind grundständig. Der Blütenstiel kann 50 cm hoch werden. Er besitzt zahlreiche, winzige, grünliche Blüten, die im Sommer erscheinen. Es gibt eine Kulturform mit purpurfarbenen Blättern.
Kultur: Aussaat oder Wurzelteilung. Gedeiht auf fast jedem Standort. Sehr trittfest.
Verwendung: Gehört zu den ältesten überlieferten Heilkräutern. Zusammenziehendes Mittel, das auch bei Blasenbeschwerden verwendet wird. Besonders wirksam als Brei zur Behandlung von Wunden, Geschwüren, Insektenstichen und Bißwunden. Eingeweichte Samen dienen als Augenwaschmittel und als Abführmittel. Ähnliche Eigenschaften besitzen die anderen Arten, wie zum Beispiel der seltsame rosafarbene *P. medium,* mit prächtigen weißen Blütenständen.

POLEMONIUM caeruleum

Jakobsleiter, *Jakobsleitergewächs*
Heimisch in Mitteleuropa, häufig in Gärten gepflanzt. Die Staude kann bis zu 1 m hoch werden. Sie besitzt paarige Blättchen und blaue oder weiße Blüten.
Kultur: Ausaat oder Wurzelteilung und Pflanzung in feuchter, halbschattiger Lage.
Verwendung: Früher wurde das ganze Kraut, besonders aber die zusammenziehende Wurzel in Wein als Heilmittel gegen Fieber, Nervosität und Herzklopfen verwendet. *P. reptans,* eine nordamerikanische Art aus den Wäldern, besitzt ähnliche Eigenschaften. Absud von Wurzeln verwendete man gegen Husten und Lungenerkrankungen.

POLYGONATUM multiflorum

Salomonssiegel, *Liliengewächs*
Diese ausdauernde Staude stammt aus Nordeuropa und wird bis zu 1 m hoch. Sie hat gebogene Blütenstiele, parallelnervige Blätter und cremefarbene Glöckchen, die im Frühling erscheinen. Es gibt zwergwüchsige und buntblättrige Formen.
Kultur: Frische Aussaat oder Wurzelteilung. Die Pflanzen lieben leichten, lehmigen Boden und halbschattigen Standort.
Verwendung: Die Wurzel wirkt zusammenziehend, schleimlösend. Der Brei von zerdrückten Wurzeln wirkt entzündungshemmend. Auch bei Verbrennungen und offenen Wunden anwendbar. Nicht innerlich anwenden!

POLYGONUM bistorta

Wiesenknöterich, *Knöterichgewächs*
Diese Staude gedeiht in feuchten Wiesen. Sie besitzt kriechende Wurzeln, breite Blätter und Blütenstiele, die bis 1 m hoch werden können. Im Spätfrühling erscheinen die rosafarbenen Blüten. Es gibt viele Arten.
Kultur: Leicht durch Wurzelteilung. Gedeiht am besten in feuchter, schattiger Lage. Breitet sich stark aus.
Verwendung: Junge Blätter ergeben im Frühling einen angenehmen Salat. Auch als gedämpftes Gemüse zu verwenden. Abgekochte Wurzeln ergeben ein kräftig wirksames, zusammenziehendes Mittel gegen Husten, Heiserkeit und Erkältungen. Auch als Mundwäsche gegen Ekzeme und als Heilmittel gegen Wunden zu verwenden.

PORTULACA oleracea

Portulak, *Portulakgewächs*
Bekannte Einjährige mit rundlichen, fleischigen Blättern und winzigen, gelben Blüten, die im Spätsommer erscheinen.
Kultur: Aussaat in leichtem Boden in offener Lage. Kann von Frühling bis Sommer ausgesät werden, um ständige Ernten zu ermöglichen. Muß gut feucht gehalten werden.
Verwendung: Ausgezeichneter frischer Salat. Ältere Blätter kann man kochen. Reich an Vitamin C. Es gibt eine gelbblättrige Form, *P. oleracea sativa.*

PRIMULA veris

Primel, *Primelgewächs*
Diese Wiesenstaude aus Europa und Asien besitzt eine Rosette aus runzeligen, grundständigen Blättern und einen etwa 30 cm hohen Blütenschaft mit einem Büschel stark duftender, gelber Blüten mit orangefarbener Zeichnung.
Kultur: Frische Samen aussäen oder Wurzelteilung. Liebt feuchten Boden und sonnige bis halbschattige Lage.
Verwendung: Blüten besitzen beruhigende, besänftigende Wirkstoffe. Sie werden als Auszug oder in Wein genommen. Die ganze Pflanze, besonders die Wurzel, besitzt Wirkstoffe gegen Husten und Bronchitis. Die Blüten galten früher als Kosmetikum.

P. vulgaris

Wilde Primel
Besitzt ebenfalls eine grundstän-

dige Blattrosette, einen kürzeren Blütenschaft und weißgelbe, einzelne oder weniger stark duftende Blüten. Wie oben zu kultivieren. Eigenschaften ähnlich.

PULICARIA dysenterica

Flohkraut, Ruhrwurz, *Korbblütler*
In feuchten Wiesen in Europa heimisch. Die hübsche Staude wird ca. 75 cm hoch und besitzt grundständige, lanzettliche Blätter und gelbe, margeritenähnliche Blüten, die im Spätsommer erscheinen. Sie breitet sich rasch aus.
Kultur: Wurzelteilung und sonniger oder halbschattiger Standort.
Verwendung: Räucherkraut mit zusammenziehender Wirkung. Die Blätter besitzen den Geschmack von Seife und haben einen fruchtigen Duft. Starke Aufgüsse können als Insektenvertilgungsmittel verwendet werden.

PULMONARIA officinalis

Lungenkraut, *Rauhblattgewächs*
Diese Staude stammt aus den Bergländern Europas. Sie wird etwa 30 cm hoch. Charakteristisch sind die großen, rauhen, gefleckten, immergrünen Blätter. Im Frühjahr öffnen sich die rosafarbenen Blüten, die sich blau verfärben.
Kultur: Bildet Horste. Kann leicht geteilt oder durch Aussaat vermehrt werden. Gedeiht am besten in feuchter, leicht schattiger Lage.
Verwendung: Wie viele andere Vertreter der Familie enthalten die Blätter des Lungenkrautes eine schleimige Substanz. Absud gilt als Heilmittel gegen Husten und Lungenkrankheiten. Es gibt viele Spezies einschließlich *P. angustifolia* mit großen, leuchtendblauen Blüten, *P. rubra* mit roten Blüten und die Kulturform 'Bowles Red'. *P. saccharata* besitzt breitere Blätter, die silbrig gefleckt sind.

PULSATILLA vulgaris

Küchenschelle, Kuhschelle, *Hahnenfußgewächs*
Staude von trockenen Kalkwiesen in Mitteleuropa. Wird ca. 30 cm hoch und besitzt feingeschlitzte Blätter. Die Pflanze ist silbrig behaart. Die dunkelblauen und violettfarbenen, großen, glockigen Blüten mit den goldgelben Staubgefäßen erscheinen im Frühling.
Kultur: Aussaat oder Wurzelteilung. Liebt lehmigen, gut durchlässigen Boden in sonniger Lage.
Verwendung: Sämtliche Teile sind stark giftig! Die ganze Pflanze schmeckt scharf und ist ein sehr starkes Reizmittel. Große Dosen können Krämpfe auslösen und zum Tode führen! Kleine Mengen wirken als Beruhigungsmittel. Homöopathisches Mittel gegen Masern.

RESEDA luteola

Resede, *Resedagewächs*
Heimisch auf kalkhaltigen Böden Mitteleuropas. Eine Zweijährige mit grundständiger Blattrosette aus langen, an den Enden gewellten Blättern. Im zweiten Jahr erscheint der bis 1,5 m hohe Blütenstand mit kleinen, gelblichgrünen Blüten, die im Sommer aufblühen.
Kultur: Aussaat in leichtem Boden in sonniger Lage.
Verwendung: Aus der gesamten blühenden Pflanze erhält man eine starke, klargelbe Textilfarbe.

RHAMNUS cathartica

Kreuzdorn, *Kreuzdorngewächs*
Der Strauch ist in Europa und Asien heimisch. Er wird ca. 4 m hoch. Im Frühjahr erscheinen rundliche, gerippte Blätter und kleine, grünliche Blüten, im Sommer die roten Beeren, die sich allmählich schwarz färben.
Kultur: Leicht aus Steckholz zu vermehren. Gute Heckenpflanze.
Verwendung: Rinde und Beeren wirken als gefährliche Abführmittel. Eine amerikanische Form, *Rh. purshiana,* wird größer. Die Rinde wirkt nicht so stark. Nicht ohne ärztliche Aufsicht anwenden!

ROSA gallica officinalis

Essigrose, *Rosengewächs*
Sie stammt von der alten *R. gallica* ab, einer Strauchrose, die bis zu 1,2 m hoch wird und halbgefüllte, tief rosarote, stark duftende Blüten mit gelben Staubgefäßen hervorbringt. Die Hagebutten sind rot.
Kultur: Stecklinge im Spätsommer, die im folgenden Herbst in sonniger Lage in lehmigen Boden gepflanzt werden. Die Pflanze liebt das Mulchen. Nach der Blüte schneidet man sie leicht zurück. Sie besitzt wenig Dornen und eignet sich als Heckenpflanze.
Verwendung: Die Blütenblätter trocknen leicht und behalten ihren Duft. Sie wirken antiseptisch und zusammenziehend. In Honig gekochte Blätter wurden als Latwerge gegen rauhen Hals, Mundekzeme und Lungenleiden verwendet. Wichtiges Zubehör für Duftkissen. *R. gallica* 'Versicolor' (*R. gallica* 'Rosa Mundi') ist dunkelrosa gestreift und weiß. Andere alte Rosensorten sind *R. moschata,* die Moschusrose, die bis 6 m hoch werden kann und einen zarten Moschusduft verströmt, sowie Spielarten von *R. rubiginosa,* der Apfelrose mit den ungefüllten, blaßrosa Blüten, die im Spätfrühling erscheinen. Sie besitzt duftendes Laub. Die Pflanze eignet sich auch für Heckenpflanzung.

ROSMARINUS officinalis

Rosmarin, *Lippenblütler*
Bekannte immergrüne Staude oder Strauch aus Mittelmeergebieten. Sie besitzt würzige Blätter und malvenfarbene Blüten, die im Frühling erscheinen. Viele Arten können bis 2 m hoch werden, benötigen aber bei uns eine geschützte, sonnige Lage und starken Winterschutz. Gut für Kübelpflanzung geeignet. Überwinterung am besten im Haus oder Gewächshaus.
Kultur: Durch Aussaat oder Stecklinge zu vermehren. Liebt lichten Standort und gut durchlässigen Boden. Kann als Hecke geschnitten werden.
Verwendung: Die stark würzenden Blätter sind mit Vorsicht zu gegrilltem und gebratenem Fleisch, Fisch und zu Süßspeisen zu verwenden. Das Kraut fördert die Verdauung, wirkt als Kräftigungsmittel und besitzt antiseptische Wirkung. Das Öl verwendet man zum Einreiben schmerzender Stellen und als Insektenschutzmittel. Destillierte Auszüge oder Aufgüsse dienen als Kosmetikum für Haarwäsche, Spülmittel oder als Badezusatz. Es gibt auch weißblühende, rosafarbene und andere Sorten (*R. officinalis* 'Albiflorus'). *R. lavandulaceus* ist empfindlicher als die Stammsorte. Wuchs kriechend.

RUBIA tinctorum

Färberröte, *Rötegewächs*
In früheren Zeiten als Färberpflanze unbekannter Herkunft viel angepflanzt. Die Staude kann bis zu 60 cm hoch werden.

Rosmarinus officinalis

Rosmarinus officinalis 'Benenden Blue'

Rosmarinus lavandulaceus

Sie besitzt lange, sparrige Stiele und große Blattrosetten aus rauhen Blättern. Die Blüten erscheinen im Frühsommer.
Kultur: Aussaat oder Wurzelteilung. Liebt tiefgründigen, gut drainierten Boden. Gemahlene Wurzeln wurden gegen Pocken angewandt. Aus dem fleischigen Wurzelstock gewinnt man eine kräftige, rote Textilfarbe.

RUMEX acetosa

Knöterichgewächs
Bekannte Pflanze aus Feuchtwiesen Europas und Asiens. Die Staude besitzt breite, saftige Blätter und ca. 1 m hohe Blütenstiele, an denen die rötlichen Blüten erscheinen.
Kultur: Aussaat oder Wurzelteilung. Liebt nahrhaften, feuchten Gartenboden in sonniger oder halbschattiger Lage. Sät sich auch selbst aus. Blütenstände stark zurückschneiden, um das Blattwachstum zu fördern.
Verwendung: Wertvoll, kräftig schmeckender Salat, der bereits im zeitigen Frühling geerntet werden kann. Ausgezeichnet in Suppen und Soßen. Ein nahrhaftes Stärkungsmittel mit blutreinigenden Eigenschaften.

R. obtusifolius

Sauerampfer
Kann äußerlich gegen Hautunreinheiten verwendet werden. *R. sanguineum,* roter Sauerampfer, ist eine sehr dekorative Staude. *R. scutatus,* Römischer Sauerampfer, entwickelt kleine, rundliche Blättchen und hat kriechenden Wuchs. Wird wie Sauerampfer kultiviert und verwendet.

RUTA graveolens

Weinraute, *Rautengewächs*
Immergrüne Staude aus Südeuropa, die ca. 65 cm hoch werden kann. Sie bringt zierliche, rundliche Blätter und gelbgrüne Blüten hervor.
Kultur: Aussaat oder Stecklinge in gut durchlässigem Boden, in sonniger Lage. Kann im Spätfrühling in Form geschnitten werden. Man erhält dann eine lockere Hecke. Früher ein wichtiges Heilkraut.
Verwendung: Darf nicht ohne ärztliche Kontrolle angewandt werden. Starkes, bitteres Öl aus den Blättern kann giftig sein und zu Fehlgeburten führen. Starkes Desinfektions- und Insektenvertilgungsmittel. Der Umgang mit der Pflanze kann Allergien hervorrufen. Sorten wie *R. graveolens* 'Jackman's Blue' mit blauen Blütenblättern sind sehr dekorativ. *R. graveolens* 'Variegata' ist eine buntblättrige Form.

SALVIA

Salbei, *Rauhblattgewächs*
Neben dem üblichen Salbei, *S. officinalis,* gibt es über 700 Sorten. Viele duftende Pflanzen sind als Gewürz oder als Heilkraut zu verwenden. Die tiefgekehlten Blüten erscheinen im zeitigen Sommer. Die meisten Arten wachsen auf trockenem, steinigem Standort und verlangen gut drainierten Boden im Garten und sonnige Lage.

S. glutinosa

S. *glutinosa,* der klebrige Salbei, stammt aus den Voralpen und der Nordtürkei. Er wird etwa 90 cm hoch, besitzt lange, runzelige Blätter und im Spätsommer einen Blütenstand mit blaßgelben Blüten. Die Pflanze hat ein angenehmes Aroma.
Kultur: Aussaat oder Wurzelteilung. Pflanzung in geschützter, sonniger Lage.

S. officinalis

S. *officinalis,* Echter Salbei, aus den Mittelmeerländern, wächst strauchartig. Er verholzt. Die Pflanze besitzt stark duftende, grob strukturierte und punktierte Blätter und purpurblaue Blüten.
Kultur: Aussaat oder Stecklinge. Die Blätter trocknen gut. Kahle Zweige sind zurückzuschneiden (Spätfrühling).
Verwendung: Starkes Würzkraut. Feingehackte Blätter eignen sich zu Soßen, Käse und anderen fetten Speisen und Füllungen. Ausgezeichnetes allgemeines medizinisches Stimulans. Blattaufgüsse ergeben einen angenehm antiseptischen Tee mit verdauungsfördernden und blutreinigenden Eigenschaften. Auch als Gurgelmittel bei rauhem Hals und bei Mundekzem zu verwenden. Es gibt viele Sorten wie *S. officinalis* 'Purpurascens', eine hübsche, rotblühende Art, den buntblättrigen *S. officinalis* 'Icterina' und die empfindlichere Sorte *S. officinalis* 'Tricolor' mit rot-gelbgrün gefleckten Blättern. Es gibt auch kriechende Formen mit feinen, schmalen, stark duftenden Blättchen und weißen Blüten wie *S. officinalis* 'Lavandulifolia'.

S. pratensis

S. *pratensis,* der Wiesensalbei, ist eine Staude, die ca. 80 cm hoch wird und stark aromatische, gerunzelte Blätter besitzt. Die Blütenähren mit den purpurblauen Blüten erscheinen im Sommer.
Kultur: Aussaat oder Wurzelteilung. Liebt sonnigen Standort und kalkhaltigen Boden. Die Samen sind schleimig. Sie wurden früher – in Wasser aufgeweicht – zur Augenwäsche benutzt.

S. rutilans

S. *rutilans,* der Ananassalbei, stammt aus Mexiko. Diese Staude wird etwa 1 m hoch. Die eiförmigen Blätter sind gepunktet und duften nach Ananas. Die roten Blüten erscheinen im Herbst und Frühwinter.
Kultur: Leicht durch Stecklinge zu ziehen, Topfkultur, nicht frostsicher.

S. sclarea

S. *sclarea,* der Muskatsalbei, ist eine hübsche Zweijährige, die bis 1,2 m hoch werden kann. Sie besitzt große, runzelige Blätter und lange Blütenähren mit malvenfarbenen Blüten. Die Pflanze duftet stark.
Kultur: Aussaat in sonniger Lage.
Verwendung: Wie *S. pratensis.* Das duftende Öl benutzte man, um Wein einen sogenannten Muscatel-Geschmack zu verleihen. Man hielt es früher für ein Aphrodisiakum. Das Öl wird auch in der Parfümindustrie verwendet. Der krautige russische Salbei, *Perovskia atriplicifolia,* mit den nach Salbei duftenden Blättern und der hübsche Jerusalemsalbei, *Phlomis fruticosa,* mit den grauen, duftenden, hängenden Blättern und den leuchtendgelben, quirlständigen Blüten werden etwa 1,2 m hoch. Beide benötigen Winterschutz.

SAMBUCUS nigra

Schwarzer Holunder, *Geißblattgewächs*
Ein ausdauernder Baum oder Strauch, der in Europa heimisch ist und bis zu 8 m hoch werden kann. Die Blätter duften stark. Im Frühsommer erscheinen die tellerartig zusammenstehenden Blüten, aus denen sich im Herbst die schwarzen Beeren entwickeln. Es gibt Arten mit gelben und bunten Blättern.
Kultur: Steckholz. Wächst leicht in fast jedem Boden.
Verwendung: Sämtliche Teile. Blüten ergeben duftenden, leichten Wein, würzige Marmeladen und Gelees. Können auch fritiert oder in Pfannkuchen gebacken werden. Der Tee besitzt beruhigende, kühlende Eigenschaften und wird als Mittel gegen Fieber getrunken. Äußerlich für Augenwaschungen oder als Badewasserzusatz zur Hautpflege. Die Beeren (nicht roh essen!) ergeben guten Most. Sie schmecken ausgezeichnet in Apfelgelee. Der Saft wird bei Erkältungen, Bronchitis etc. verwendet. Er wirkt leicht abführend. Die Blätter werden nur als Badezusatz oder zur Herstellung von Salben verwendet und haben gute Heilwirkungen. Aufgüsse wirken als Insektenvertilgungsmittel. Früher diente die Rinde als starkes Brechmittel.

S. *ebulus,* der Zwergholunder, ist eine Staude, die etwa 1,2 m hoch wird und ähnliche Blätter, Blüten und Früchte bekommt wie *S. nigra.* Reizt nicht so stark zum Brechen.

SANGUINARIA canadensis

Blutwurz, *Mohngewächs*
Heimisch in nordamerikanischem Bergland. Eine Polsterstaude, die ca. 20 cm hoch wird, breite, spatelförmige Blätter und hübsche weiße Blüten im Frühling entfaltet. Es gibt auch eine gefüllt blühende Form.
Kultur: Wurzelteilung nach der Blüte und Pflanzung in feuchtem, nahrhaftem Boden in schattiger Lage.
Verwendung: Getrocknete Wurzeln wurden bei amerikanischen Indianern als starkes Antiseptikum, als Kräftigungsmittel, als Brech- und Reizmittel verwendet. Die Wirkstoffe sind sehr stark und sollten nur unter ärztlicher Aufsicht verabreicht werden. Der leuchtendrote Saft der Pflanze, besonders der Wurzel, ist stark ätzend und ergibt eine gute rote Textilfarbe.

SANGUISORBA minor

Wiesenknopf, Pimpernell, *Rosengewächs*
Staude aus den Bergwiesen Europas, die bis zu 80 cm hoch werden kann. Die Blüten entfalten sich im Sommer. Die Blätter sind gefiedert.
Kultur: Aussaat in sonniger Lage. Wächst leicht und sät sich leicht aus. Alte Triebe entfernt man, um die Bildung neuer Blätter anzuregen.
Verwendung: Schmeckt schwach bitter und nach Nüssen. Ganzjährig zu ernten und als Zugabe zu Salaten zu verwenden.

SANTOLINA

Heiligenblume, *Korbblütler*
Immergrünes, strauchiges Kraut aus Südeuropa mit aromatischen Blättern und langstieligen, gelben Knopfblüten, die sich im Sommer entfalten.
Kultur: Läßt sich leicht durch Stecklinge vermehren. Liebt leichten, gut drainierten Boden und sonnige Lage. Lockere Triebe kann man im Frühling und Sommer zurückschneiden. Die meisten Arten lassen sich gut zu niedrigen Hecken formieren.
Verwendung: Die duftenden, desinfizierenden Blätter werden getrocknet und als Insekten- und Mottenmittel verwendet.
S. chamaecyparissus, die Santoline, bildet dichte, bis 80 cm hohe Büsche und besitzt silbrige, gezähnte Blätter und leuchtendgelbe Blüten.

S. *chamaecyparissus* 'Korsika', ist ein Zwerg, der sich gut zu Einfassungen für Flechtmustergärten verwenden läßt.

S. *neapolitana* ist ca. 80 cm hoch und besitzt feingefiedertes, silbriges Laub. *S. sulphurea* blüht blaßgelb. Sämtliche Santolinen benötigen in rauhen Lagen Winterschutz.

SAPONARIA officinalis

Seifenkraut, *Nelkengewächs*
Diese Staude ist in Europa heimisch. Sie wird bis zu 80 cm hoch und besitzt weiche, lanzettliche Blätter und duftende, lilarote Blüten, die im Sommer erscheinen. Es gibt auch eine gefüllt blühende Art.
Kultur: Aussaat oder Teilung der kriechenden Wurzeln. Die Pflanze liebt sonnigen oder leicht schattigen Standort. Sie wuchert, daher muß man die Wurzeln eindämmen.
Verwendung: Abkochungen der Wurzeln äußerlich gegen Ekzeme, Akne und andere Hautübel. Das abgekochte Kraut ergibt eine grünliche, desinfizierende Brühe. Gut zum Reinigen zerbrechlicher Gegenstände.

SATUREJA hortensis

Bohnenkraut, *Lippenblütler*
Stammt aus den östlichen Mittelmeergebieten und Asien. Diese aromatische, einjährige Pflanze wird ca. 60 cm hoch. An den fliederfarbenen Trieben erscheinen schmale, kleine Blättchen und blaßlila Blüten im Sommer.
Kultur: Aussaat im Frühling. Liebt sonnige Lage und durchlässigen Boden. Man muß die ganze Pflanze vor Frostbeginn ernten.
Verwendung: Guter, scharfer Thymiangeschmack, für Bohnengerichte, Eintopfgerichte,

Würstchen und Suppen. Appetitanregend, verdauungsfördernd und als antiseptisches Gurgelmittel anwendbar. Galt früher als Aphrodisiakum.

S. montana

S. *montana,* das Winterbohnenkraut, stammt ebenfalls aus Mittelmeerbereichen. Diese immergrüne Staude mit verholzenden Stengeln wird ca. 40 cm hoch. Sie besitzt stumpfe, schmale Blättchen und weiße oder lilafarbene Blüten, die im Sommer auch erscheinen. Es gibt Spielarten mit purpurfarbenen Blüten und kriechende Arten mit stark duftendem Laub.
Kultur: Aussaat, Stecklinge oder Ableger. Man pflanzt sie in gut drainiertem Boden in sonniger Lage. Unordentliche Triebe kann man im Frühling zurückschneiden. Sie ist eine gute, niedrige Heckenpflanze für frostfreie Lagen. Im allgemeinen benötigt sie Winterschutz.
Verwendung: Ähnlich wie Sommerbohnenkraut. Der Geschmack ist etwas intensiver. Man verwendet die Blätter auch als schmerzstillendes Mittel gegen Insektenstiche. Die Stellen werden damit eingerieben.

SCROPHULARIA nodosa

Braunwurz, *Braunwurzgewächs*
Diese in Europa verbreitete Staude wird ca. 1,2 cm hoch und gedeiht an schattigen Stellen. Sie besitzt einen kantigen Stengel und eiförmige, etwas übelriechende Blätter. Zahlreiche, seltsame, rotbraune Blüten erscheinen ab Sommer. Sehr gute Bienen- und Wespenpflanze, eher häßlich als schön.
Kultur: Aussaat oder Wurzelteilung. Man pflanzt sie an eine schattige Stelle.
Verwendung: Gekochte Wurzeln oder Kräuter können als Brei gegen offene Wunden und Hautausschläge verwendet werden. Die Wirkung auf das Herz ist ähnlich wie beim Fingerhut, daher darf die Pflanze nicht innerlich angewendet werden.
S. aquatica, die Wasserbraunwurz, wird höher. Sie besitzt weichere Blätter. Die Eigenschaften ähneln jedoch stark *S. nodosa. S. aquatica* 'Variegata' ist eine kleinere, buntblättrige Form mit Schmuckwirkung.

SCUTELLARIA lateriflora

Schildkraut, *Lippenblütler*
Eine Staude aus Nordamerika, die ca. 75 cm hoch wird, stumpfgezähnte Blätter und im Sommer seltsame blaue Blüten hervorbringt. Sie öffnen sich allmählich nacheinander an langen, gebogenen Blütenstielen, die sich geradeziehen, wenn die Samen reifen. Die Samen befinden sich in Kapseln. Sie sehen aus wie winzige, verschlossene Kapseln. Die Pflanze besitzt einen klaren Aufbau und eignet sich daher zu Solitärstellung.
Kultur: Aussaat oder Wurzelteilung. Liebt Sonne oder leichten Schatten.
Verwendung: Früher als Nervenmittel, als bitteres Stimulans und Mittel gegen Hysterie. Heute nicht ohne ärztlichen Rat anzuwenden.

S. *galericulata,* das Europäische Schildkraut, besitzt schwächere medizinische Wirkstoffe, einen lockeren Aufbau und größere Blüten, die paarweise zusammenstehen. Gedeiht in der Nähe von fließendem Wasser.

SEMPERVIVUM tectorum

Dachwurz, Fetthenne, Hauslauch, *Dickblattgewächs*
Diese Staude stammt aus dem europäischen Bergland. Sie ist seit langer Zeit in Kultur und wird besonders gern auf Mauern und Dächern gepflanzt. Sie besteht aus einer fleischigen Grundrosette. Ein Stiel mit rosafarbenen oder gelben Blüten erscheint im Frühsommer. Einige Arten sterben nach der Blüte ab und bilden dann viele neue Ableger.
Kultur: Kleine Ableger abnehmen und in steinigen Boden pflanzen.
Verwendung: Früher ein Schutz- und Heilkraut. Brei aus zerdrückten Blättern diente als kühlendes Mittel gegen Verbrennungen und zur Wundbehandlung.

SERRATULA tinctoria

Färberscharte, *Korbblütler*
Die Staude stammt aus Europa. Sie wird etwa 60 cm hoch und besitzt einen drahtigen Stiel, tiefeingeschnittene Blättchen und purpurfarbene, distelähnliche Blüten, die im Spätsommer erscheinen.
Kultur: Aussaat oder Wurzelteilung. Gedeiht am besten in voller Sonne.
Verwendung: Wundkraut, früher eine wichtige Pflanze, die eine gute grüngelbe Textilfarbe lieferte.

SILYBUM marianum

Mariendistel, *Korbblütler*
Diese in Europa heimische Pflanze ist ein- oder zweijährig. Eine Rosette aus großen, stacheligen, dunkelgrünen, weißbunt gezeichneten Blättern und distelähnlichen Blüten im Sommer kennzeichnen diese Pflanze.
Kultur: Aussaat in sonniger Lage in gut durchlässigem Boden. Sät sich leicht selbst aus.
Verwendung: Schößlinge, Blätter, Stiel und Knospen ergeben

ein ziemlich bitteres Gemüse und Salat. Ein bitteres, kräftigendes Kraut, das besonders zur Anregung der Muttermilchproduktion verwendet wurde. Die Samen reizen zum Brechen und werden nur noch äußerlich angewendet.

SINAPIS alba

Schwarzer Senf, *Kreuzblütler*
Aus den Mittelmeerländern stammende, häufig kultivierte, einjährige Pflanze, die bis 1 m hoch wird. Sie besitzt tief eingeschnittene Blätter und gelbe Blüten, die im Sommer erscheinen. Die ausgebuchteten Schoten enthalten die rundlichen Samen.
Kultur: Aussaat, liebt sonnige Lage und nahrhaften Boden.
Verwendung: Die Samen haben einen nichtssagenden Geschmack, gelten aber als wirksames Heilmittel im Gegensatz zu *Brassica nigra,* dem Schwarzen Kohl. Sie haben eine stark desinfizierende und schützende Wirkung. Blätter junger Sämlinge ergeben einen schmackhaften Salat. Sehr wertvoller Gründünger für arme Böden.

SMYRNIUM olusatrum

Gelbdolde
Diese Zweijährige aus Mittelmeerregionen, die meist in Küstennähe vorkommt, wird bis zu 1,5 m hoch und sieht am besten im Frühling aus, wenn ihre dunkelgrünen, breiten Blättchen und gelben Blütenschöpfe erscheinen.
Kultur: Aussaat im Herbst in leichtem Boden und an sonnigem Standort.
Verwendung: Intensiver aromatischer Geschmack. Früher als Gemüse gegessen. Knospen und Blätter können als Salat zubereitet werden. Die bitteren Stiele kann man blanchieren und zu Fleischgerichten servieren. Wirkt als mildes, verdauungsförderndes Mittel. Zerquetschte Blätter dienen als Wundheilmittel.

S. *perfoliatum* ist eine zweijährige verwandte Art mit rundlichen oberen Blättern. Sie besitzt ähnliche Eigenschaften.

SOLIDAGO virgaurea

Goldrute, *Korbblütler*
Auf Waldwiesen in Europa und Asien heimische Staude, die etwa 1 m hoch werden kann. Sie hat lanzettliche Blätter und gelbe Blüten, die im Spätsommer erscheinen.
Kultur: Aussaat oder Wurzelteilung. Liebt offenen, sonnigen Standort, stellt keine besonderen Bodenansprüche.
Verwendung: Die Pflanze eignet sich als Wundmittel. Alle Teile wirken zusammenziehend, daher verwendet man sie auch als Blutstillungsmittel. Aus den Blüten und Blättern werden heilende Öle gewonnen. Die Blüten geben eine gute gelbe Textilfarbe ab. Verwandte Arten und Sorten besitzen ähnliche Eigenschaften.

STACHYS officinalis

Ziest, *Lippenblütler*
Eine Staude, die aus mitteleuropäischen Wiesen stammt. Sie wird etwa 50 cm hoch und besitzt regelmäßige, rundgerandete Blätter und Blütenstände mit purpurfarbenen Blüten, die im Sommer erscheinen.

S. *officinalis* 'Grandiflora' besitzt prächtigere Blüten.
Kultur: Aussaat oder Wurzelteilung. Liebt sonnige Lage.
Verwendung: Legendäres Heilkraut, das früher als Beruhigungs- und Nervenmittel, als Stimulans, aber auch als Brechmittel diente. Die zusammenziehenden, bitteren Blätter werden heute meist äußerlich als Packung verwendet. Viele andere Stachysarten besitzen ähnliche Eigenschaften. Dazu gehören auch die Gartenformen, zum Beispiel das 'Eselsohr' mit den langen, silbrig behaarten Blättern *(S. lanata)*. Es gibt auch eine sehr wirksame, nicht blühende Art: *S. lanata* 'Silver Carpet'.

SYMPHYTUM officinale

Beinwell, *Rauhblattgewächs*
Diese Staude ist in Europa und Asien beheimatet. Sie wird ca. 1 m hoch. Sie besitzt ausgeprägte, sehr breite, haarige Grundblätter und glockenförmige, weiß, rosa oder purpurfarbene Blüten. Sie entwickeln sich an langen Blütenschäften im Frühsommer.
Kultur: Leicht aus Wurzelstükken oder Wurzelabschnitten zu kultivieren. Gedeiht am besten in nahrhaftem Boden. Um ständig über einen ausreichenden Vorrat von Blättern zu verfügen, schneidet man die Pflanze regelmäßig während des Wachstums. Muß etwas eingedämmt werden, weil sie stark wuchert.
Verwendung: Der Name Beinwell besagt schon, daß es sich in erster Linie um ein Heilkraut handelt. Die frisch geernteten Wurzeln und Blätter enthalten viel Schleim und Alantoin, einen Wirkstoff mit großer Heilwirkung. Aus den Wurzeln und Blättern (kurz blanchiert oder gedämpft, um die Haare aufzuweichen) gewinnt man Packungen gegen Entzündungen, Prellungen, Schnittwunden und Verbrennungen. Aufgüsse der Blätter werden als kosmetische Zusätze zu Badewasser etc. verwendet. Ausgezeichnete Pflanze für Kompostierungen und für nährstoffreiche Flüssigdünger. Es gibt auch kleinere, dekorative Arten und Gartenformen.
S. caucasicum besitzt leuchtendblaue Blüten, *S. grandiflorum* blüht gelborange und *S. ochroleucum* mit den weichen Blättern blüht reinweiß.

TAGETES lucida

Tagetes, Studentenblume, *Korbblütler*
Diese Einjährige stammt aus Mexiko, eine zarte Pflanze, die etwa 45 cm hoch wird, mit gezähnten, lanzettlichen Blättern. Die orangegelben Blüten sitzen einzeln. Sie erscheinen den ganzen Sommer hindurch.
Kultur: Aussaat oder Stecklinge. Man pflanzt sie nach den Eisheiligen aus und zieht sie in Töpfen im Haus, um ihnen den erforderlichen Winterschutz zu geben. Gedeiht am besten in geschützter, sonniger Lage. Das Kraut duftet süß.
Verwendung: Anis-, estragonähnlich schmeckende Blätter für Suppen oder getrocknet für Dufttees. Andere Arten wie die afrikanischen, französischen oder mexikanischen sind wertvolle Begleitpflanzen im Garten. Die Absonderungen von den Wurzeln vertreiben Nematoden und andere Schädlinge.

TANACETUM parthenium

Mutterkraut, Sommermargerite, *Korbblütler*
Buschige, kurzlebige, einjährige Pflanze aus Europa, die bis 60 cm hoch wird, mit stark aromatischen, geteilten, abgerundeten Blättern. Sie kann milde Winter überdauern. Die Blüten erscheinen vom Spätfrühling bis zum Herbst.
Kultur: Aussaat oder Wurzelteilung. Das Laub wird in schattiger Lage dunkler. Die Pflanze sät sich selbst gut aus.

Thymus vulgaris

Thymus vulgaris 'Silver Posie'

Thymus drucei coccineus

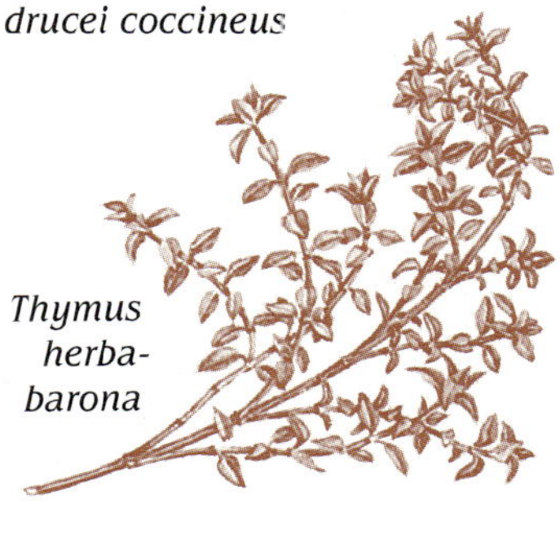

Thymus herba-barona

Verwendung: Altbekanntes Stärkungs- und Nervenstärkungsmittel. Wird neuerlich auch gegen Migräne verwendet. Die bitteren Blätter können mit Brot und Butter oder als Tee genossen werden. Nur in kleinen Mengen verzehren! Abgekochte Blätter verwendet man äußerlich zu heilsamen, milden Waschungen. Es gibt viele Sorten, besonders *T. parthenium* 'Aureum', eine gelbfarbene Sorte, und die dunkelblättrige, gefüllte 'White Bonnet'.

T. vulgare

Wilder Rainfarn
Ist in Europa heimisch. Es handelt sich um eine ausdauernde Staude, die 1 m hoch werden kann und fiedrige, stark riechende Blätter und gelbe, knopfähnliche Blüten in Scheindolden im Sommer hervorbringt.
Kultur: Aussaat oder Teilung der kriechenden Wurzeln. Liebt sonnigen Standort.
Verwendung: Bittere, aromatische Blüten wurden früher als Würzmittel, als verdauungsförderndes Mittel und Wurmmittel verwendet, heute nur als Insektizid. Die Blätter werden getrocknet oder aufgegossen. *T. vulgare* 'Crispum' besitzt dekorative, krause Blätter.

TARAXACUM officinale

Löwenzahn, *Korbblütler*
Gewöhnliche, bekannte Staude unterschiedlicher Höhe mit schrotsägeförmig gezähnten Blättern. Die goldgelben Strahlenblüten und die bekannten Pusteblumen erscheinen im Frühling bzw. Frühsommer.
Kultur: Kulturformen mit saftigen Blättern. Aussaat im Frühling in offener, sonniger Lage. Kann im Haus unter einem umgestülpten Topf wie Zichorie gebleicht werden. So erhält man zarten Salat für die Winterzeit.
Verwendung: Junge, zarte, innere oder gebleichte Blätter werden als Salat genossen. Die Blüten ergeben einen guten Wein, Blattrosetten auch gedämpft als Grundlage für Kaffee-Ersatz. Reich an Nährstoffen und ein gutes Stimulans. Abgekochte Blüten werden als Zusatz zum Badewasser benutzt.

TEUCRIUM chamaedrys

Gamander, *Lippenblütler*
Staude oder Halbstrauch, immergrün, aus Südeuropa stammend. Die Pflanze wird etwa 40 cm hoch und besitzt kleine, dunkelglänzende, aromatische Blätter mit abgestumpften Zähnen. Im Sommer erscheinen die Blütenstiele mit den leuchtend rosafarbenen Blüten. Es gibt auch eine kriechende Art.
Kultur: Aussaat oder Stecklinge. Die Pflanze liebt gut durchlässigen Boden, sonnige Lage und Windschutz.Sie läßt sich gut schneiden und als niedrige Hekke pflanzen. Ideal für Flechtmustergärten und niedrige Beeteinfassungen.
Verwendung: Früher als Heilkraut gegen Fieber, Verstopfung und Gicht. Wegen des Duftes verwendete man das Kraut früher als Streu.

T. scorodonia

T. *scorodonia* ist eine Staude, die ausgesprochen sauren Boden liebt. Sie wird ca. 60 cm hoch und wächst an Böschungen und in lichten Wäldern. Die kleinen, aromatischen Blätter sind gerunzelt, die gelben Blüten ohne Oberlippe besitzen purpurfarbene Staubgefäße.
Kultur: Aussaat oder Teilung der Wurzeln. Die Pflanze liebt trockenen Standort.
Verwendung: Gutes, bitteres, anregendes Kraut. Tee der ganzen Pflanze wird als Fiebertee und gegen Menstruationsbeschwerden getrunken.

THYMUS

Thymian, *Lippenblütler*
Es gibt viele Sorten und Arten dieser Stauden. Sie besitzen kleine, hocharomatische Blätter und Lippenblüten, die ab Frühsommer erscheinen. Buschige Arten stammen aus Südeuropa. Kriechende Arten sind vor allem in kälteren Klimabereichen beheimatet.
Kultur: Sämtliche Pflanzen entwickeln sich gut aus Samen, Stecklingen oder Ablegern. Sie benötigen gut drainierten Boden und sonnige Lage, kalkliebend. Wuchernde Pflanzen kann man nach der Blüte zurückschneiden.
Verwendung: Wichtiges Würzkraut! Die aromatischen Blätter, besonders die von *Th. vulgaris,* ergeben einen intensiven, angenehmen Geschmack. Er paßt gut zu Fleischgerichten, Geflügel, Gemüse und Eintopfgerichten. Die ätherischen Öle, die das Thymol enthalten, sind antiseptisch. Der Blättertee wirkt gut gegen Husten und Bronchitis, als Gurgelmittel für rauhen Hals und Mundekzem. Wird auch als desinfizierendes Waschmittel verwendet. Einreibung mit Öl wirkt kräftigend und fördert die Durchblutung.

Th. *azoricus* wächst kompakt und dicht. Der Zuwachs geht sehr langsam vonstatten. Der Duft ist rosinenähnlich.

Th. *citriodorus,* der Zitronenthymian, ist eine Hybride von *Th. vulgaris.* Er besitzt einen zarten Zitronenduft und rosafarbene Blüten. Der empfindlichere *Th. citriodorus* 'Aureus' ist goldgelb gemustert.

Th. citriodorus 'Silver Queen' ist silbergrau panaschiert.

Th. drucei

Th. *drucei* heißt der gewöhnliche Wilde Thymian, eine Polsterpflanze, die auf offenen Rasenflächen gedeiht. Er besitzt purpurfarbene Blüten. Die Stärke des Duftes hängt von dem jeweiligen Standort und der Jahreszeit ab. Es gibt Spielarten wie *Th. drucei* 'Albus', die weiß blühen, *Th. drucei* 'Coccineus' blüht leuchtend karminfarben und duftet nach Zitrone. 'E.B. Anderson' hat große, stark duftende Blätter, die goldgrün gemustert sind. Die Sorte *Th. drucei* 'Lanuginosus' besitzt blaßgrüne, hängende Blättchen.

Th. *fragrantissimus* wächst mehr aufrecht und blüht weiß. Die Blätter sind blaßgrau und duften fruchtig.

Th. *pulegioides* ist in Nordeuropa heimisch. Er besitzt einen kriechenden Wuchs, große, dunkelgrüne Blätter und purpurfarbene Blüten.

Th. vulgaris

Th. *vulgaris,* der gewöhnliche Thymian, duftet stark. Die Blätter sind winzig. Die blaß malvenfarbenen Blüten und der strauchige Habitus sind besonders charakteristisch für diese ca. 35 cm hoch werdende Pflanze. Er läßt sich gut schneiden und kann als niedrige Hecke gezogen werden. Viele Varietäten.

TILIA cordata

Winterlinde, *Lindengewächs*
Die Kleinblättrige Linde stammt aus Europa. Sie kann bis 11 m hoch werden und besitzt duftende, gelblichweiße Blütenbüschel, die im Sommer erscheinen.
Kultur: Aussaat oder Ableger von Seitentrieben im Herbst. Wächst an sonnigem und halbschattigem Standort. Läßt sich gut schneiden und formen.
Verwendung: Junge, frische Blätter sind eßbar. Tee aus getrockneten Blüten und Brakteen ergibt ein erfrischendes, ausgezeichnet duftendes, beruhigendes Getränk. Auch gegen Fieber und äußerlich zu Waschungen zu empfehlen. Die nektarreichen Blüten ziehen Bienen an. Andere Lindenarten besitzen ähnliche Eigenschaften.

TRIGONELLA foenum-graecum

Gelblicher Bockshornklee, *Lippenblütler*
In Südeuropa und Asien ist die zarte Einjährige als Futterpflanze verbreitet. Sie wird bis zu 75 cm hoch und besitzt kleeähnliche Blätter, cremefarbene Blüten, die im Sommer erscheinen, und steife, 15 cm hohe Fruchtstände, in denen die eckigen Samen reifen. Der Duft des Laubes wird beim Trocknen intensiver.
Kultur: Leicht aus Samen zu ziehen. Liebt sonnigen, geschützten Platz.
Verwendung: Frische Blätter zum Würzen von Salaten oder Speisen. Zerkleinerte Samen dienen als bitteres Salatwürzmittel. Getrocknete Samen sind sehr aromatisch. Sie ergeben eine nahrhafte, anregende Medizin, besonders für stillende Mütter, da sie die Milchproduktion steigern.

TRILLIUM erectum

Dreiblatt, *Liliengewächs*
Heimisch ist diese Pflanze in Nordamerika. Die Waldstaude entwickelt zu dritt zusammenstehende, breite Blätter und rötlichbraune, dreizählige Blüten, die im Frühling erscheinen.
Kultur: Aussaat frischer Samen (Keimungsperiode dauert sehr lange) oder Teilung der Wurzelstöcke. Die Pflanze liebt schattigen, feuchten Boden.
Verwendung: Aufgüsse wirken stark zusammenziehend. Die ätzenden Wurzeln verwendet man gegen Hämorrhoiden. Blätterbreipackungen verwendet man gegen Geschwüre und Wunden.

TROPAEOLUM majus

Kapuzinerkresse, *Kapuzinerkressegewächs*
Die in Peru heimische Pflanze ist eine bekannte Gartenpflanze mit blaßgrünen, kriechenden Trieben, die bis 3 m lang werden können, schildförmigen, runden Blättern und leuchtend orangefarbenen Blüten mit langem Sporn, die ab Frühsommer erscheinen.
Kultur: Wächst leicht aus Samen und sät sich selbst gut aus. Sonniger Standort und nahrhafter Boden, wenn sie reiches Blattwachstum produzieren soll, oder armer Boden, wenn sie reichlich blühen soll.
Verwendung: Die Blüten sind eßbar. Die jungen Blätter besitzen einen angenehmen Geschmack und werden zu Salaten gegessen. Unreife Samen können in Essig eingelegt werden (Falsche Kapern). Die Blätter sind nahrhaft, wirken blutreinigend und antiseptisch.

VACCINUM myrtillus

Blaubeere, *Erikagewächs*
Heimisch in Europa und Nordasien. Dieser Kleinstrauch wird nicht höher als 50 cm. Er besitzt dunkelgrüne, gepunktete Blätter und nickende, rosafarbene Blüten, die im Spätfrühling erscheinen. Beliebt sind die blauen Beeren.
Kultur: Aussaat frischer Samen im Herbst, Stecklinge oder Ableger. Die Pflanze liebt feuchten, schattigen Standort und sauren, torfigen Boden.
Verwendung: Man ißt die saftigen, delikaten Beeren roh, als Brei, Marmelade, Gelee etc. Sie sind ein antiseptisches und vitaminreiches Heilmittel. Gut geeignet für alle die Eingeweide betreffenden Unpäßlichkeiten.

VALERIANA officinalis

Baldrian, *Baldriangewächs*
Heimisch in Europa und Asien. Eine weit verbreitete, ca. 1,5 m hohe Staude mit zierlichen Blättern und duftenden, rosaweißen Blütendolden, die ab Frühsommer erscheinen.
Kultur: Wurzelteilung. Verträgt die meisten Bodenarten, wächst aber am besten auf leicht feuchtem, schattigem Standort. Die kriechenden Wurzelstöcke müssen zusammengehalten werden.
Verwendung: Der starke Duft der Wurzeln steigert sich beim Trocknen. Wird als starkes Beruhigungs- und Nervenberuhigungsmittel sowie als schmerzstillendes Mittel verwendet. Ist allerdings nur unter ärztlicher Aufsicht anzuwenden.

VALERIANELLA locusta

Feldsalat, *Baldriangewächs*
Verbreitetes Unkraut auf offenem Standort. Ein kleinblättriges, einjähriges Kraut, das winzige Büschel von malvenfarbenen Blüten hervorbringt.
Kultur: Aussaat während der gesamten Wachstumszeit, besonders im Spätsommer für die Winterernte auf gut kompostiertem Boden in sonniger Lage. Sät sich leicht selbst aus. Man erntet die Blätter bzw. die ganze Pflanze vor der Blüte.
Verwendung: Ausgezeichnetes

Viola odorata

Viola tricolor

Salatkraut, besonders für die Winterzeit.

VERATRUM viride

Germer stammt aus Nordamerika. Er ist eine Solitärstaude, die bis 1,5 m hoch werden kann. Die Blätter sind nervig, breit. Der Blütenstand ist lang und mit grünlichen Blütensternen bestückt, die im Sommer erscheinen.
Kultur: Aussaat frischer Samen (es dauert mindestens zwei Jahre, ehe sie keimen) oder Wurzelteilung. Die Pflanze liebt feuchten Boden und leichten Schatten. Man muß die Wurzel möglichst mit anderen Pflanzen beschattet halten. Im Wachstum nicht stören!
Verwendung: Sämtliche Teile sind giftig! Die schwarzen Rhizome besitzen ähnliche Wirkstoffe wie *Helleborus* und wurden früher als Brechmittel oder als Beruhigungs- und Betäubungsmittel verwendet.
V. album und *V. nigrum* besitzen eine lange medizinische Geschichte und ähnliche Wirkstoffe.

VERBASCUM thapsus

Kleine Königskerze, *Rauhblattgewächs*
Gedeiht auf Ödland und offenen Flächen in temperiertem Klima. Die Zweijährige wird bis zu 2 m hoch. Sie besitzt eine Rosette aus großen, blassen, wollig behaarten Blättern, einen wolligen Blütenstand mit blaßgelben Blüten im Sommer. Es gibt viele hübsche Spezies und Varietäten.
Kultur: Aussaat im Herbst oder Frühling in gut drainiertem Boden und sonniger Lage. Sät sich selbst gut aus.
Verwendung: Sanfter, beruhigender Effekt. Blätter werden überbrüht, um die Haare zu entfernen. Blüten- und Blättertee wird gegen Husten, Bronchitis und Erkältungskrankheiten getrunken. Man dämpft oder blanchiert die Blätter und erhält einen zusammenziehenden Brei. Die in Olivenöl eingelegten Blüten sind ein Mittel gegen Verbrennungen und Schmerzen.

VERBENA officinalis

Eisenkraut, *Eisenkrautgewächs*
Stammt von kalkigen Böden gemäßigter Klimazonen. Eine Staude, die bis zu 1 m hoch werden kann. Sie besitzt gezahnte, gelappte Blätter und Blütenstände aus kleinen, blassen, malvenfarbenen Blüten im Sommer.
Kultur: Aussaat oder Wurzelteilung. Gedeiht in gut durchlässigem Boden in sonniger Lage.
Verwendung: Legendäres Heilkraut mit zusammenziehender Wirkung für Wunden. Aus der Pflanze gewinnt man einen anregenden Tee und ein Nervenstärkungsmittel.

VIBURNUM opulus

Wasserschneeball, *Geißblattgewächs*
Nicht die bekannte Gartenart mit den Schneeballblüten, sondern die Wildform wächst zu einem dekorativen, ausdauernden Strauch heran, der bis zu 4 m hoch und breit werden kann. Die ahornähnlichen Blätter färben sich im Herbst rot. Die flachen Blütenköpfe mit den cremefarbenen, duftenden Blüten erscheinen im Spätfrühling, die durchscheinenden, roten Beeren im Herbst.
Kultur: Aussaat frischer Samen oder leichter durch Steckholz. Schneeball liebt tiefgründigen, guten Boden und sonnigen Standort.
Verwendung: Die frischen Beeren sind giftig, aber eßbar, wenn sie gekocht sind. Die Borke wirkt als Nervenstärkungs- und Beruhigungsmittel. Anwendung nur äußerlich.

V. *prunifolium* ist eine nordamerikanische Art mit ähnlichem Wuchs und ähnlichen Eigenschaften. Die Beeren werden blauschwarz.

VIOLA odorata

Wohlriechendes Veilchen, *Veilchengewächs*
Bekannte Pflanze von Weideland und schattigen Plätzen. Die kleine Staude wird etwa 15 cm hoch. Sie besitzt herzförmige Blätter und duftende, gespornte, violette Blüten im Frühling.
Kultur: Aussaat, Teilung oder Abtrennung von Ausläufern. Die Pflanze liebt guten, nahrhaften, durchlässigen Boden und Halbschatten.
Verwendung: Eßbare Blüten für Salate oder gezuckert zur Dekoration von Süßspeisen. Als Tee oder Sirup wirken die Blüten beruhigend und leicht abführend. Sie sind außerdem ein Mittel gegen Kopfschmerzen und Schlaflosigkeit. Man verwendet die Blätter als Brei oder Auszug gegen Entzündungen. Die Wurzeln erregen Brechreiz.

VIOLA odorata

Das Wilde Stiefmütterchen.
Ein Elternteil des Kulturstiefmütterchens, das auf Ödland in Europa heimisch ist. Die relativ kurzlebige Pflanze wird etwa 25 cm hoch und besitzt gelbe oder purpurfarbene Blüten, die das ganze Jahr hindurch erscheinen, und gekerbte Blätter.
Kultur: Aussaat frischer Samen in sonniger Lage.
Verwendung: Die gesamte Pflanze wurde früher als Stärkungsmittel und Heilkraut gegen Fieber, Wunden und Geschwüre angewendet.

Register

Danksagungen des Verlags

Wir danken folgenden Personen und Institutionen für ihre Hilfe bei den Vorbereitungen zu diesem Buch:
Joanna Jellinek, Miren Lopategui und Ruth Pavey für die redaktionelle Mitarbeit, Anne Fisher und Louise Tucker für ihre Mithilfe bei der Gestaltung des Buches, Anne Fraser und Anne Lyons für die Bildbeschaffung.
Dank auch den Lieferanten der Pflanzenmuster, die für die Erstellung des Kräuterkatalogs erforderlich waren: The Weald Herbary, Frittenden, Cranbrook, Kent; Hertfordshire College of Agriculture and Horticulture, Oaklands, St Albans; Martin Hyams; Grace Brett.

Fotografien:
Der Großteil der Fotografien stammen von Pat Hunt; daneben waren beteiligt:
Derek Fell 84; David Garland 7, 105, 117, 120; The Iris Hardwick Library 79; Roger Hillier 66, 86 l.; D. Neale 15; Roger Phillips 62 l.; Tessa Traeger 100; Malcolm Varon, NYC © Malcolm Varon 20, 21 r.; Michael Warren 39, 106.

Gartenarchitekten:
Lesley Bremness 8, 48; Jude Moraes 58; Sarah Garland 22, 26; Sarah Garland und Caroline Hillier 44; Sylvia Landsberg 16, 32; Alvilde Lees-Milne 12; Sue Stickland 68; Paul Stocking 10; Ruth Thompson 73.

Illustrationen:
Wendy Brett 135–139, 141–145, 147, 149–154, 156, 159, 160;
Jane Cradock-Watson 42, 72, 88, 89, 99, 102, 104, 112 (r.o., r.u.), 115, 116, 125, 126, 127;
Nick May (s/w Zeichnungen) 8, 10, 12, 16, 22, 32 (farbig u. s/w), 33, 48, 85, 92, 96, 97, 110, 111, 112, 118, 121;
Ann Winterbotham (Farbzeichnungen) 22, 26, 32, 44, 48, 58, 68, 73.

Schriftgestaltung:
John Nash

Der Verlag dankt den folgenden Personen und Institutionen für die freundliche Genehmigung, die im Buch enthaltenen Gemälde und Zeichnungen zu reproduzieren:
Bibliothèque Nationale, Paris, S. 82: „Maugis und La Belle Oriande in einem Garten“, aus: *Roman de Renaud de Montauban,* ca. 1475 (MS Arsenal 5072, f71V).
Bibliothèque Royale Albert 1er, Brüssel, S. 94: „König René d'Anjou schreibt sein Buch: *Mortifement de vaine Plaisance*“ aus dem Stundenbuch der Isabella von Portugal, franz., ca. 1480 (MS 10308 f1).
Bodleian Library, Oxford, S. 87: „Die hl. Elisabeth unterrichtet Johannes den Täufer in einem Rosengarten“, spätes 15. Jh. (MS Douce 31, f232V).
British Library, London, S. 18: Spätmittelalterlicher Stadtgarten aus: *Le Livre de Rustican* (BL MS 19720f165); S. 27: „Der Frühlingsgarten“ aus: Crispin de Pass, *Ein Blumengarten,* 1615, Niederlande; S. 63.
Kunstmuseum Solothurn, Schweiz, S. 70: „Die Jungfrau und die Erdbeeren“ vom Meister des kleinen Paradiesgartens, ca. 1410–1420.
Musei e Gallerie D'Arte, Verona, S. 23: „Die Jungfrau des Rosengartens“ von Stefano da Zevio. © Umberto Tomba, Verona.
Nationalbibliothek, Österreich, S. 55: „Anispflücken“ aus dem *Tacuinum Sanitatis;* S. 91: „Emilia in ihrem Garten“, Cod 2617, f53, aus dem *Livre de Cuer d'Amours Espris,* franz., ca. 1465. Natural History Museum, London, S. 37.
Anne, Countess of Rosse, The Messel Collection, S. 38: „Eine Gartenszene aus dem 18. Jh.“, ehemals in Nymans, Sussex.
Fotografie mit freundlicher Genehmigung der Medici Gesellschaft von einer Illustration aus *The Story of the Garden* von Eleanour Sinclair Rohde.
Scala, Florenz, S. 19: Detail aus „Die Mönche von Thebais“ von Lorenzetti (Uffizien).
Reginald Thompson, S. 78: „Eleanour Sinclair Rohdes Bienengarten“.

Danksagungen der Autorin

Ich möchte all denen danken, die mir mit ihrem Rat zur Seite standen und erlaubten, daß ihre Gärten für dieses Buch fotografiert wurden. Hierunter sind:
Guy Acloque, Alderley Grange, Alderley, Wotton-under-Edge, Gloucestershire; Acorn Bank Garden (National Trust), Temple Sowerby, Penrith, Cumbria; Bateman's (National Trust), Burwash, Etchingham, East Sussex; Lesley Bremness, Netherfield Herbs, The Thatched Cottage, 37 Nether Street, Rougham, Suffolk; John Brookes/J.H. Robinson, Denmans, The Clock House, Fontwell, Arundel, Sussex; Chelsea Physic Garden, 66 Royal Hospital Road, London SW3; Emmanuel College, Cambridge; Margery Fish Nursery, East Lambrook Manor, East Lambrook, South Petherton, Somerset; Fulham Palace Botanic Garden, Pryor's Bank, Bishop's Park, London SW6; Anthony Galliers-Pratt, Mawley Hall, Cleobury Mortimer, Shropshire; The Hon Clive und Frau Gibson, Parham Gardens, West Sussex; Hardwick Hall (National Trust), Doe Lea, Chesterfield, Derbyshire; Hever Castle, Edenbridge, Kent; Hollington Nurseries, Woolton Hill, Newbury, Berkshire; Madge Hooper, Stoke Lacy Herb Garden, Bromyard, Hertfordshire; Rosemary Hurst, Capel Manor Institute of Horticulture, Bullsmoor Lane, Waltham Cross, Hertfordshire; Barbara Keen, Valeswood Herb Farm, Little Ness, Shrewsbury, Shropshire; Lackham College of Agriculture, Lacock, Wiltshire; James Le Gendre Starkie, Gaulden Manor, Tolland bei Taunton, Somerset; Herrn MacLeod Matthews, Chenies Manor House, Chenies, Buckinghamshire; Michelham Priory bei Hailsham, East Sussex; H. Middleton-Evans, Laundry Farm Herbs, Nesscliffe, Shropshire; Moseley Old Hall (National Trust), Wolverhampton, West Midlands; Mary Mottram, Cottage Garden Plants, Yardwell Cross, North Molton, Devonshire; Elizabeth und Reginald Peplow, Herbs from the Hoo, 46 Church Street, Buckden, Hungtingdon; die Marquise von Salisbury, Hatfield House, Hatfield, Hertfordshire und Cranbourne Manor, Cranbourne, Dorset; Scotney Castle (National Trust) bei Lamberhurst, Tunbridge Wells, Kent; Derek Simmons, Eyhorne Manor, Hollingbourne, Kent; Sissinghurst Castle (National Trust) bei Cranbrook, Kent; John und Caroline Stevens, Suffolk Herbs, Sawyers Farm, Little Cornard, Sudbury, Suffolk; Paul und Frances Stocking, Urban Herbs, 92 Clifton Road, Balsall Heath, Birmingham; Stoneacre (National Trust), Stoneacre Lane, Otham, Kent; Ruth Thompson, Oak Cottage Herb Farm, Nesscliffe, Shropshire; D. Titterington, Iden Croft Herbs, Frittenden Road, Staplehurst, Kent; The Tradescant Trust Garden, St Mary-at-Lambeth, Lambeth, London SE1; Rosemary Verey, Barnsley House, Barnsley, Cirencester, Gloucestershire; A.H. Vousden, The Old Barn, Fremington Devon; Denny und Michael Wickham, Clock House, Coleshill, Oxon; Gillian und Peter Wimperis, Selsley Herb and Goat Farm, Waterlane, Selsley, Stroud, Gloucestershire.
Vielen Dank auch an A.J. Buchanan, Dr. Joanna Haggerty, Elizabeth Hayes, Robert und Helen Kime, J. Sturgis, Judith Swatland und Joy Larkcom.
Schließlich sei auch den Gartenarchitekten herzlich gedankt, die Pläne zu diesem Buch beigesteuert haben: Jude Moraes, 24 Debeauvoir Square, London N1; Ruth Thompson, Oak Cottage Herb Farm, Nesscliffe, Shropshire; Dr. Sylvia Landsberg, Brantwood, 118 Highfield Lane, Southampton, Hampshire; Sue Stickland und Helen Porter, Herb Garden Designs, Upton House, Tetbury, Gloucestershire; Lesley Bremness, Netherfield Herbs, The Thatched Cottage, 37 Nether Street, Rougham, Suffolk.